Futurelab Medienpädagogik

Qualitätsentwicklung – Professionalisierung – Standards

Thomas Knaus
Dorothee M. Meister
Kristin Narr (Hrsg.)

Schriften zur Medienpädagogik 54

Futurelab Medienpädagogik

Qualitätsentwicklung – Professionalisierung – Standards

Thomas Knaus
Dorothee M. Meister
Kristin Narr (Hrsg.)

kopaed (München)
www.kopaed.de

Schriften zur Medienpädagogik 54

Dem Bundesministerium für Familie, Senioren, Frauen und Jugend
danken wir für die Förderung des vorliegenden Bandes.

Dem Frankfurter Technologiezentrum [:Medien] – FTzM
danken wir für die Finanzierung der Druckkosten sowie
personelle Unterstützung beim 34. GMK-Forum Kommunikationskultur.

Herausgeber

Gesellschaft für Medienpädagogik und Kommunikationskultur
in der Bundesrepublik Deutschland (GMK) e. V.

Anschrift

GMK-Geschäftsstelle
Obernstr. 24 a
D-33602 Bielefeld
Fon: +49 (0)521.67788
Fax: +49 (0)521.67729
E-Mail: gmk@medienpaed.de
Webseite: gmk-net.de

Für namentlich gekennzeichnete Beiträge sind die Autor*innen verantwortlich.
Redaktion: Thomas Knaus, Dorothee M. Meister, Kristin Narr, Tanja Kalwar
Lektorat: Tanja Kalwar, Nastasja Müller
Einbandgestaltung und Titelillustration: Katharina Künkel

Druck: Memminger MedienCentrum, Memmingen

Arnulfstraße 205
80634 München
Fon: +49 (0)89.68890098
Fax: +49 (0)89.6891912
E-Mail: info@kopaed.de
Webseite: kopaed.de

ISBN 978-3-86736-554-3
eISBN 978-3-86736-667-0

Inhalt

3. International Contributions

Thomas Knaus/Dorothee M. Meister/Kristin Narr

Ein Futurelab für die Medienpädagogik

Was ist drin, wenn *Medienpädagogik* draufsteht? Mit dieser Frage und weiteren Fragen zu Profession und Qualitätsentwicklung sowie dem Nachdenken über Standards zur Orientierung und Reflexion in der medienpädagogischen Praxis und Forschung befassten sich über 300 Medienpädagog*innen[1] auf dem 34. Forum *Kommunikationskultur* im November 2017 in Frankfurt am Main[2]. Der Dach- und Fachverband der deutschsprachigen Medienpädagogik, die Gesellschaft für Medienpädagogik und Kommunikationskultur (GMK), stellte damit die eigene Profession und Disziplin für ein Jahr in den Mittelpunkt ihrer Arbeit und des in diesem Band der *Schriftenreihe zur Medienpädagogik* dokumentierten Forums.

Die Tätigkeitsfelder der Medienpädagogik sind vielfältig und durch einen steten Wandlungsprozess geprägt. Die Medienpädagogik als Wissenschaft ist multidisziplinär und verfügt entsprechend über vielfältige Bezüge, Erkenntnisinteressen und methodologisch-methodische Bezüge. Die in den letzten Jahrzehnten umfänglich *gestiegene Relevanz* von Medien – im Besonderen auch digitalen und vernetzten Medien – in inzwischen nahezu allen gesellschaftlichen Vollzügen, die sich stetig verändernden Medienumwelten und – nicht zuletzt – auch die *neuen Funktionen* von Medien in kommunikativen und kooperativen Kontexten erfordern diese kontinuierlichen Entwicklungsprozesse der Tätigkeits- und Forschungsfelder der Medienpädagogik. Ein Innehalten und Nachdenken über die bisherige Entwicklung der Medienpädagogik in Wissenschaft und Praxis und die zukünftigen Gestaltungsmöglichkeiten der Profession und Disziplin sollte, gerade aus Sicht eines Berufs- und Fachverbands, ohnehin in regelmäßigen Abständen anstehen – darüber hinaus gibt es noch weitere Anlässe.

Nicht selten sind es äußere Zwänge und Bedingungen, die Menschen zum Innehalten und Resümieren anregen – wie etwa die medienpädagogische Community, der sich in Anbetracht der aktuellen gesellschaftlichen Entwicklungen, die mit *Digitalisierung* und *Mediatisierung* umschrieben werden, die Frage aufdrängt, welche Bedeutung diese Entwicklungen für die Medienpädagogik als praktisches Handlungsfeld und als wissenschaftliche Disziplin haben. Immerhin können wir jeden Tag aufs Neue erfahren, wie sich Mediatisierung und Digitalisierung auf das Individuum und die Gesellschaft auswirken. Welchen Herausforderungen müssen sich also die

Akteur*innen in Praxis und Wissenschaft stellen und welche Möglichkeiten der kreativen Zukunftsgestaltung bestehen?

Die Digitalisierung und Mediatisierung unserer Lebenswelten verändern unseren Alltag sowohl in Bezug auf die Freizeit, die beruflichen Settings als auch die Bildungskontexte. So werden aktuell auch für zahlreiche pädagogische Handlungsfelder „Digitalisierungsstrategien" entwickelt und in bildungs- sowie pädagogiknahen Arbeitskontexten verankert. Die damit einhergehenden Herausforderungen wurden in den letzten Jahren auf sehr unterschiedlichen Ebenen und von den verschiedensten Fächern und Disziplinen diskutiert. Immer deutlicher trat dabei die Erkenntnis zutage, wie wichtig es ist, einen gesellschaftlichen Diskurs über die vielfältigen Erwartungen an eine „digitale" Zukunft anzustoßen – gleichermaßen aber auch neue Gestaltungsräume in den Blick zu nehmen, die sich nicht zuletzt auch aus den neuen technischen und gesellschaftlichen Entwicklungen ergeben.

Die nun immer stärker spürbaren gesellschaftlichen Veränderungen, die mit der Omnipräsenz und den veränderten Funktionen digitaler Medien für Kommunikation und Kollaboration einhergehen, bringen gleichsam erhöhte und weiter zu fassende Anforderungen an Medienkompetenz und Medienbildung mit sich. Diese Veränderungen betreffen sowohl die Medienpädagogik als Wissenschaft als auch die medienpädagogische Praxis in ihren unterschiedlichen Handlungsfeldern, wie die Kinder- und Jugendarbeit, die frühkindliche Bildung, die Schule, alle Orte inklusiver Medienbildung, die Erwachsenenbildung sowie weitere Arbeits- und Betätigungsfelder, in denen medienpädagogische Ansätze und Inhalte eine Rolle spielen (sollten).

Um diesen umfassenderen inhaltlichen Anforderungen und den damit verbundenen künftigen persönlichen und institutionellen Herausforderungen gewachsen zu sein, muss sich die Medienpädagogik den veränderten und sich stetig wandelnden Bedingungen stellen, die nicht zuletzt auch Fragen des *professionellen Handelns* betreffen. Aufgrund der Relevanz und umfassenderen Wahrnehmung medienpädagogischer Ansätze in der „digital-vernetzten" Zukunft werden Diskurse der Professionalisierung, Qualitätsentwicklung und Standardisierung medienpädagogischer Arbeit und Sichtweisen immer wichtiger: Je nach Perspektive – sei diese nun stärker auf das staatliche Handeln, auf institutionelles oder subjektives Handeln fokussiert – werden Professionsbestrebungen und die Qualität medienpädagogischer Arbeit nach wie vor sehr unterschiedlich konzeptioniert und bewertet.

Dies gilt gleichermaßen für *Qualifizierungswege* angehender Medienpädagog*innen sowie für Möglichkeiten der medienpädagogischen Qualifizierung von Lehrenden oder Fachkräften anderer pädagogischer Berufsfelder: Wer eine Analyse des Ist-Standes medienpädagogischer Inhalte in den unterschiedlichen Berufs- und Praxisfeldern vornimmt oder sich aktuelle Qualifizierungsmöglichkeiten näher betrachtet, kann feststellen, dass diese sehr unterschiedlich ausfallen – abgestimmte Mindeststandards, die beispielsweise kennzeichnen, was ein Studium der Medienpädagogik auszeichnet, gab es bisher nicht. Gerade die akademische Professionalisierung und Qualifizierung gilt es also zu thematisieren, da beispielsweise ein Studium zur Medienpädagogin und zum Medienpädagogen zwar über zunehmende gesellschaftliche Relevanz verfügt, aber nach wie vor oftmals nur über Umwege erreicht werden kann und bisher nur über einen geringen curricularen Standardisierungsgrad verfügt. Gleiches gilt für medienpädagogische Bestandteile und Ausbildungsinhalte weiterer pädagogischer Studiengänge sowie für die Lehrendenbildung.

Auch in der medienpädagogischen Praxis stellen sich zunehmend Fragen zur konkreten Ausgestaltung der Tätigkeitsfelder, der persönlichen und institutionellen Professionalisierung und nach gemeinsam zu definierenden (Qualitäts-)Standards. Zur Zeit der Planung des Schwerpunktthemas des hier dokumentierten Forums gab es noch keinen *Orientierungsrahmen* für die Entwicklung von Curricula für medienpädagogische Studiengänge und Studienanteile. Im Anschluss an das Forum erarbeitete die Sektion Medienpädagogik der Deutschen Gesellschaft für Erziehungswissenschaft – DGfE in gemeinsamer Anstrengung ein solches „Kerncurriculum" und verabschiedete es kurz darauf (DGfE 2017 und in diesem Band: 201ff.). Zur Erreichung der zuvor beschriebenen Ziele war die Setzung dieses curricularen Mindeststandards eine wesentliche Grundlage zur weiteren Schwerpunktsetzung, Diskussion und Entwicklung.

Um den vorher skizzierten gestiegenen Erwartungen gerecht zu werden, Handlungssicherheit zu erhalten und die künftigen Gestaltungsmöglichkeiten für die jeweiligen Berufs- und Tätigkeitsfelder nutzen zu können, bedarf es jedoch weiterer und tiefergehender Abstimmungen und Entwicklungen *gemeinsamer* (Qualitäts-)Standards der Profession und Disziplin Medienpädagogik, die als Diskussionsgrundlage sowie zur Orientierung und Reflexion herangezogen werden können.

Fragen der eigenen Verortung sowie Qualitäts-, Standards- und Professionalisierungsdiskurse innerhalb der Medienpädagogik sind überfällig. Diese sollen aber nicht nur der internen Selbstvergewisserung dienen, sondern darüber hinaus auch eine Sichtbarkeit und Anknüpfbarkeit nach außen ermöglichen: Auf dieser Grundlage kann Gesellschaft und Politik beispielsweise erfahren, was sie von der medienpädagogischen Praxis und von Medienpädagog*innen erwarten können; gleichermaßen trägt die Beschäftigung mit medienpädagogischen Standards, wie beispielsweise der *Medienkompetenz* – als Zielperspektive, dazu bei, dass in gesellschaftlichen Diskursen die Verantwortlichkeiten und Zuständigkeiten deutlicher zutage treten und bekannt sind. Auch in akademischen Kontexten – gerade in zunehmend interdisziplinären und internationalen Forschungszusammenhängen – sind Theorien und Gegenstandsdefinitionen anknüpfbarer, wenn innerhalb der Community Einigkeit zu grundlegenden Fragen besteht und einige Prinzipien oder „Standards" als Reflexionsgrundlage und zur Orientierung formuliert werden können.

Diskutiert wurden entsprechend in Frankfurt am Main die folgenden Fragen – jeweils stets vor dem Hintergrund aktueller gesellschaftlicher Veränderungen (im Besonderen der bereits angesprochenen Digitalisierung und Mediatisierung) und im Hinblick auf alle Bildungsbereiche, Ziel- und Altersgruppen:

- Welchen Beitrag kann die Medienpädagogik zur aktiven Gestaltung einer „digital vernetzten" Welt leisten?
- Welche Erwartungen bestehen seitens der Gesellschaft gegenüber der Medienpädagogik, der medienpädagogischen Praxis und der medienpädagogischen Forschung? Welche Verantwortlichkeiten und inhaltlichen „Zuständigkeiten" kommen der Medienpädagogik innerhalb einer „digital-vernetzten" Gesellschaft zu?
- Wie entwickelt sich das professionelle Handeln in der vielgestaltigen medienpädagogischen Praxis der Zukunft und welche Formen zur Erhaltung und Verbesserung ihrer Qualität sollen verankert werden?
- Wie offen müssen Standards und Professionalisierungsbestrebungen bleiben, um in einer Zukunft des stetigen gesellschaftsverändernden (digitalen) Wandels als Grundlage zu dienen?
- Wie positioniert sich die Medienpädagogik im Spannungsfeld zwischen institutionalisierter Pädagogik und stetem gesellschaftlichem (digitalem) Wandel?
- Wie kann die Relevanz der Medienbildung in (Hoch-)Schule im „digitalen" Zeitalter erhöht werden? Welche curricularen Standards sind hierfür erforderlich?
- Welcher Qualitätsansprüche und Standards zur Orientierung und Reflexion bedarf es für die Weiterentwicklung der medienpädagogischen Handlungsfelder?
- Welche (konzeptionellen, medien- und informationstechnischen) Standards erfordert das medienpädagogische Handeln in formalen und non-formellen Kontexten?

- Welche Kompetenzen benötigen qualifizierte Profis der Medienpädagogik? Nach welchen Mindeststandards (Kerncurriculum oder Orientierungsrahmen) soll die Aus- und Weiterbildung von Medienpädagog*innen in Zukunft erfolgen?
- Über welche medienpädagogischen Inhalte sollen Lehrende (medienpädagogische Kompetenz bzw. Medienbildungskompetenz) und Pädagog*innen anderer Berufsfelder (Grundbildung Medien) verfügen?

In den drei Tagen des vergangenen GMK-Forums konnten diese Fragen – die keinesfalls vollständig sind – selbstredend nicht erschöpfend und erst recht nicht abschließend beantwortet werden. Gleichwohl konnte auf dem Forum der nötige und noch weiter zu führende Diskurs wieder aufgenommen werden. Es herrschte Einigkeit darüber, dass das Forum nur Impulse geben und ein Anfang sein kann und die aufgenommenen Gesprächsfäden weiterverfolgt werden müssen.

So soll beispielsweise die Reflexion darüber fortgesetzt werden, wie der *Medienkompetenzbegriff* angesichts der aktuellen Herausforderungen zum digitalen Wandel weiterentwickelt werden kann. Ein Thema, das akademisch anmutet, aber durchaus brisant und höchst praxisrelevant ist, bedenkt man, dass in aktuellen (bildungs-)politischen und öffentlichen Diskursen vielfach nur von „Digitalkompetenz" die Rede ist – ein Begriff unter dem etwas völlig anderes verstanden wird als unter *Medien*kompetenz.

Ebenso müssen Fragen rund um die Qualifizierung, die Aus- und Fortbildungsmöglichkeiten im medienpädagogischen Bereich weiterverfolgt werden – so klang es auf dem Forum an. Wenn abgestimmte und damit *qualitätsorientierte Aus-, Fort- und Weiterbildungen* wünschenswert sind, bedarf es indes weiterer Initiativen.

Der genauere Blick auf (medien-)pädagogische Arbeits- und Handlungsfelder offenbart, dass es bislang noch keine umfänglichen *wissenschaftlichen Analysen* und *systematisierende Überblicke* über das gesamte Handlungsfeld gibt – die aber für deren weitere Ausgestaltung unabdingbar sind.

Es wurde auch deutlich, dass es nicht genügt, eine singuläre „Nabelschau" zu betreiben – vielmehr ist die GMK als Berufs- und Fachverband gefordert, aktiv auf Akteur*innen aus den verschiedenen Handlungsfeldern zuzugehen, um medienpädagogischen Anliegen im gesellschaftlichen Diskurs mehr Gewicht zu verleihen und eine breitere Anerkennung der Profession und Disziplin zu fördern. Die *Arbeit in Netzwerken* sollte generell intensiviert werden – diese schließt auch interdisziplinäre und internationale Kontakte mit ein sowie das Bemühen, im internationalen (vor allem aber zunächst im europäischen) Raum Standards medienpädagogischer Qualifizierung zu schaffen, die medienpädagogische Forschung und Praxis systematisch zu erfassen und fachlichen Austausch im Sinne einer gemeinsamen Weiterentwicklung zu intensivieren.

Im vorliegenden Band sind Beiträge versammelt, die einen differenzierten Blick auf die Inhalte der Tagung und auf die damit verbundenen Aspekte werfen. Sie sind sowohl konzeptioneller Natur als auch im Sinne einer Außensicht als Reflexionsbasis gedacht und bringen innerhalb der Disziplin sowohl wissenschaftliche als auch medienpraktische Aspekte ein.

Wichtig ist es uns auch, die *internationale Verortung* und *Sichtbarkeit* der deutschsprachigen Medienpädagogik zu stärken. Deshalb veröffentlichen wir nicht nur einen ergänzenden Beitrag von Renee Hobbs zu ihrem auf dem GMK-Forum gehaltenen Vortrag auf Englisch, sondern stellen hier auch den konzeptionellen Beitrag von Thomas Knaus, Dorothee M. Meister und Gerhard Tulodziecki in englischer Fassung zur Verfügung. Auch der Beitrag von Ida Pöttinger ist zweisprachig gehalten, um die internationale Vereinigung IAME über die deutschen Sprachgrenzen hinaus bekannter machen zu können.

Zum Inhalt

Konzeptionelle Zugänge

Um die Diskussion in der Medienpädagogik sowohl in Forschung als auch in der Praxis anzuregen, veröffentlichten **Thomas Knaus**, **Dorothee M. Meister** und **Gerhard Tulodziecki** im Vorfeld des Forums 14 Thesen. Mittels dieser Thesen konnte eine konstruktive *interne* Diskussion angeregt werden, die letztlich in eine Positionsbestimmung der GMK bezüglich praktischer und wissenschaftlicher medienpädagogischer Arbeit mündete, die eine bessere Wahrnehmung nach *außen* erreichen soll. Die Thesen beginnen mit Überlegungen zum digitaltechnikinduzierten gesellschaftlichen Wandel und seiner Bedeutung für die Medienpädagogik. Dies vorausschickend werden Fragen der *Professionalisierung* und *Qualifizierung* im Hinblick auf das praktische Handeln sowie in Bezug auf die Rolle der Medienpädagogik als Wissenschaft fokussiert und schließlich der Stellenwert von *Standards* zur Orientierung und Reflexion thematisiert.

In seinem Beitrag *Under Digital Fire* fordert **Horst Niesyto**, pensionierter Professor für Erziehungswissenschaft mit dem Schwerpunkt Medienpädagogik an der Pädagogischen Hochschule Ludwigsburg, angesichts einer rasant zunehmenden digitalen Vermessung und Kommerzialisierung des

Alltagslebens die Stärkung einer kritisch-reflexiven Medienbildung. Er skizziert schlaglichtartig die aktuelle Situation in ausgewählten pädagogischen Handlungsfeldern, benennt aktuelle Herausforderungen und Aufgaben der Medienbildung und unterbreitet Vorschläge zur medienpädagogischen Professionalisierung. Dabei ist sein Leitgedanke, Medienpädagogik als kritische Medien- und Gesellschaftsanalyse und zugleich als subjektorientierte, reflexive Handlungswissenschaft und pädagogisches Arbeitsfeld zu entwickeln.

Harald Gapski, **Monika Oberle** und **Walter Staufer** arbeiten in ihrem Beitrag *Medienkompetenz als Demokratiekompetenz – Herausforderungen für Politik, Politische Bildung und Medienbildung* zunächst die Bedeutung von Medienkompetenz als *Standard* in der „digitalen" Gesellschaft und der digital geprägten Mediendemokratie heraus, unterstreichen und begründen Forderungen, Medienkompetenz flächendeckend vom Kleinkindalter an zu fördern und in allen Bildungsplänen zu etablieren. Der Beitrag zeigt Wege auf, wie dieses Vorhaben gelingen kann und will Diskurse der Medienpädagogik und Politikdidaktik in einen fruchtbaren Austausch miteinander bringen.

Der Leiter der Clearingstelle Medienkompetenz der Deutschen Bischofskonferenz und Professor für Medienpädagogik und Kommunikationswissenschaft an der Katholischen Hochschule Mainz, **Andreas Büsch**, fragt in seinem Artikel angesichts der Herausforderungen, die mit der Digitalisierung einhergehen, wie die Werte-Frage für medienpädagogische Konzepte fruchtbar gemacht werden kann: *Neue Werte braucht das Land?!* Hierzu gibt er einen Überblick zu den relevanten Themen praktischer Ethik als Teilbereich der Medienethik, um dann den Komplex Werte und Wertevermittlung grundlegend zu diskutieren. Andreas Büsch erläutert schließlich im Kontext der Professionalisierungsdebatte, wie es Medienpädagog*innen gelingen kann, ihre Haltungen und Wertvorstellungen in der praktischen Bildungsarbeit fruchtbar zu machen.

Zugänge zur Handlungspraxis

Die Beiträge zu Qualitätsdiskursen, Professionsfragen und Standards, die Zugänge zur Handlungspraxis thematisieren und die auf dem Forum in Frankfurt am Main im Rahmen der Workshops in den Fachgruppen und weiteren flankierenden Veranstaltungen von Fach- und Landesgruppen diskutiert wurden, ordnen sich in diesem Band nach „Orten" in Anlehnung an die Bildungskette: Die Reihe beginnt mit zwei Texten aus dem *frühkindlichen Bildungsbereich* und der Kita, daraufhin folgen zwei Aufsätze, die die Medienbildungsentwicklung und die aktuellen curricularen Entwicklungen in der *Schule* sowie das Verhältnis von *Schule und außerschulischer Medienarbeit* in den Blick nehmen. Fortgesetzt wird die Reihe mit einem Beitrag zum Forschungsstand der *inklusiven Medienbildung*, der auch eine Brücke vom vergangenen zum nächsten Forum bildet. Die Reflexion der Zugänge zur Handlungspraxis schließen vier übergreifende Artikel ab: Zum einen das *Positionspapier* von **Dorothee M. Meister**, **Kristin Narr** und **Thomas Knaus**, das die diskutierten und hier verschriftlichten Thesen in Handlungsempfehlungen an die Bildungspolitik in knapper Form versammelt, zum anderen der *Orientierungsrahmen für medienpädagogische Studiengänge und Studienanteile* der **Sektion Medienpädagogik der Deutschen Gesellschaft für Erziehungswissenschaft** (DGfE). Und schließlich ein Beitrag über die Bedeutung und Funktion des Besuchens internationaler Tagungen sowie die Vorstellung einer neu gegründeten medienpädagogischen Organisation, die die internationale Inspiration und Zusammenarbeit betont.

Im Beitrag *Aller guten Dinge sind 3 – Medienpädagogische Aufträge in der Kita* von **Jörg Kratzsch** finden sich Überlegungen entlang der grundlegenden Förderaufträge früher (Entwicklungs-)Förderung und den wesentlichen Arbeitsschwerpunkten *Erziehung*, *Bildung* und *Betreuung*. Der Medienwissenschaftler stellt fest, dass wir seit einigen Jahren überwiegend eine auf den Bildungsbegriff fokussierte Frühpädagogik erleben. Davon bleiben auch medienpädagogische Bestrebungen entlang der Zielgruppe nicht unbeeinflusst. Jörg Kratzsch wirbt für einen subjektorientierten und umfänglicheren Blick auf das Arbeitsfeld.

Die Leiterin der Stabstelle *Zukunft der Bildung* bei der Landesmedienanstalt von Rheinland-Pfalz sowie von medien+bildung.com – eine Tochtergesellschaft der Landeszentrale für Medien und Kommunikation (LKM), **Katja Friedrich**, geht in ihrem Text auf Erfahrungen des „Medienpädagogischen Erzieher*innen Clubs" in Rheinland-Pfalz ein. Dieser verzahnt seit zehn Jahren systematisch die Akteur*innen im frühkindlichen Bildungsbereich, um Medienbildung in Kitas zu implementieren. Der Beitrag gibt Einblicke in die Praxiserfahrungen zur Qualitätsentwicklung, den bisher unternommenen Professionalisierungsbemühungen in diesem Bereich und konkretisiert die spezifische Ausgestaltung anhand des konkreten vorbildlichen Beispiels.

Die öffentliche Debatte um die schulische Medienbildung wird vielerorts (noch immer) auf die Frage der Ausstattung der Schulen mit neuester Technik und den bloßen (didaktischen) Einsatz digitaler Medien im Unterricht reduziert. **Paul D. Bartsch**, Professor für Erziehungswissenschaft mit dem Schwerpunkt Kindheit und Medien sowie ehemaliger Arbeitsbereichsleiter am Landesinstitut für Lehrerfortbildung von Sachsen-Anhalt, und **Horst Sulewski**, Gymnasiallehrer in Frankfurt am Main, der neben seiner Unterrichtstätigkeit seit vielen Jahren im Bereich der Medienbildung in verschiedenen schulischen Unterstützungssystemen in Hessen arbeitet, zeigen mit ihrem Aufsatz *Medienbildung goes Lehrerbildung*, dass es bei der fächerübergreifenden und fächerintegrativen Implementierung medienpädagogischer Inhalte in der Schule weiterhin „auf die Lehrerin und den Lehrer ankommt": Alle 800.000 aktiven Lehrer*innen in Deutschland und alle angehenden Lehrenden sollten daher über eigene Medienkompetenz sowie Medienbildungskompetenz (bzw. medienpädagogische Kompetenz) verfügen. Entsprechend fordern die Autoren in ihrem Beitrag, dass neben der Bereitstellung verbindlicher Rahmenbedingungen zuvörderst die Aus- und Fortbildungsangebote für Lehrer*innen auf den Medienwandel und die damit einhergehenden gesellschaftlichen Veränderungen reagieren müssen.

Guido Bröckling, Projektleiter des Büro Berlin des JFF – Institut für Medienpädagogik in Forschung und Praxis, und der Leiter der Abteilung Forschung des JFF, **Niels Brüggen**, gehen der Frage nach, wie die zunehmende Zusammenarbeit mit der Schule die außerschulische Medienpädagogik verändert. Die Autoren benennen anhand ausgewählter Studienergebnisse gegenseitige Erwartungen und Ansprüche der schulischen und außerschulischen Akteur*innen und zeigen typische Konstellationen der Zusammenarbeit auf. Sichtbar werden in dieser Analyse Spannungsverhältnisse bezüglich unterschiedlicher Rollenverständnisse und Zielvorstellungen. Im Sinne einer Professionalisierung von Medienbildung und medienpädagogischer Praxis wäre es für alle Beteiligten wünschenswert, wenn sich außerschulische Partner aus ihrer bisherigen Rolle des „Feuerlöschers" herausentwickeln und sich dadurch auch längerfristige Perspektiven für die handlungsorientierte Medienpädagogik an und mit Schulen ergeben würden. Damit könnten akute Vorfälle im Kontext der Mediennutzung von Schüler*innen nicht nur thematisiert, sondern Hintergründe gemeinsam aufgearbeitet und Lösungsansätze entwickelt werden. Gegenstand medienpädagogischer Professionalisierungsbemühungen sollte ein gegenseitiges Verständnis schulischer und außerschulischer Akteur*innen für die jeweiligen Arbeitssituationen, -bedingungen und -kontexte der Partner sowie ein gemeinsames Verständnis von und für Medienbildung sein.

Der Artikel der Diplom-Journalistin und wissenschaftlichen Mitarbeiterin an der TU Dortmund, **Anne Haage**, und der Laborleiterin von PIKSL in Düsseldorf, **Nadja Zaynel**, beschäftigt sich mit den wichtigsten Forschungserkenntnissen zur Mediennutzung, Medienkompetenz und -bildung von Menschen mit Beeinträchtigung. Dabei steht die Studie *Mediennutzung von*

Menschen mit Behinderung aus dem Jahr 2016 im Mittelpunkt der Betrachtungen. Berücksichtigung finden außerdem weitere empirische Studien aus den Bereichen Kommunikationswissenschaft, Rehabilitationspädagogik und Pädagogik. Aus den zusammengetragenen empirischen Erkenntnissen werden Konsequenzen für die handlungsorientierte Medienpädagogik abgeleitet, die daraufhin zu *Qualitätsmerkmalen* inklusiver Medienpädagogik weiterentwickelt werden.

Die frühere GMK-Vorsitzende und Mitbegründerin der International Association for Media Education (IAME), **Ida Pöttinger**, berichtet in ihrem Beitrag nicht nur, warum es für die GMK wichtig ist, „international aufgestellt" zu sein und sich zu engagieren, vielmehr hat sie auch die weiteren Mitbegründer*innen von IAME eingeladen, ihre jeweilige Organisation sowie ihre Gründe zur Etablierung der neuen internationalen Organisation vorzustellen. Noch ist sehr viel in Bewegung bei dieser neuen Vereinigung, weshalb es gerade sehr interessant ist, bei der Ausgestaltung mitzuwirken und die nächsten Schritte anzugehen.

Anschließend beschreibt **Ida Pöttinger**, die derzeit häufiger in internationalen Kontexten unterwegs ist, welche Bedeutung und Funktion das Besuchen von internationalen Tagungen hat. Sie geht außerdem darauf ein, warum es wichtig ist, nicht nur in digitalen Netzwerken aktiv zu sein, sondern das persönliche Gespräch und die Auseinandersetzung mit Aktiven aus anderen Ländern zu suchen. Ihr Fazit ist, dass nur über die persönliche Begegnung ein besseres Verständnis füreinander aufgebaut und tragfähige Kooperationen über Ländergrenzen hinweg etabliert werden können.

Auf der Grundlage der von Dorothee M. Meister, Gerhard Tulodziecki und Thomas Knaus formulierten Thesen (vgl. Beitrag in diesem Band: 23ff.), die im Vorfeld des Forums veröffentlicht und im Laufe des Forums in verschiedenen Arbeitsgruppen erörtert wurden, fand in abschließenden Workshops am Sonntagvormittag die Diskussion ausgewählter Thesen statt. Dabei sollte es darum gehen, aus den Thesen Positionierungen herauszuarbeiten. Die Thesen und die Diskussion insgesamt wurden von den Herausgeber*innen dieses Bandes, **Dorothee M. Meister**, **Kristin Narr** und **Thomas Knaus**, in Zusammenarbeit mit dem **Vorstand der GMK** zu einem Positionspapier im Hinblick auf die wissenschaftliche und praktische medienpädagogische Arbeit verdichtet und zusammengefasst. Mit dem Papier wird das Ziel verbunden, die (bildungs-)politische und öffentliche Diskussion in kompakter Form auf einige wesentliche künftige Bedarfe für Handlungs- und Forschungsfelder der Medienpädagogik hinzuweisen.

International Contributions

Die Diskussionen um Professionalisierung, Qualitätsentwicklung und Standards der Medienpädagogik werden auch im internationalen Kontext geführt. Nicht zuletzt mit der Digitalisierung sind im europäischen und außereuropäischen Raum zahlreiche Debatten verhandelt worden, wie sich die Medienpädagogik verortet und welche Zukunftsperspektiven für die Profession damit verbunden sind. Damit der deutschsprachige Raum nicht von der internationalen Diskussion abgekoppelt wird, bedarf es eines weitergehenden Austauschs sowie mehr Übersetzungen oder englischsprachige Originalbeiträge. Deshalb haben wir uns dazu entschlossen, einen Teil unserer Debatten auch ins Englische zu übersetzen, um so eine bessere internationale Sichtbarkeit und Anknüpfbarkeit zu erlangen. Um Bezüge zu internationalen Beiträgen herstellen zu können, wurde deshalb das Thesenpapier von **Thomas Knaus**, **Dorothee M. Meister** und **Gerhard Tulodziecki** ins Englische übersetzt: *Quality Development – Professionalisation – Standards*.

Die Professorin für Communication Studies der Harrington School of Communication and Media an der Universität von Rhode Island (USA) und Leiterin des Media Education Lab, **Renee Hobbs**, reflektiert in ihrem Beitrag *How Digital Media Alter Concepts of Authority and Expertise* die aktuellen gesellschaftlichen Veränderungen, die digitale Medien auf unser bisheriges Verständnis von Autorität und den Umgang mit (Fach-)Wissen haben. Zentral in ihrer Analyse sind die knappe Relektüre des Literacy-Begriffs in kommunikationswissenschaftlicher Perspektive und der Hinweis auf die grundsätzliche Begrenzung menschlicher Informationsverarbeitung (Limits of Human Information Processing), die Aufmerksamkeit – gerade im digitalen Zeitalter, in dem alles für jede*n zur Verfügung steht – zu einem raren Gut stilisiert. Renee Hobbs zeigt am Beispiel einer Kalifornischen Studie die Bedeutung der Medienkompetenzförderung (Media Literacy Education) in Zeiten genereller Überforderung durch die Fülle medialer Angebote und beabsichtigter Desinformation (Choice Overload, Performative Sharing und Attention Economics). Die für die Medienbildung verantwortlichen Akteur*innen – so fordert sie – müssen alle Menschen in die Lage versetzen, diesen neuen Herausforderungen kritisch zu begegnen und jegliche Informationen – auch solche von anerkannten Autoritäten oder Expert*innen – grundsätzlich als *konstruiert* zu verstehen und ihre Kontextgebundenheit durchschauen zu können.

Der Artikel von **Ida Pöttinger** zur Gründung von IAME (siehe oben) wird in diesem Teil des Bandes mit internationalen Beiträgen ebenfalls in englischer Sprache publiziert, um auch ein internationales Publikum anzusprechen.

Wir hoffen, dass wir mit dem vorliegenden Band nicht nur eine Bestandsaufnahme darüber geben, „was drin ist, wenn Medienpädagogik draufsteht" und mit dem weiteren Nachdenken über *Profession* und *Disziplin*, *Qualitätsentwicklung* und *Qualifizierungswege* einige Orientierung gebende *Standards* auf den Prüfstand stellen konnten, sondern auch Anregungen und Impulse zu den Fragestellungen und Themen versammeln konnten, die wir noch bearbeiten sollten, um der Medienpädagogik auch in einer „digital vernetzten" Welt die gesellschaftliche Bedeutung zu verleihen, die ihr gebührt.

Anmerkungen

1 Die GMK setzt sich als bundesweiter Fachverband der Medienpädagogik und Medienbildung im Sinne eines breit gefassten Inklusionsverständnisses für eine gleichberechtigte Teilhabe und Ansprache aller Menschen ein. Teilhabe beginnt damit, alle Menschen nicht nur zu meinen, sondern auch zu *benennen*. Zu einem wertschätzenden Miteinander gehört unseres Erachtens auch ein gendersensibler Sprachgebrauch. Deshalb bemühen wir uns in dieser Publikation um gendergerechte und diskriminierungsfreie Sprache. Wir nutzen das „Gender-Sternchen" (*), um *alle* Menschen einzuschließen und zu nennen, auch jene, die sich weder dem weiblichen noch dem männlichen Geschlecht zuordnen möchten oder können.

2 Dass die Gesellschaft für Medienpädagogik und Kommunikationskultur (GMK) sich gerade in Frankfurt am Main mit Fragen der eigenen Profession und Disziplin befasst und selbstgesetzte Standards der medienpädagogischen Community diskutiert, geschah nicht zufällig. Denn in Frankfurt am Main wurde am 13. März 1984 ebenfalls ein sehr wesentlicher „Standard" der Medienpädagogik gesetzt, der bis heute bestand hat: Die GMK wurde hier gegründet.

Literatur

Deutsche Gesellschaft für Erziehungswissenschaft (DGfE) – Sektion Medienpädagogik (2017): Orientierungsrahmen für die Entwicklung von Curricula für medienpädagogische Studiengänge und Studienanteile. In: MedienPädagogik – Zeitschrift für Theorie und Praxis der Medienbildung. In diesem Band (203ff.) und abrufbar unter: medienpaed.com/article/view/603 [Stand: 21.10.2018].

1. Konzeptionelle Zugänge

Thomas Knaus/Dorothee M. Meister/Gerhard Tulodziecki

Qualitätsentwicklung – Professionalisierung – Standards

Thesen aus medienpädagogischer Sicht

Das Forum Kommunikationskultur der Gesellschaft für Medienpädagogik und Kommunikationskultur (GMK) steht im Jahr 2017 unter dem Anspruch, sich mit Fragen der *Qualitätsentwicklung* medienpädagogischen Handelns in Wissenschaft und Praxis auseinanderzusetzen. Dabei soll besonderes Augenmerk auf Fragen der *Professionalisierung* und der *Entwicklung von Standards* gelegt werden. Zu diesen Fragen stellen wir im Folgenden ausgewählte Thesen mit ergänzenden und erweiternden Erläuterungen im Sinne eines programmatischen Textes zur Diskussion.

Die mit diesem Papier anzustoßende Diskussion soll zunächst einer konstruktiv-weiterführenden *internen Klärung* wichtiger Fragen medienpädagogischer Praxis und Forschung dienen und dabei auch anzeigen, welche Positionen in der *Community* konsensfähig sind und welche möglicherweise strittig erscheinen. Zugleich sollen die Thesen und die Diskussion zu einer *Positionsbestimmung* der GMK bezüglich praktischer und wissenschaftlicher medienpädagogischer Arbeit *nach außen* beitragen. Mit der Diskussion ist das Ziel verbunden, künftige *Bedarfe* für Handlungs- und Forschungsfelder der Medienpädagogik – jedoch ohne Anspruch auf Vollständigkeit – zu identifizieren. Um der Prägnanz und Kürze willen wird der zu jeder These gehörende Hintergrund nur knapp angedeutet, ohne die damit verbundenen (teils sehr umfassenden) Diskurse im Detail nachzuzeichnen. Angegebene Literaturbezüge sollen jeweils beispielhaft auf differenzierende und tiefergehende Ausführungen verweisen.

Die Thesenfolge beginnt mit Überlegungen zum *technikinduzierten gesellschaftlichen Wandel* („Digitalisierung") und seiner Bedeutung für die Medienbildung. Dies vorausschickend, gehen wir auf Fragen der *Qualifizierung* und *Professionalisierung* für praktisches Handeln sowie auf die Rolle der *Medienpädagogik als Wissenschaft* und schließend auf den Stellenwert von *Standards* zur Orientierung und Reflexion ein.

Die englische Übersetzung dieses Thesenpapiers (*Quality Development – Professionalization – Standards. A Mediapedagogy Futurelab*) findet sich im Kapitel *International Contributions* auf den Seiten 235ff. in diesem Band.

Zum technikinduzierten gesellschaftlichen Wandel und zu seiner Bedeutung für Medienkompetenz, Medienbildung und medienpädagogische Kompetenz

Die „Digitalisierung" (r)evolutioniert unsere Lebenswelten und damit unsere Gesellschaft. Dieser technikinduzierte Wandel wirkt auf zahlreiche gesellschaftlich relevante Bereiche, wie Kommunikation und Kultur, Wirtschaft und Beruf, Meinungsfreiheit und Meinungsbildung sowie Demokratie und Politik. Die damit einhergehenden Chancen und Risiken stellen eine Herausforderung für jede*n Einzelne*n, zugleich aber auch für Bildungsinstitutionen und Bildungspolitik dar, wenn die Leitidee des „gesellschaftlich handlungsfähigen Subjekts" (Hurrelmann 2002: 111) für ein demokratisches Zusammenleben weiterhin Bestand haben soll. Zunehmend wird erwartet, dass jede*r die mit diesem gesellschaftlichen Wandel verbundenen Phänomene im Alltag beziehungsweise in Beruf und Freizeit beherrschen, einordnen, bewerten und reflektieren kann.

Besondere Bedeutung kommt dabei der Mediatisierung und ihrer digitalen Infrastruktur zu (vgl. Hepp/Krotz 2012; Krotz 2016), stellen Medien doch die Erscheinungsformen des Digitalen dar, mit denen Kinder, Jugendliche und Erwachsene im Alltag vorwiegend in Berührung kommen (vgl. Knaus 2017c). Um den daraus erwachsenden Anforderungen gerecht zu werden, erweist sich die *Förderung von Medienkompetenz* im Rahmen von Bildungsprozessen als unabdingbar. Damit eine entsprechende Förderung durch pädagogisch Tätige erfolgen kann, müssen diese über *medienpädagogische Kompetenz* verfügen (vgl. Blömeke 2000; Tulodziecki 2012). Die Entwicklung medienpädagogischer Kompetenz bei Pädagog*innen unter den Bedingungen aktueller gesellschaftlicher Entwicklungen, wie Digitalisierung und Mediatisierung, stellt ein bedeutsames Element der *Qualitätsentwicklung* und *Qualitätssicherung* medienpädagogischer Arbeit dar. Der Anspruch auf Qualitätsentwicklung richtet sich dabei auf das gesamte Feld medienpädagogischer Aktivitäten. Dieses ist durch eine Vielzahl pädagogischer Zusammenhänge und Einrichtungen gekennzeichnet und umfasst sowohl die vorschulische Erziehung, die Schule und Einrichtungen der beruflichen Bildung, die außerschulische Kinder- und Jugendarbeit sowie die Erwachsenen- und Altenbildung. Vor dem Hintergrund dieser Überlegungen formulieren wir die folgenden drei Thesen:

These 1: Durch die fortschreitende **Digitalisierung und Mediatisierung von Alltag und Lebenswelt** und durch den damit verbundenen gesellschaftlichen Wandel entstehen erhöhte und weiter zu fassende Anforderungen an Medienkompetenz und Medienbildung.

Medienkompetenz soll dabei als ein Bündel von Kenntnissen, Fähigkeiten, Fertigkeiten und Einstellungen verstanden werden, das ein sachgerechtes, selbstbestimmtes, kreatives und sozial verantwortliches Handeln in einer durch Digitalisierung und Mediatisierung geprägten Welt ermöglicht (vgl. KMK 2012; KMK 2016). Ein solches Handeln setzt unter anderem die Fähigkeit zur Medien*analyse* und Medien*kritik* unter gesellschaftlicher Perspektive voraus. Ein Einbezug medien- und gesellschaftskritischer Ansätze in eine kompetenzorientierte Auseinandersetzung mit Medien ist gerade auch angesichts aktueller Problemlagen erforderlich, die mit der Digitalisierung im Zusammenhang ökonomischer und politischer Interessen verbunden sind: Dazu gehören beispielsweise die (algorithmische) Auswertung personenbezogener Daten mit neuen Möglichkeiten gesellschaftlicher Kontrolle wie auch die Beschleunigung von alltäglichen und berufsbezogenen Abläufen und ihre Folgen für Aufmerksamkeitslenkung und Reflexionsphasen (vgl. Aßmann/Brüggen/Dander/Gapski/Sieben/Tillmann/Zorn 2016; Iske 2016; Knaus 2017a; Knaus 2017c; Niesyto 2016; Niesyto 2017b). Weitere Probemlagen sind die manipulative Einflussnahme auf die Meinungsbildung sowie die Zunahme digitaler Schnittstellen zwischen Mensch und Maschine und damit verbundene anthropologische, soziale und ethische Fragen (vgl. Damberger 2018; Knaus/Engel 2019; Niesyto 2017a). Vor diesem Hintergrund ist Medienkompetenz in einem weiten Sinne eine wichtige Zielperspektive für Bildungsprozesse (vgl. u. a. Tulodziecki 2015; Knaus 2017a). Entsprechende Auffassungen stehen in der Tradition medienpädagogischer Überlegungen. Sie wurden zunächst von Dieter Baacke (1997) mit seiner Unterscheidung von vier Bereichen der Medienkompetenz – Medien*kritik*, Medien*kunde*, Medien*nutzung* und Medien*gestaltung* – grundgelegt und in zahlreichen medienpädagogischen Ansätzen weiterentwickelt oder auch in anderer Weise akzentuiert (vgl. u. a. Aufenanger 1997; Tulodziecki 1997; Groeben 2002; Schorb 2005). Seit der ersten Dekade des 21. Jahrhunderts werden entsprechende Fragen auch unter dem Begriff der *Medienbildung* diskutiert. Dabei wird unter anderem betont, dass Bildung wesentlich auf reflexive Orientierungsleistungen gerichtet sein soll, die zum einen den Aufbau von Wissen voraussetzen und zum anderen die Fähigkeit zum Umgang mit Kontingenz, zur Umorientierung, zum aktiven Erschließen neuer Erfahrungsräume und zum Einlassen auf Fremdes umfassen (vgl.

Jörissen/Marotzki 2009). Dabei wird das Verhältnis von Medienbildung und Medienkompetenz unterschiedlich gesehen (vgl. u. a. Iske 2015).

Wir gehen im Folgenden davon aus, dass mit dem Begriff der *Medienkompetenz* wichtige Voraussetzungen und Ziele medienpädagogischer Praxis beschrieben werden können, während der Begriff der *Medienbildung* als grundsätzlich offener Prozess verstanden wird, in dessen Rahmen unter anderem bestimmte Kompetenzniveaus anzustreben sind (vgl. Tulodziecki 2010).

Betrachtet man exemplarisch die Medienbildung in der Schule, sollte mit Blick auf einen umfassenden Kompetenzbegriff nicht nur das Lernen und Lehren *mit* Medien beziehungsweise die Mediendidaktik im Vordergrund stehen, sondern auch das Lernen *über* Medien. Letzteres dominiert bisher vor allem bei handlungs- und gestaltungsorientierten außerschulischen Medienprojekten in der freien Kinder- und Jugendarbeit, wobei auch kreative Potentiale digitaler Medien in besonderer Weise zur Geltung kommen können (vgl. u. a. Knaus 2017a). Angesichts der aktuellen gesellschaftlichen Umbruchsituation durch Mediatisierung und Digitalisierung gewinnt die medienpädagogische Forderung, mit schulischer Medienbildung beziehungsweise dem Lernen über Medien *alle* Schüler*innen zu erreichen, besonderen Nachdruck (vgl. u. a. Knaus 2016; 2017a). Daher sollte gerade auch in der Schule für Kinder und Jugendliche die Möglichkeit geschaffen werden, medienpädagogische Projekte als Aktive Medienarbeit nach handlungsorientierten Grundsätzen zu erfahren (vgl. u. a. Schorb 1995). Damit könnten digitale Medien zugleich als Verbindungsglied zwischen der Lebenswelt der Schüler*innen und dem schulischen Lernen dienen. Zwar unterscheidet sich die Systemlogik der Schule grundsätzlich von der in offenen Angeboten der Jugendarbeit – mit einer geeigneten Verbindung würde jedoch nicht nur die Rolle der Schule als Lebensraum gestärkt, sondern es entständen gleichzeitig neue Anknüpfungsmöglichkeiten an lebensweltliche Erfahrungen beim schulischen Lernen (vgl. Niesyto 2004; Knaus 2017c).

Die konsequente Förderung von Medienkompetenz in ihrer erforderlichen Breite macht es notwendig, nicht nur für die Schule anzustrebende Kompetenzniveaus zu formulieren, sondern auch für andere Erziehungs- und Bildungsabschnitte. Auf einer solchen Grundlage könnte dann die Förderung von Medienkompetenz im Rahmen von Medienbildung als längerfristiger Prozess entlang der Bildungskette gestaltet werden (vgl. u. a. KBoM 2011; Niesyto 2016; GMK-FG Kita 2017). Dabei geht es zugleich darum, Bildungsbenachteiligungen auszugleichen und einem *Second Level Digital Divide* entgegenzuwirken (vgl. Niesyto/Moser 2009; Moser 2010; Knaus 2013).

Abb. 1: Das 34. GMK-Forum Kommunikationskultur an der Frankfurt University of Applied Sciences

> These 2: In der Auseinandersetzung mit Themenbereichen von Medienkompetenz und Medienbildung sollten auch technische und informatische Grundlagen zum Tragen kommen, die zum **Verständnis der Digitalisierung**, ihrer technischen Anwendungen und ihrer medialen Erscheinungsformen beitragen können.

Digitale Technik ist mehr als ein bloßer „Mittler", sie ist auch an der Herstellung von medialen Inhalten und medialer Kommunikation beteiligt und nimmt zunehmend selbst Interpretationen vor. Deshalb ist die Kenntnis technischer und organisatorischer Bedingungen der Wissens- und Medienproduktion ein wichtiger Bestandteil von Medienkompetenz (vgl. Knaus 2017b). Erstrebenswert ist, dass alle Menschen in der Lage sind, die Technik selbst, die Algorithmen, auf deren Grundlage sie arbeitet, sowie generell Prozesse der Entstehung und Reproduktion von Wissen zumindest grundlegend nachzuvollziehen. Nur wer über die Kenntnis verfügt, was *hinter* der Benutzerschnittstelle – hinter dem Inter*face* der Maschine – vor sich geht, kann kompetent rezipieren und souverän kommunizieren (vgl. Knaus 2017b). Daher gehören zu einer umfassenden Medienkompetenz ein konzeptionelles Technikverständnis und mindestens grundlegende Aspekte informatischer Bildung.

Solche Aspekte lassen sich im Rahmen einer *Erweiterung* bisheriger Inhaltsbereiche von Medienkompetenz und Medienbildung thematisieren. Im Zuge einer entsprechenden Erweiterung sollte beispielsweise eine Auseinandersetzung mit folgenden Themenbereichen angestrebt werden (vgl. Tulodziecki 2017a):

- *Medienlandschaft und ihre digitale Infrastruktur* (u. a. Medienarten und Informatiksysteme, Medienangebote und Zugriffsmöglichkeiten, Daten und Information),
- *Gestaltungsmöglichkeiten von Medien* (u. a. Zeichen und Bedeutung, mediale Gestaltungsmöglichkeiten und Interaktionsformen),
- *Erzeugung medialer Botschaften* (u. a. materiale Einschreibung und Übertragung als technische Prozesse, Verarbeitung und Bearbeitung von Daten, maschinelle Generierung medialer Kommunikation),
- *Medieneinflüsse auf Individuum und Gesellschaft* (u. a. Wirklichkeitsvorstellungen, Emotionen, Verhaltensmuster und Wertorientierungen sowie ihre Bedeutung für soziale Zusammenhänge),
- *Bedingungen der Medienproduktion und Medienverbreitung* (technischer, rechtlicher, ökonomischer, institutioneller und gesellschaftlicher Art).

Angesichts aktueller gesellschaftlicher Herausforderungen, die mit der Digitalisierung einhergehen, erfolgt mit Bezug auf mögliche Umsetzungen einer entsprechend erweiterten Medienbildung zurzeit eine starke Fokussierung auf eine Zusammenarbeit mit technischen Disziplinen und im Besonderen der Informatik (vgl. u. a. Knaus 2017b). Auch in Anbetracht dieser sehr wichtigen Vernetzungsbemühungen soll allerdings nicht aus dem Blick geraten, dass für die Medienbildung weiterhin auch Bezüge zu anderen Disziplinen Bestand haben. Dazu gehören zum Beispiel *sprachliche* (auf der Grundlage eines erweiterten Textbegriffs), *sozialwissenschaftliche* (im Hinblick auf Medieneinflüsse und gesellschaftliche Bedingungen der Medienproduktion und Medienverbreitung) sowie *künstlerische* Disziplinen, beispielsweise zur ästhetischen Gestaltung medialer Artefakte (vgl. Tulodziecki/Herzig/Grafe 2010). Damit lässt sich auch der Tatsache Rechnung tragen, dass Bildern und Bewegtbildern (wie Film und Video) unter den Bedingungen von Digitalisierung und technischer Vernetzung nicht nur eine fortbestehende, sondern als Ausdrucks- und Kommunikationsmittel eine *zunehmende* Bedeutung zukommt. Die Fähigkeit zur Bild- und Filmkritik beziehungsweise die Visuelle

Bildung sind und bleiben daher eine wichtige medienpädagogische Aufgabe (vgl. u. a. Knaus 2009; Niesyto 2017a).

These 3: Die erhöhten und *erweiterten* Anforderungen an Medienkompetenz (als Zielperspektive) und Medienbildung (als Prozess) bedürfen – im Zusammenhang mit einer Weiterentwicklung von Konzepten für medienpädagogisches Handeln in der Praxis – besonderer Anstrengungen für die **Entwicklung medienpädagogischer Kompetenz** in Ausbildung, Studium, Fort- und Weiterbildung für alle pädagogischen Berufe.

Medienpädagogische Kompetenz geht dabei über Medienkompetenz hinaus und lässt sich allgemein als das *Wissen* und *Können* beschreiben, das für pädagogisch Tätige – verbunden mit einer berufsethischen Haltung – notwendig ist, um potentiellen Zielgruppen den Erwerb von Medienkompetenz zu ermöglichen. Medienpädagogische Kompetenz setzt demgemäß zunächst *eigene* Medienkompetenz voraus und umfasst darüber hinaus die Fähigkeiten, (a) die Bedeutung von Digitalisierung und Mediatisierung für Kinder, Jugendliche oder Erwachsene im gesellschaftlichen Kontext zu erfassen und beim medienpädagogischen Handeln zu berücksichtigen, (b) Medienangebote für das Lernen und Lehren mit Medien beziehungsweise in digitalen Lernumgebungen zu analysieren und zu bewerten oder selbst zu gestalten und in lernförderlicher Weise zu verwenden, (c) Erziehungs- und Beratungsaufgaben im Kontext von Digitalisierung und Mediatisierung wahrzunehmen, (d) Projekte oder Unterrichtseinheiten zum Lernen über Medien zu planen, durchzuführen und zu evaluieren, (e) an der Weiterentwicklung institutioneller Rahmenbedingungen für medienpädagogisches Handeln mitzuwirken (vgl. Tulodziecki 2017b).

Ausbildung, Studium, Fort- und Weiterbildung mit dem Ziel der Entwicklung medienpädagogischer Kompetenz müssen dabei der Vielfalt medienpädagogischer Praxis Rechnung tragen. Die Vielfalt betrifft zum einen die pädagogischen Aktivitäten selbst, die sich beispielsweise als Informieren und Beraten, als Anregen und Unterstützen, als Behüten und Gegenwirken, als Unterrichten und Arrangieren, als Diagnostizieren und Fördern sowie als Evaluieren und Innovieren darstellen können. Zum anderen bezieht sich die Vielfalt auf die unterschiedlichen Institutionen und Einrichtungen, in denen sich medienpädagogische Arbeit vollzieht beziehungsweise in denen es angebracht wäre, den jeweiligen Zielgruppen medienpädagogische Angebote zu unterbreiten. So stellt sich medienpädagogische Arbeit in der Schule beispielsweise anders dar als in der vorschulischen Erziehung oder in der freien Kinder- und Jugendarbeit. Mit der medienpädagogischen Praxis in unterschiedlichen institutionellen Kontexten sind zugleich bestimmte *Antinomien* (medien-)pädagogischen Handelns verbunden, wie beispielhaft im Spannungsfeld von zielgerichteter Einwirkung und angestrebter Autonomie des Medienhandelns, von notwendigem (Jugend-)Schutz und grundsätzlicher Offenheit für eigene mediale Erfahrungen, von einschränkenden Handlungsbedingungen und pädagogisch Wünschenswertem (vgl. u. a. Helsper 2004; Hugger 2004; Keiner 2010).

Die Vielfalt medienpädagogischer Praxis bedeutet, dass in Ausbildung, Studium, Fort- und Weiterbildung neben einem Kern an Inhalten oder Themen jeweils auch Akzentuierungen im Hinblick auf das angestrebte oder bereits praktizierte medienpädagogische Tätigkeitsfeld vorgenommen werden sollten. Damit kann ein wichtiger Beitrag zur Qualitätsentwicklung und Qualitätssicherung in den unterschiedlichen Praxisfeldern geleistet werden. Zugleich sollten Ausbildung, Studium, Fort- oder Weiterbildung als bedeutsame Schritte auf dem Weg zu einer Professionalisierung medienpädagogischen Handelns konzipiert werden.

Zu bisherigen Qualifizierungsbemühungen und der Notwendigkeit einer Professionalisierung medienpädagogischen Handelns

Die Expertise der Medienpädagog*innen ist heute zunehmend gefragt. Die Möglichkeiten, eine medienpädagogische Ausbildung zu absolvieren oder eine akademische Qualifikation zu erlangen, sind bislang jedoch begrenzt. Der Zugang zu einer beruflichen medienpädagogischen Tätigkeit erfolgt entsprechend oft nur über Umwege (vgl. u. a. Hugger 2007; Moser 2015). So fällt auch eine Recherche zu Studiengängen, die zumindest anteilig eine akademische medienpädagogische Ausbildung ermöglichen, ernüchternd aus: Lediglich 51 der 426 deutschen Hochschulen verfügen über entsprechende Professuren oder Lehrstühle (vgl. DGfE 2017; Statistisches Bundesamt o. J.). Die Recherche zeigt auch, dass an den entsprechenden Hochschulen nur in wenigen Fällen Medienpädagogik als Hauptfach studiert werden kann: Meist wird Medienpädagogik als ein Wahl- oder Spezialisierungsbereich mit sehr unterschiedlichen zeitlichen Umfängen innerhalb pädagogischer oder auch medien- und kommunikationswissenschaftlicher Studiengänge angeboten. Auch in Studiengängen für ein Lehramt ist medienpädagogisches Wissen nur in sehr wenigen Bundesländern obligatorisch. Insgesamt muss konstatiert werden, dass die akademische Qualifizierung von Medienpädagog*innen in den meisten pädagogischen Studiengängen ein freiwilliges Angebot darstellt, das in Umfang und universitärer Einbindung von einschlägigen Lehrstühlen und Professuren abhängig ist. Insofern muss man davon ausgehen, dass im Studium der Erziehungs- oder Bildungswissenschaften, der Sozialpädagogik oder eines Lehramts in der Regel keine hinreichenden medienpädagogischen Kenntnisse erworben werden können. Angesichts dieser Situation kommt den derzeitigen Bemühungen der *Sektion Medienpädagogik* der Deutschen Gesellschaft für Erziehungswissenschaft (DGfE), einen *Orientierungsrahmen* für medienpädagogische Studienanteile oder ein medienpädagogisches Studium zu erarbeiten, eine große Bedeutung zu. Die Überlegungen knüpfen dabei an Bemühungen um eine *Grundbildung Medien* für *alle* pädagogischen Fachkräfte an (vgl. u. a. KBoM 2011; Imort/Niesyto 2014).

Nicht nur das Angebot an medienpädagogischen Studienmöglichkeiten lässt zu wünschen übrig – als noch bedenklicher ist die *Ausbildungssituation pädagogischer Fachkräfte* einzuschätzen: Selbst wenn öffentlich viel darüber gesprochen wird, wie wichtig medienpädagogische Frühförderung bereits in der Kita sei, so ist diese in der Regel doch kein systematischer Bestandteil der Ausbildung (vgl. Friedrichs-Liesenkötter/Meister 2016). Auch für weitere Ausbildungsberufe, wie etwa therapeutische Berufe (Heilerziehungspflege, Altenpflege, Logopädie oder Ergotherapie), könnten medienpädagogisches Wissen und Können hilfreiche Ausbildungsinhalte darstellen, doch eine systematische curriculare Verankerung medienpädagogischer Inhalte in der Aus- und Fortbildung scheint noch nicht in Sicht.

Da die Medienpädagogik in den pädagogischen Ausbildungsgängen sowie in der Lehrendenbildung bisher nur eine geringe systematische Einbindung erfährt, wird große Hoffnung in die *Fort-* und *Weiterbildung* gesetzt. Realität ist allerdings, dass zwar einige medienpädagogische Fort- und Weiterbildungen bei öffentlichen und privaten Trägern angeboten werden, beispielsweise von Landesmedienanstalten sowie der GMK (wobei das jährlich stattfindende Forum Kommunikationskultur in besonderer Weise dazu dient, aktuelle Fragestellungen zu diskutieren und zu vertiefen); vorhandene Angebote sind aber bei Weitem noch nicht flächen- und bedarfsdeckend. Es fehlen darüber hinaus anerkannte *Zertifizierungen* und entsprechende *Qualitätssiegel* sowie die systematische Weiterentwicklung von Konzepten und deren Evaluation und Verbreitung (vgl. Meister 2017).

Hinzu kommt, dass bisherige Qualifizierungsbemühungen häufig davon ausgehen, dass es hinreichend sei, medienpädagogische Kenntnisse, Fertigkeiten sowie Fähigkeiten zu „vermitteln" und dass diese anschließend in der Praxis mehr oder weniger problemlos angewendet werden könnten.

Solche Annahmen erweisen sich jedoch als zu optimistisch. Insgesamt sind bisherige Qualifizierungsbemühungen zu wenig an den Merkmalen professionellen Handelns orientiert, die es nahelegen, die Entwicklung von Professionalität unter einer längerfristigen Perspektive zu betrachten und das Theorie-Praxis-Verhältnis weitergehend zu reflektieren.

> These 4: Um den unterschiedlichen Ansprüchen von Praxis und Wissenschaft gerecht zu werden, sind bisherige Qualifizierungsbemühungen unter einer Professionalisierungsperspektive weiterzuentwickeln. **Professionelles Handeln** setzt dabei die Bereitschaft und Fähigkeit zu einem situationsgerechten, wissenschaftlich fundierten und verantwortungsbewussten Handeln voraus.

Ein solches Handeln setzt voraus: (a) die Verfügung über wissenschaftliche Grundlagen für medienpädagogisches Handeln, (b) die Fähigkeit, wissenschaftliche Grundlagen fallbezogen mit praktischen Situationen in Beziehung zu setzen, (c) eine forschende Grundhaltung, (d) weitere Persönlichkeitseigenschaften, die für die Wahrnehmung beruflicher Aufgaben förderlich sind.

Im Kontext professionellen Handelns sollten wissenschaftliche Grundlagen beziehungsweise Fundierungen sowohl theoretische Ansätze als auch empirische Ergebnisse und forschungsmethodische Kenntnisse umfassen. Ein fallbezogenes In-Beziehung-Setzen von wissenschaftlichem Wissen mit praktischen Situationen soll in besonderer Weise den Strukturen pädagogischen Handelns Rechnung tragen. Strukturell geht es bei einem wissenschaftlich fundierten pädagogischen Handeln um ein Spannungsverhältnis zwischen situativen Gegebenheiten und allgemein formuliertem Regelwissen. Beides muss bei konkreten pädagogischen Anforderungen durch Fallverstehen in Verbindung gebracht und zu pädagogisch verantwortlichen Entscheidungen zusammengeführt werden (vgl. Combe/Helsper 1996). Wichtige Persönlichkeitseigenschaften lassen sich unter dem Begriff einer berufsethischen Haltung zusammenfassen, die vor allem durch Respekt und Verantwortungsbewusstsein für Kinder und Jugendliche oder auch erwachsene Lernende geprägt sein sollte. Zudem sollte in der Arbeit mit Medien auch die eigene Einstellung gegenüber Medien reflektiert werden (vgl. u. a. Kommer 2016). Solche Dispositionen für professionelles Handeln können nicht in zeitlich eng begrenzten Phasen der Auseinandersetzung mit medienpädagogischen Themen erreicht werden, sondern erfordern ein Denken in größeren Zeiträumen.

These 5: Die Entwicklung von Professionalität muss als **längerfristiger biografischer Prozess** verstanden werden, wobei mehrere Stufen der Entwicklung unterschieden werden können.

Der Professionalisierungsprozess lässt sich nach Ansätzen aus der Expertiseforschung als Entwicklung vom *Novizen* zur Expertin beziehungsweise zum Experten beschreiben. Der Prozess verläuft demnach über die Zwischenstufe des fortgeschrittenen Anfängers (Advanced Beginner) zur Stufe des kompetenten Handelns (Competent Level of Performance) und von dort über eine weitere Zwischenstufe (Proficient Level) bis der Expertenstatus erreicht wird (vgl. Berliner 1994; Neuweg 1999).

Bei Novizen besteht das Problem darin, dass sie zwar über (kontextfreies) Wissen verfügen, während des pädagogischen Handelns jedoch kaum freie kognitive Kapazitäten haben, um in Handlungssituationen Analysen vorzunehmen und darauf basierende Entscheidungen zu treffen. Dies gelingt erst mit zunehmender Erfahrung, auf deren Basis sich die Stufe des kompetenten Handelns herausbilden kann (wobei der Kompetenzbegriff in einer etwas weniger umfassenden Weise verwendet wird als in unseren obigen Ausführungen). Auf der Stufe kompetenten Handelns (gemäß Entwicklungsmodell) können in Reaktion auf aktuelle Ereignisse angemessene Entscheidungen getroffen werden – gegebenenfalls auch abweichend von der Planung. Zugleich haben sich situationsangemessene Routinen herausgebildet.

Mit der Weiterentwicklung entsprechender Fähigkeiten kann sich schließlich eine immer stärkere situationsspezifische Organisation des Wissens einstellen, verbunden mit einem fortschreitend schnellen und routinierten Zugriff darauf. Dies führt auf der Expertenstufe sowohl vor als auch während einer Handlung und in nachfolgenden Reflexionen stets zu fallangemessenen und verantwortungsbewussten Analysen und Entscheidungen in vielfältigen Situationen.

Im Zusammenhang mit entsprechenden Entwicklungen spielen Vorstellungen zur Verbindung von Theorie und Praxis eine wichtige Rolle.

These 6: Gegenüber vereinfachten Annahmen zur Anwendung von wissenschaftlichem Wissen sollten Professionalisierungsbestrebungen im Blick behalten, dass das **Theorie-Praxis-Verhältnis** als situationsbezogenes In-Beziehung-Setzen von vorhandenen Vorstellungen bei Praktiker*innen mit wissenschaftlichen Theorien und empirischen Ergebnissen zu konzipieren ist.

Wie einleitend bereits angemerkt, gründen bisherige Qualifizierungsmaßnahmen in Hinblick auf das Theorie-Praxis-Verhältnis häufig auf vereinfachten Annahmen. Solche Vereinfachungen bestehen sowohl bei der so genannten *Transfer*-Vorstellung, die durch die Annahme einer einfachen Übertragung von generalisierten theoretischen Aussagen auf Praxissituationen gekennzeichnet ist, als auch bei der so bezeichneten *Transformations*-Vorstellung, bei der angenommen wird, dass theoretische Aussagen in Transformationsregeln übersetzt und dann angewendet werden. Beide Modellvorstellungen greifen zu kurz: Nur wenn das Theorie-Praxis-Verhältnis (gemäß den Hinweisen zu These 4) als fallbezogenes In-Beziehung-Setzen von wissenschaftlichem Wissen, das heißt von situationsrelevanten Theorien und empirischen Ergebnissen, mit alltagstheoretischen beziehungsweise subjektiven Deutungen von praktisch Tätigen konzipiert wird, können vereinfachende oder auch inkonsistente Alltagstheorien im Sinne professionellen Handelns verändert werden. Dabei sollte das In-Beziehung-Setzen in den Kontext reflexiver Prozesse bei der Analyse oder der Gestaltung praktischer Situationen gestellt werden (vgl. u. a. Tulodziecki/Herzig/Blömeke 2017).

Dies erfordert nicht zuletzt auch Austausch- und Kommunikationsmöglichkeiten von Wissenschaft und Praxis, damit wissenschaftliche Erkenntnisse mit Praktiker*innen diskutiert und Erfahrungen aus der medienpädagogischen Praxis mit wissenschaftlichen Annahmen konfrontiert werden können – so können Wissenschaft und Praxis gleichermaßen profitieren. Diese Überlegungen verweisen zugleich darauf, wie wichtig es ist, dass gegenwärtig oder zukünftig medienpädagogisch Tätige in ihrem Professionalisierungsprozess die Chance erhalten, sich mit wissenschaftlichen Aussagen der Medienpädagogik auseinanderzusetzen.

These 7: Angesichts der vielfältigen Herausforderungen durch Mediatisierung und Digitalisierung und der Notwendigkeit einer Professionalisierung medienpädagogischen Handelns in der Praxis muss die **Medienpädagogik als Wissenschaft und Lehre** viel stärker als bisher in der Ausbildung, im Studium sowie in der Fort- und Weiterbildung aller pädagogischen Berufe vertreten sein.

Soll der zunehmenden gesellschaftlichen Relevanz der Medienpädagogik Rechnung getragen werden, muss sie an Hochschulen und Universitäten stärker akademisch verankert werden. Dies stellt eine wichtige Voraussetzung für die erforderliche Präsenz der Medienpädagogik im akademischen und bildungspolitischen Diskurs dar. Gleichwohl erwachsen daraus auch Anforderungen an die Medienpädagogik als Wissenschaft und Lehre.

Zu Anforderungen an die Medienpädagogik in Wissenschaft und Lehre

Die medienpädagogische Praxis bedarf einer wissenschaftlichen Fundierung, die sowohl theoretische Aussagen als auch empirische Ergebnisse und forschungsmethodische Grundlagen umfasst. Zugleich sind medienpädagogische Theoriebildung und Forschung auf Rückbezüge in die Praxis angewiesen, wenn Medienpädagogik als Wissenschaft und Lehre *von* der Wirklichkeit erziehungs- und bildungsrelevanter Vorgänge mit Medienbezug und *für* diese Wirklichkeit aufgefasst wird.

Etabliert hat sich die Medienpädagogik seit den 1960er-Jahren als Disziplin innerhalb der Erziehungswissenschaft, wobei zunächst Fragen des Lehrens und Lernens *mit* Medien im Sinne der Mediendidaktik sowie Aspekte der Medienerziehung und der Mediensozialisation im Mittelpunkt standen. Später etablierten sich Medienkompetenz und Medienbildung als Leitperspektiven (vgl. Tulodziecki 2011). Gleichzeitig wurde die medienpädagogisch relevante Forschung weiterentwickelt und ausdifferenziert, sodass heute verschiedene Forschungsparadigmen (wie empirisch-analytische, hermeneutisch-pragmatische, ideologiekritische und gestaltungsorientierte Forschung), Forschungsorientierungen (quantitative und qualitative Vorgehensweisen), Forschungsverfahren (beispielsweise Experiment, Erhebung, Evaluation und Praxisforschung) sowie Forschungstechniken (wie Befragung, Beobachtung, visuelle Methoden und Inhaltsanalyse) Eingang in die medienpädagogische Forschung gefunden haben.

Trotz der deutlichen Zunahme medienpädagogischer Forschung bestehen nicht zuletzt angesichts der mit dem technologischen Wandel einhergehenden gesellschaftlichen Veränderungsprozesse weiterhin erhebliche Forschungsdesiderate und -bedarfe. Sichtbar werden die Ansätze medienpädagogischer Forschung und ihre Desiderate beispielsweise im Publikationsprojekt der Fachgruppe *Qualitative Forschung* der GMK, das sich zur Aufgabe machte, etablierte sowie innovative Ansätze und Methoden medienpädagogischer Forschung zu sammeln, Werkstatt- und Erfahrungsberichte frei zur Verfügung und damit zur Diskussion zu stellen (vgl. Forschungswerkstatt Medienpädagogik 2017; Knaus 2017; Knaus 2018).

Vor diesem Hintergrund stellt sich für die Medienpädagogik als Wissenschaft im Kontext der im vorherigen Abschnitt skizzierten Professionalisierungsnotwendigkeiten die Frage, wie sie praxiswirksam werden kann.

These 8: Medienpädagogik als Wissenschaft soll neben eigenem (wissenschaftlichem) Erkenntnisgewinn Verfügungs- und Orientierungswissen bereitstellen, das den medienpädagogisch Tätigen zur **Reflexion und Gestaltung** praktischer Situationen dienen kann.

Ein entsprechendes Reflexions- und Gestaltungswissen soll sowohl theoretische und konzeptionelle Aussagen als auch empirische Ergebnisse umfassen (siehe auch These 4). Damit die Tragweite empirischer Ergebnisse und theoretischer Aussagen eingeschätzt werden kann, müssen auch aufseiten der Praktiker*innen forschungsmethodische Kenntnisse entwickelt werden. Diese können und sollen zugleich der Ausbildung einer *forschenden Grundhaltung* dienen. Eine forschende Grundhaltung ist dadurch gekennzeichnet, dass sowohl die Bedingungen des Handelns als auch das eigene Handeln selbst kritisch begleitet und evaluiert werden. Demgemäß ist es aus der Sicht des Professionalisierungsansatzes wünschenswert, dass sich Medienpädagogik als eine *Handlungs-* und *Reflexionswissenschaft* versteht.

Allerdings gibt es in der Medienpädagogik vielfältige Theorieansätze für Reflexionen und Gestaltungen, ohne dass sich ein einheitliches Theoriegebilde oder eine allgemein anerkannte Theorie abzeichnet. Zugleich ist die Forschungssituation durch methodische Vielfalt gekennzeichnet (siehe oben und vgl. Hartung/Schorb 2014: 7 und 9f.; Forschungswerkstatt Medienpädagogik 2017). Dabei konkurrieren verschiedene Ansätze mit unterschiedlichen Theoriekernen und Forschungsparadigmen miteinander, sodass die Medienpädagogik als Wissenschaft – wie auch andere handlungsorientierte Disziplinen – eine multiparadigmatische Struktur aufweist (vgl. Kornmesser/Schurz 2014). Konkurrierende Ansätze in einer Disziplin können zwar innerwissenschaftlich fruchtbar sein und zur Weiterentwicklung beitragen, für Praktiker*innen wird dadurch jedoch der Zugang zu praxisrelevanten wissenschaftlichen Erkenntnissen erschwert. Insofern ergibt sich das Problem, wissenschaftliche Aussagen der Medienpädagogik so zu formulieren, dass sie das Potential haben, für die Praxis hilfreich zu werden.

These 9: Eine erste Voraussetzung, damit wissenschaftliche Aussagen – trotz der paradigmatischen Struktur der Medienpädagogik – Praxisrelevanz erlangen, besteht darin, dass wissenschaftliche Erkenntnisse so formuliert werden, dass sie **Anknüpfungspunkte** an Alltagstheorien beziehungsweise subjektive Deutungen von Praktiker*innen bieten.

Man kann annehmen, dass Praktiker*innen bei der Analyse und Gestaltung medienpädagogisch relevanter Situationen von bestimmten – allerdings subjektiven beziehungsweise eher alltagstheoretischen – Konstrukten (Begriffen) ausgehen, mit denen sie (gedankliche) Diagnosen und Erklärungen erstellen sowie Ziele vor Augen haben und individuelle Strategien zu deren Erreichung entwickeln (vgl. König/Volmer 2008). Insofern ist es für ein In-Beziehung-Setzen von Theorie und Praxis hilfreich, wenn wissenschaftliche Erkenntnisse so formuliert werden, dass sie mit alltagstheoretischen beziehungsweise subjektiven Begriffen, Diagnosen, Erklärungen, Zielen und Strategien verbunden werden können. Allerdings bleibt auch bei Anknüpfungsmöglichkeiten an alltagstheoretische beziehungsweise subjektive Konstrukte und Vorstellungen die Notwendigkeit, dass Praktiker*innen im Rahmen von Professionalisierungsprozessen die Fähigkeit entwickeln, zu entscheiden, unter welchen Bedingungen welche wissenschaftlichen Erkenntnisse sinnvoll mit praktischen Anforderungen in Beziehung gesetzt werden können. Vor diesem Hintergrund ergibt sich eine weitere Anforderung an die Medienpädagogik.

> These 10: Die Medienpädagogik sollte Bemühungen um eine gestaltungsorientierte Forschung verstärken, in der eine **praxis- und theoriegeleitete Entwicklung von Konzepten** für medienpädagogisches Handeln und deren empirische Evaluation zentral ist.

Im Rahmen einer solchen Forschung wird Gestaltung von Praxis zum zentralen Bestandteil des Forschungsprozesses. Hierbei lassen sich Wertbezüge medienpädagogischen Handelns reflektieren, können Theorieentwicklung und empirische Prüfung verbunden werden sowie unterschiedliche methodische Vorgehensweisen zum Zwecke des Erkenntnisgewinns kombiniert werden. Insgesamt kann es so gelingen, das Zusammenwirken von Wissenschaft und Praxis zu intensivieren und zu stärken (vgl. Tulodziecki 2014). Aus einer geeigneten Dokumentation entsprechender Entwicklungen und Evaluationen lassen sich kontextsensible Einsichten gewinnen, wobei Praktiker*innen erkennen können, ob und wie sich die jeweiligen Erkenntnisse mit eigenen Erfahrungen in Praxissituationen in Verbindung bringen lassen. Auf diese Weise könnte die medienpädagogische Forschung wichtige Beiträge zu einem professionellen Handeln leisten und dadurch zur Weiterentwicklung der medienpädagogischen Praxis beitragen.

Zur Frage von Standards für die medienpädagogische Praxis sowie für Ausbildung, Studium, Fort- und Weiterbildung

Im Zusammenhang mit internationalen Vergleichsstudien, wie beispielsweise den PISA-Studien (Programme for International Student Assessment), ist insbesondere im Schulbereich der Ruf nach Bildungsstandards laut geworden. In der Folgezeit sind für einige Unterrichtsfächer – zum Beispiel für die Fächer Deutsch, Mathematik und Englisch – Bildungsstandards formuliert worden. Die Standards sollten dabei vor allem als *Orientierung* dienen und damit eine Unterstützung für die Evaluation von Lernergebnissen darstellen. Zugleich war mit der Formulierung von Bildungsstandards ein Bedeutungszuwachs für die betreffenden Fächer verbunden. Damit bestand die Gefahr, dass andere Bereiche schulischer Arbeit an bildungspolitischer beziehungsweise öffentlicher Aufmerksamkeit und – entsprechend auch im Bewusstsein von Lehrer*innen und Schulleitungen – an Bedeutung verlieren würden.

Vor diesem Hintergrund ist es nicht verwunderlich, dass auch in der Medienpädagogik der Ruf nach Bildungsstandards aufkam. Allerdings war diese Forderung nicht nur durch die Sorge bedingt, in der bildungspolitischen und innerschulischen Diskussion ins Hintertreffen zu geraten. Auch in der Schule und in der Bildungsverwaltung wurde der Appell nach einer besseren Orientierung zu dem, was in der Medienbildung erreicht werden soll, stärker (vgl. u. a. Assenmacher 2006; Wagner/Peschke 2006). So gab es auch in der Medienpädagogik bereits Versuche, Bildungsstandards zu formulieren (vgl. u. a. Moser 2006; Tulodziecki 2007). Dies geschah in der Regel vor dem Hintergrund einer Abwägung von Problemen, die mit Standards verbunden sein können, und sinnvollen Funktionen von Standards. Solche Funktionen liegen zum Beispiel in der Anregung und Unterstützung bei der Entwicklung von Kerncurricula, bei der Durchführung von Reformen, bei Vorgehensweisen zur Qualifizierung und bei der Evaluation von Lehr- und Lernprozessen sowie Fördermaßnahmen.

> These 11: Standards können für die Qualitätsentwicklung von medienpädagogischer Praxis sowie für Professionalisierungsschritte im Rahmen der medienpädagogischen Aus-, Fort- und Weiterbildung wichtige Funktionen für **Orientierung und Reflexion** bieten.

Mit der Betonung der *Orientierungs- und Reflexionsfunktion* von Standards nehmen wir eine Gegenposition zu Ansätzen ein, bei denen Standards vorwiegend als Mittel der Output-Kontrolle und -Steuerung angesehen werden. Zugleich sind wir allerdings der Meinung, dass Standards eine Orientierungs- und Reflexionsfunktion für die Diagnose erreichter „Zustände" haben können und sollten. Solche Diagnosen können beispielsweise im Rahmen von Evaluationen stattfinden. Diagnosen und Evaluationen sollten unseres Erachtens primär der Anregung und Initiierung von (Förder-)Maßnahmen dienen.

Bei der Diskussion um Standards ist generell zu beachten, dass sie auf unterschiedliche Bereiche bezogen werden können, wie auf angestrebte Kompetenzniveaus, auf geeignete Prozesse, auf Institutionen oder auf Systemregelungen. Demgemäß lässt sich zwischen Bildungsstandards, Prozessstandards, Institutionenstandards und Systemstandards unterscheiden: *Bildungs*standards (manchmal auch Personenstandards genannt) werden als Ausdruck für ein bestimmtes Kompetenzniveau aufgefasst, das eine Person nach einer bestimmten Phase ihrer (Aus-)Bildung erreicht haben sollte. *Prozess*standards beschreiben Anforderungen an Lern- und/oder Lehrprozesse, durch die das Erreichen von Bildungsstandards sichergestellt werden soll, wie fall- und problemorientiertes Lernen, angeleitetes oder selbstgesteuertes Lernen. Mit *Institutionen*standards werden Anforderungen an Einrichtungen formuliert, in denen entsprechende Erziehungs- und Bildungsaufgaben wahrgenommen werden, wie eine angemessene personale oder technische Ausstattung, curriculare und organisatorische Bedingungen. *System*standards beziehen sich auf Regelungen und Unterstützungen, die mit Blick auf das bildungsadministrative oder bildungspolitische System als notwendig erachtet werden, um in den jeweiligen Bildungsinstitutionen die gewünschten Bildungsziele zu erreichen (vgl. Terhart 2002).

Im Kontext solcher Standards kommt den Bildungsstandards eine besondere Bedeutung zu, weil sie als Orientierungspunkte für alle anderen Standards dienen – geht es doch darum, bei den jeweiligen Zielgruppen das Erreichen der vorgesehenen Bildungsstandards zu fördern. Anders gesagt: Prozess-, Institutionen- und Systemstandards sollen letztlich dazu beitragen, *förderliche Bedingungen* für den Erwerb dessen zu schaffen, was in Bildungsstandards definiert wurde. Vor diesem Hintergrund ist die Standarddiskussion in der Medienpädagogik insbesondere auf Bildungsstandards für *Medienkompetenz* (als Zielperspektive für Kinder, Jugendliche oder Erwachsene) sowie auf Bildungsstandards für *medienpädagogische Kompetenz* (als Zielperspektive für die Ausbildung, für das Studium sowie für die Fort- und Weiterbildung von Medienpädagog*innen und Lehrenden) gerichtet.

These 12: Bildungsstandards sollten auf der Basis von ausdrücklichen **Kompetenzmodellen** formuliert werden, die sowohl wissenschaftlich fundiert als auch praxisrelevant sind.

Die Entwicklung von Kompetenzmodellen als *Grundlage* für Bildungsstandards ist nicht zuletzt deshalb besonders zu fordern, weil in vorhandenen Ansätzen zum Teil in mehr oder weniger assoziativ-aneinanderreihender Form Bildungsstandards ohne hinreichende theoretische Grundlage zusammengestellt werden – wie zuletzt im Strategiepapier der KMK zur *Bildung in der digitalen Welt* (vgl. KMK 2016). Ähnliches geschieht im Übrigen nicht nur in medienpädagogischen Zusammenhängen, sondern auch bei der Formulierung anderer Bildungsstandards mit Fachbezug (vgl. u. a. Keiner 2010; Niesyto 2016). Demgegenüber versucht die Sektion Medienpädagogik der DGfE zurzeit unter besonderer Berücksichtigung der Professionalisierungsperspektive ein theoretisch und praktisch begründetes Kompetenzmodell als künftigen *Orientierungsrahmen* für medienpädagogische Studienanteile beziehungsweise ein medienpädagogisches Studium zu entwickeln.

These 13: Grundsätzlich können und sollten auf allen Ebenen – Personen, Prozesse, Institutionen und System – **Standards** als wünschenswerte „Zustände" und Mittel der *Orientierung* und *Reflexion* im Sinne von Qualitätsentwicklung und -sicherung **formuliert** werden, wobei der Medienpädagogik als Praxis und als Wissenschaft eine Schlüsselposition zukommen sollte.

In der Medienpädagogik liegen nicht nur zu Bildungsstandards gut anknüpfbare Überlegungen vor (siehe oben), sondern auch zu wünschenswerten Prozessmerkmalen, institutionellen Bedingungen und Systemregelungen. Allerdings kommen diese in bildungspolitisch oder bildungsadministrativ gesteuerten Entwicklungen bisher nur unzureichend zur Geltung (vgl. u. a. KMK 2016). Dies hängt mindestens ansatzweise auch mit der *multiparadigmatischen* Struktur der Medienpädagogik zusammen, die zum einen den Zugang zu wissenschaftlichem Wissen für Praktiker*innen erschwert (siehe hierzu die Ausführungen zu These 8) und zum anderen außerhalb der Community nicht selten als uneinheitliche Positionen wahrgenommen wird. Dabei stehen gerade komplexe Diskurse und entsprechend uneinheitliche Positionen besonders in der Gefahr, (bildungspolitisch oder bildungsadministrativ) *missverstanden* oder *funktionalisiert* zu werden (vgl. u. a. Niesyto 2016).
Eine Aufarbeitung des multiparadigmatischen medienpädagogischen Diskurses für gesellschaftlich relevante Fragen kann vonseiten der Bildungs-

administration oder der Bildungspolitik nicht erwartet werden. Daher erwächst für die Medienpädagogik die Aufgabe – trotz aller innerwissenschaftlichen Konkurrenz verschiedener Ansätze –, durch geeignete Verfahren der Konsensfindung wenigstens zu ihren Kernanliegen *gemeinsame Positionen* herauszuarbeiten und möglichst verständlich nach außen zu kommunizieren und zu vertreten.

Allerdings wird dies zusätzlich dadurch erschwert, dass aktuelle technische Entwicklungen nicht mehr nur aus einer rein erziehungswissenschaftlichen Sichtweise betrachtet werden können.

> These 14: Angesichts der komplexen – nicht zuletzt technisch induzierten – gesellschaftlichen Entwicklungen sollte künftig stärker **interdisziplinär** und **innerhalb von** (internationalen) **Netzwerken** gearbeitet werden.

Um die sich abzeichnenden Entwicklungen angemessen analysieren, einschätzen und bewerten zu können, sollen sich Inspiration und Ansätze aus Psychologie, Soziologie, Rechtswissenschaft, Philosophie, Informatik, Medien- und Kommunikationswissenschaft sowie aus den Fachdidaktiken als hilfreich und weiterführend erweisen. Den aktuellen Herausforderungen in Erziehung, Bildung und Kultur lässt sich unseres Erachtens nur in einer konstruktiven *Kooperation* mit anderen Disziplinen und im *internationalen Diskurs* begegnen.

Aus Sicht der medienpädagogischen Praxis sind darüber hinaus nicht nur eine Vernetzung mit der medienpädagogischen Wissenschaft und weiteren medienpädagogischen Einrichtungen notwendig, sondern auch Kooperationen und Netzwerkarbeit mit weiteren Akteur*innen aus pädagogischen Handlungsfeldern.

Weiterarbeit

Die genannten Thesen und Überlegungen verweisen darauf, dass es eine wichtige Aufgabe der Medienpädagogik und damit auch der GMK – als Berufsverband und zentrale Schnittstelle für Wissenschaft und Praxis – bleibt, in Anbetracht gegenwärtiger und zukünftiger Entwicklungen ihre Positionen zur Geltung zu bringen. Das Weiterdenken in den Workshops des Forums, die Weiterarbeit in den Fachgruppen und die Diskussionen insgesamt können und sollen zu einer trag- und konsensfähigen Positionsbestimmung der Medienpädagogik bezüglich Fragen der Qualitätsentwicklung und Professionalisierung beitragen.

Literatur

Assenmacher, Karl-Heinz (2006): Das Hennefer Medienkompetenz Modell HMkM. In: Computer+Unterricht, 16. Jg., Heft 63, 32–33.

Aßmann, Sandra/Brüggen, Niels/Dander, Valentin/Gapski, Harald/Sieben, Gerda/Tillmann, Angela/Zorn, Isabel (2016): Digitale Datenerhebung und -verwertung als Herausforderung für Medienbildung und Gesellschaft. Ein medienpädagogisches Diskussionspapier zu Big Data und Data Analytics. In: Brüggemann, Marion/Knaus, Thomas/Meister, Dorothee (Hrsg.): Kommunikationskulturen in digitalen Welten. München: kopaed, 131–139.

Aufenanger, Stefan (1997): Medienpädagogik und Medienkompetenz – eine Bestandsaufnahme. In: Deutscher Bundestag (Hrsg.): Enquete-Kommission Zukunft der Medien in Wirtschaft und Gesellschaft. Medienkompetenz im Informationszeitalter. Bonn, 15–22.

Baacke, Dieter (1997): Medienpädagogik. Tübingen: Niemeyer.

Berliner, David C. (1994): Teacher Expertise. In: Husen, Torsten/Postlethwaite, Thomas N. (Eds.): The International Encyclopedia of Education. Vol. 10, 2nd Edition. London: Pergamon, 6020–6026.

Blömeke, Sigrid (2000): Medienpädagogische Kompetenz – Theoretische und empirische Fundierung eines zentralen Elements der Lehrerausbildung. München: kopaed.

Combe, Arno/Helsper, Werner (1996): Pädagogische Professionalität – Untersuchungen zum Typus pädagogischen Handelns. Frankfurt am Main: Suhrkamp.

Damberger, Thomas (2018): Mediendidaktik im Digitalzeitalter. In: Knaus, Thomas/Engel, Olga (Hrsg.): Spannungen und Potentiale des Digitalen. Digitaler Wandel in Bildungseinrichtungen (Band 6 der fraMediale-Reihe). München: kopaed, 77–99.

DGfE – Deutsche Gesellschaft für Erziehungswissenschaft, Sektion Medienpädagogik (2017): Studiengänge für Medienpädagogik und Erziehungswissenschaft. Abrufbar unter: gmk-net.de/wp-content/uploads/2018/09/studiengaenge_medienpaedagogik_medienwissenschaften_erziehungswissenschaften.pdf [Stand: 04.10.2018].

Forschungswerkstatt Medienpädagogik (2017): Projekt – Theorie – Methode. Spektrum medienpädagogischer Forschung – Über das Projekt. Abrufbar unter: forschungswerkstatt-medienpaedagogik.de [Stand: 12.08.2018].

Friedrichs-Liesenkötter, Henrike/Meister, Dorothee M. (2016): Qualifizierung von Erzieherinnen und Erziehern zur frühkindlichen Medienbildung in Kindertagesstätten. In: Lauffer, Jürgen/Röllecke, Renate (Hrsg.): Krippe, Kita, Kinderzimmer – Medienpädagogik von Anfang an – Medienpädagogische Konzepte und Perspektiven. München: kopaed, 54–60.

GMK-FG Kita (2017): Kinder im Mittelpunkt – Frühe Bildung und Medien gehören zusammen. Positionspapier der GMK-Fachgruppe Kita. Abrufbar unter: gmk-net.de [Stand: 12.08.2018].

Groeben, Norbert (2002): Dimensionen von Medienkompetenz: Deskriptive und normative Aspekte. In: Groeben, Norbert/Hurrelmann, Bettina (Hrsg.): Medienkompetenz. Voraussetzungen, Dimensionen, Funktionen. Weinheim und München: Juventa, 160–197.

Hartung, Anja/Schorb, Bernd (2014): Methodologie und Methoden medienpädagogischer Forschung. In: Hartung, Anja/Schorb, Bernd/Niesyto, Horst/Moser, Heinz/Grell, Petra (Hrsg.): Methodologie und Methoden medienpädagogischer Forschung (Jahrbuch Medienpädagogik 10), Wiesbaden: VS, 7–24.

Hepp, Andreas/Krotz, Friedrich (2012): Mediatisierte Welten – Forschungsfelder und Beschreibungsansätze. Zur Einleitung. In: Krotz, Friedrich/Hepp, Andreas (Hrsg.): Mediatisierte Welten. Forschungsfelder und Beschreibungsansätze. Wiesbaden: VS, 7–23.

Hugger, Kai-Uwe (2004): Was MedienpädagogInnen tun (Vortragsmanuskript). Abrufbar unter: lmz-bw.de/fileadmin/user.../hugger.../hugger_ medienpaedagoginnen.pdf [Stand: 12.08.2018].

Hugger, Kai-Uwe (2007): Medienpädagogische Ausbildung und Professionalisierung. In: Sesink, Werner/Kerres, Michael/Moser, Heinz (Hrsg.): Medienpädagogik – Standortbestimmung einer erziehungswissenschaftlichen Disziplin (Jahrbuch Medienpädagogik 6). Wiesbaden: VS, 262–282.

Hurrelmann, Bettina (2002): Zur historischen und kulturellen Relativität des „gesellschaftlich handlungsfähigen Subjekts" als normativer Rahmenidee für Medienkompetenz. In: Groeben, Norbert/Hurrelmann, Bettina (Hrsg.): Medienkompetenz – Voraussetzungen, Dimensionen, Funktionen. Weinheim und München: Juventa, 111–126.

Imort, Peter/Niesyto, Horst (2014): Grundbildung Medien in pädagogischen Studiengängen. München: kopaed.

Iske, Stefan (2015): Medienbildung. In: von Gross, Friederike/Meister, Dorothee M./Sander, Uwe (Hrsg.): Medienpädagogik – ein Überblick. Weinheim und Basel: Beltz Juventa, 247–272.

Iske, Stefan (2016): Medienbildung im Kontext digitaler Personenprofile. In: Verständig, Dan/Holze, Jens/Biermann, Ralf (Hrsg.): Von der Bildung zur Medienbildung. Wiesbaden: Springer VS, 257–280.

Jörissen, Benjamin/Marotzki, Winfried (2009): Medienbildung – Eine Einführung. Bad Heilbrunn: Klinkhardt/UTB.

KBoM (2011): Bildungspolitische Forderungen. Medienpädagogischer Kongress. Ludwigsburg: Pädagogische Hochschule.

Keiner, Edwin (2010): Der Qualifikationsrahmen aus professionstheoretischer Perspektive – ein Kommentar zu Diskussionen in der Erziehungswissenschaft. In: Erziehungswissenschaft, 21. Jg., Heft 41, 127–133.

KMK – Kultusministerkonferenz (2012): Medienbildung in der Schule. Abrufbar unter: kmk.org/fileadmin/veroeffentlichungen_beschluesse/2012/2012_03_08_Medienbildung.pdf [Stand: 12.08.2018].

KMK – Kultusministerkonferenz (2016): Bildung in der digitalen Welt. Abrufbar unter: kmk.org/fileadmin/Dateien/pdf/PresseUndAktuelles/2016/ Bildung_digitale_Welt_Webversion.pdf [Stand: 10.12.2016].

Knaus, Thomas (2009): Kommunigrafie – Eine empirische Studie zur Bedeutung von Text und Bild in der digitalen Kommunikation. München: kopaed.

Knaus, Thomas (2013): Technik stört! Lernen mit digitalen Medien in interaktionistisch-konstruktivistischer Perspektive, In: Knaus, Thomas/Engel, Olga (Hrsg.): fraMediale – digitale Medien in Bildungseinrichtungen (Band 3). München: kopaed, 21–60.

Knaus, Thomas (2016): digital – medial – egal? In: Brüggemann, Marion/Knaus, Thomas/Meister, Dorothee (Hrsg.): Kommunikationskulturen in digitalen Welten – Konzepte und Strategien der Medienpädagogik und Medienbildung. München: kopaed, 99–130.

Knaus, Thomas (2017a): Pädagogik des Digitalen. Phänomene – Potentiale – Perspektiven. In: Eder, Sabine/Mikat, Claudia/Tillmann, Angela (Hrsg.): Software takes command. München: kopaed, 49–68.

Knaus, Thomas (2017b): Verstehen – Vernetzen – Verantworten. Warum Medienbildung und informatische Bildung uns alle angehen und wir sie gemeinsam weiterentwickeln sollten. In: Diethelm, Ira (Hrsg.): Informatische Bildung zum Verstehen und Gestalten der digitalen Welt. Bonn: Gesellschaft für Informatik (LNI – Lecture Notes in Informatics), 31–48.

Knaus, Thomas (2017c): [Me]nsch – Werkzeug – [I]nteraktion. Theoretisch-konzeptionelle Analysen zur ‚Digitalen Bildung' und zur Bedeutung der Medienpädagogik in der nächsten Gesellschaft. In: MedienPädagogik. Themenheft: Digitale Bildung. Medienbezogene Bildungskonzepte für die nächste Gesellschaft, Nr. 31, 1–35. Abrufbar unter: dx.doi.org/10.21240/mpaed/31/2018.03.26.X [Stand: 12.08.2018].

Knaus, Thomas (2017): Forschungswerkstatt Medienpädagogik. Projekt – Theorie – Methode. Band 1. München: kopaed.

Knaus, Thomas (2018): Forschungswerkstatt Medienpädagogik. Projekt – Theorie – Methode. Band 2. München: kopaed.

Knaus, Thomas/Engel, Olga (2019): Schnittstellen – Interfaces des Digitalen. Digitaler Wandel in Bildungseinrichtungen (Band 7 der fraMediale-Reihe). München: kopaed [im Entstehen].

Kommer, Sven (2016): Buch statt Tablet-PC. Warum die digitalen Medien nicht in die Schule kommen – der Faktor LehrerIn. In: Knaus, Thomas/Engel, Olga (Hrsg.): Wi(e)derstände. Digitaler Wandel in Bildungseinrichtungen (Band 5 der fraMediale-Reihe). München: kopaed, 35–46.

König, Eckard/Volmer, Gerda (2008): Handbuch Systemische Organisationsberatung. Weinheim: Beltz.

Kornmesser, Stephan/Schurz, Gerhard (2014): Die multiparadigmatische Struktur der Wissenschaften. Wiesbaden: Springer VS.

Krotz, Friedrich (2016): Wandel von sozialen Beziehungen, Kommunikationskultur und Medienpädagogik. Thesen aus der Perspektive des Mediatisierungsansatzes. In: Brüggemann, Marion/Knaus, Thomas/Meister, Dorothee M. (Hrsg.): Kommunikationskulturen in digitalen Welten. München: kopaed, 19–42.

Kübler, Hans-Dieter (2014): Ansätze und Methoden medienpädagogischer Forschung. Erträge und Desiderate. In: Hartung, Anja/Schorb, Bernd/Niesyto, Horst/Moser, Heinz/Grell, Petra (Hrsg.): Methodologie und Methoden medienpädagogischer Forschung (Jahrbuch Medienpädagogik 10). Wiesbaden: VS, 27–53.

Meister, Dorothee M. (2017): Medienpädagogik: Herausforderungen der Digitalisierung. In: Kulturelle Bildung digital – Vermittlungsdomen, ästhetische Praxis und Aus- und Weiterbildung. Dossier 6. Abrufbar unter: kultur-bildet.de [Stand: 12.08.2018].

Moser, Heinz (2000): Einführung in die Medienpädagogik. Aufwachsen im Medienzeitalter. Opladen: Leske+Budrich.

Moser, Heinz (2006): Standards für die Medienbildung. Schweizer Erfahrungen mit der Entwicklung von Standards. In: Computer+Unterricht, 16. Jg., Heft 63, 16–18 und 49–55.

Moser, Heinz (2010): Digital Divide in den Zeiten von Web 2.0 und Social Networks. In: Bauer, Petra/Hoffmann, Hannah/Mayrberger, Kerstin (Hrsg.): Fokus Medienpädagogik – Aktuelle Forschungs- und Handlungsfelder. München: kopaed, 135–149.

Moser, Heinz (2015): Die Medienpädagogik im deutschsprachigen Raum. In: von Gross, Friederike/Meister, Dorothee M./Sander, Uwe (2015): Medienpädagogik – ein Überblick. Weinheim und Basel: Beltz Juventa, 13–31.

Moser, Heinz/Niesyto, Horst (2009): Digital divide – noch aktuell? Eine Diskussion. In: Hoffmann, Bernward/Ulbrich, Hans-Joachim (Hrsg.): Geteilter Bildschirm – getrennte Welten? Konzepte für Pädagogik und Bildung. München: kopaed, 31–41.

Neuweg, Georg H. (1999): Erfahrungen in der LehrerInnenbildung. Potenziale und Grenzen im Lichte des Dreyfus-Modells. In: Erziehung und Unterricht, Heft 5/6, 363–372.

Niesyto, Horst (2004): Öffnung von Schule und partnerschaftliche Kooperation. Zur Zusammenarbeit von schulischer und außerschulischer Medienarbeit. In: Pöttinger, Ida/Schill, Wolfgang/Thiele, Günter (Hrsg.): Medienbildung im Doppelpack. München: kopaed, 39–49.

Niesyto, Horst (2016): Keine Bildung ohne Medien! – Kritische Medienbildung jenseits funktioneller Vereinnahmung. In: Knaus, Thomas/Engel, Olga (Hrsg.): Wi(e)derstände. Digitaler Wandel in Bildungseinrichtungen (Band 5 der fraMediale-Reihe). München: kopaed, 17–34.

Niesyto, Horst (2017a): Medienkritik. In: Schorb, Bernd/Hartung-Griemberg, Anja/Dallmann, Christine (Hrsg.): Grundbegriffe Medienpädagogik. München: kopaed, 266–272.

Niesyto, Horst (2017b): Medienpädagogik und digitaler Kapitalismus. Für die Stärkung einer gesellschafts- und medienkritischen Perspektive. In: MedienPädagogik, Heft 27, 1–29. Abrufbar unter: medienpaed.com/article/view/435 [Stand: 12.08.2018].

Schorb, Bernd (1995): Medienalltag und Handeln. Medienpädagogik in Geschichte, Forschung und Praxis. Opladen: Leske+Budrich.

Schorb, Bernd (2005): Medienkompetenz. In: Hüther, Jürgen/Schorb, Bernd (Hrsg.): Grundbegriffe Medienpädagogik. München: kopaed, 257–262.

Statistisches Bundesamt (o. J.): Hochschulen insgesamt. Abrufbar unter: destatis.de/DE/ZahlenFakten/GesellschaftStaat/BildungForschungKultur/Hochschulen/Tabellen/HochschulenHochschularten.html [Stand: 12.08.2018].

Terhart, Ewald (2002): Standards für die Lehrerbildung. Eine Expertise für die Kultusministerkonferenz. Bonn: Sekretariat der KMK.

Tulodziecki, Gerhard (1997): Medien in Erziehung und Bildung. Grundlagen und Beispiele einer handlungs- und entwicklungsorientierten Medienpädagogik. Bad Heilbrunn: Klinkhardt.

Tulodziecki, Gerhard (2007): Was Schülerinnen und Schüler im Medienbereich wissen und können sollen – Kompetenzmodell und Bildungsstandards für die Medienbildung. In: medienimpulse, 15. Jg., Heft 59, 24–35.

Tulodziecki, Gerhard (2010): Medienkompetenz und/oder Medienbildung? Ein Diskussionsbeitrag. In: merz, 54. Jg., Heft 3, 48–53.

Tulodziecki, Gerhard (2011): Zur Entstehung und Entwicklung zentraler Begriffe bei der pädagogischen Auseinandersetzung mit Medien. In: MedienPädagogik, Heft 20, 11–39. Abrufbar unter: medienpaed.com/article/view/393 [Stand: 12.08.2018].

Tulodziecki, Gerhard (2012): Medienpädagogische Kompetenz und Standards in der Lehrerbildung. In: Renate Schulz-Zander/Eickelmann, Birgit/Moser, Heinz/Niesyto, Horst/Grell, Petra (Hrsg.): Jahrbuch Medienpädagogik 9. Wiesbaden: Springer VS, 271–297.

Tulodziecki, Gerhard (2014): Medienpädagogische Forschung als gestaltungsorientierte Bildungsforschung vor dem Hintergrund praxis- und theorierelevanter Forschungsansätze in der Erziehungswissenschaft. In: MedienPädagogik. Einzelbeiträge 2014. Abrufbar unter: medienpaed.com/article/view/231 [Stand: 12.08.2018].

Tulodziecki, Gerhard (2015): Medienkompetenz. In: von Gross, Friederike/Meister, Dorothee M./Sander, Uwe (2015): Medienpädagogik – ein Überblick. Weinheim und Basel: Beltz Juventa, 194–228.

Tulodziecki, Gerhard (2017a): Thesen zu einem Curriculum zur Bildung in einer durch Digitalisierung und Mediatisierung beeinflussten Welt. In: merz, 61. Jg., Heft 2, 50–56.

Tulodziecki, Gerhard (2017b): Thesen zu einem Rahmenplan für ein Studium der Medienpädagogik. In: merz, 61. Jg., Heft 3, 59–65.

Tulodziecki, Gerhard/Herzig, Bardo/Blömeke, Sigrid (2017): Gestaltung von Unterricht – Eine Einführung in die Didaktik. Bad Heilbrunn: Klinkhardt/UTB.

Tulodziecki, Gerhard/Herzig, Bardo/Grafe, Silke (2010): Medienbildung in Schule und Unterricht – Grundlagen und Beispiele. Bad Heilbrunn: Klinkhardt/UTB.

Wagner, Wolf-Rüdiger/Peschke, Rudolf (2006): Auf dem Weg zu Bildungsstandards? In: Computer+Unterricht, Jg. 16, Heft 63, 6–11.

Weiterführende Literatur (Auswahl)

Giesecke, Hermann (2010): Pädagogik als Beruf. Grundformen pädagogischen Handelns. Weinheim: Beltz Juventa.

Helsper, Werner (2004): Pädagogisches Handeln in den Antinomien der Moderne. In: Krüger, Heinz-H./Helsper, Werner (Hrsg.): Einführung in Grundbegriffe und Grundfragen der Erziehungswissenschaft. Wiesbaden: Springer Fachmedien, 15–34.

Helsper, Werner/Tippelt, Rudolf (2011): Ende der Profession und Professionalisierung ohne Ende? Zwischenbilanz einer unabgeschlossenen Diskussion. In: Helsper, Werner/Tippelt, Rudolf (Hrsg.): Pädagogische Professionalität. Zeitschrift für Pädagogik, Beiheft 57, Weinheim und Basel: Beltz, 268–288.

Hugger, Kai-Uwe (2001): Medienpädagogik als Profession. Perspektiven für ein neues Selbstverständnis. München: kopaed.

Neuss, Norbert (2003): Zur Notwendigkeit und Professionalisierung der Medienpädagogik. In: Neuss, Norbert (Hrsg.): Beruf Medienpädagoge. Selbstverständnis – Ausbildung – Ausbildungsfelder. München: kopaed, 9–26.

Schorb, Bernd (1989): Berufsbild, Berufsfeld, Arbeitsfeld? Was sollen, können und sind Medienpädagogen, wer braucht sie und wer will sie? In: merz, 43. Jg., Heft 1, 46–47.

Horst Niesyto

Under Digital Fire

Herausforderungen für die medienpädagogische Professionalisierung

Angesichts einer rasant zunehmenden digitalen Vermessung und Kommerzialisierung des Alltagslebens ist es wichtig, eine kritisch-reflexive Medienbildung zu stärken. Im Beitrag werden schlaglichtartig die Situation in einzelnen pädagogischen Handlungsfeldern skizziert und aktuelle Herausforderungen und Aufgaben der Medienbildung benannt. Darauf aufbauend werden Vorschläge zur medienpädagogischen Professionalisierung mit dem Schwerpunkt Hochschule unterbreitet.

Medienpädagogische Professionalisierung – ein kurzer Blick zurück

In der Medienpädagogik gab es schon immer Überlegungen dazu, wie die Professionalisierung und die Konturierung des Berufsbildes Medienpädagog*in verbessert werden können. Exemplarisch sollen folgende Publikationen genannt werden:

- *Beruf Medienpädagoge*: Der Band wurde 2003 von Norbert Neuß herausgegeben und versammelt Beiträge zum Selbstverständnis, zur Ausbildung und zu Arbeitsfeldern der Medienpädagogik. Ein primär mehr praxisbezogener Teil gibt einen Überblick über die verschiedenen Handlungsfelder (wie Jugendschutz, Beratung, Offene Kanäle, Fortbildung, Forschung und Lehre) und arbeitet spezifische Aufgabenstellungen heraus. Darüber hinaus bietet der Band theorie- und diskursbezogene Beiträge zum Selbstverständnis und zur disziplinären Verortung der Medienpädagogik angesichts institutioneller Ausdifferenzierungen und einer Vielzahl von Nachbardisziplinen.
- *Berufliche und professionelle Aspekte der Medienpädagogik*: So lautete die Kapitelüberschrift 7 im *Handbuch Medienpädagogik*, welches 2008 von Uwe Sander, Friedericke von Gross und Kai-Uwe Hugger herausgegeben wurde. Die Beiträge setzen sich mit der Professionalisierung, dem Berufsbild und dem Arbeitsmarkt bezüglich Medienpädagogik auseinander und konkretisieren dies für Studium und Weiterbildung, die außerschulische

Medien- und Projektarbeit bis hin zu neuen Arbeitsfeldern in der beruflichen und betrieblichen Bildungsarbeit.

- *Jahrbuch Medienpädagogik 9*: Der Band wurde 2012 von Renate Schulz-Zander, Birgit Eickelmann, Heinz Moser, Horst Niesyto und Petra Grell herausgegeben und analysiert aus der Perspektive des Medieneinsatzes die Handlungsfelder Entwicklung und Sicherung der Qualität von Schule und Unterricht sowie Lehrerausbildung und damit der medienpädagogischen Professionalisierung im Schulkontext. Der Band behandelt vor allem Fragen nach den Kompetenzen, die Lehrkräfte benötigen, um moderne Technologie und Pädagogik kreativ miteinander zu verbinden. Es werden aber auch Einstellungen und Werthaltungen bei Lehrpersonen und Lehramtsstudierenden bezüglich Medien und Mediennutzung analysiert und Fragen nach Standards, Konzepten und Methoden für eine medienpädagogische Professionalisierung in der Lehrerbildung behandelt.
- *Grundbildung Medien in pädagogischen Studiengängen*: Dieser 2014 von Peter Imort und Horst Niesyto herausgegebene Band setzt sich vor allem mit der Frage auseinander, was eine „Grundbildung Medien" für pädagogische Fachkräfte beinhalten sollte, wie diese in vorhandenen Studiengängen verbindlich verankert werden kann und wie Erziehungswissenschaft und Fachwissenschaften/-didaktiken hierfür zusammenarbeiten können. Etwa 20 Beiträge vermitteln einen Einblick in die akademische Praxis an Universitäten, Pädagogischen Hochschulen und Fachhochschulen im deutschsprachigen Raum. Die Beiträge beziehen sich vor allem auf die Lehrerbildung, aber auch auf die frühkindliche Bildung und Felder der außerschulischen Bildung. Der Band konkretisiert die Forderung nach einer „Grundbildung Medien", die auf dem *Medienpädagogischen Kongress 2011* erhoben wurde. Dabei werden unterschiedliche Ansätze, Gewichtungen und institutionelle Durchsetzungsmöglichkeiten deutlich.
- *Berufsfelder von Medienpädagoge/-innen*: Unter diesem Titel erschien 2017 von Johannes Fromme in der Online-Zeitschrift *MedienPädagogik* ein Beitrag, der Befunde einer quantitativ-empirischen Verbleibstudie von Studierenden des Magdeburger Studiengangs *Medienbildung* vorstellt.

Ein sehr wichtiger Schritt in der professionspolitischen Positionierung der Medienpädagogik war 2009 das *Medienpädagogische Manifest*, welches führende Organisationen und Einrichtungen der Medienpädagogik veröffentlichten (vgl. KBoM 2009). Das Manifest ging von der Einschätzung aus, dass (digitale) Medien neue Erfahrungs- und Lernbereiche eröffnen, aber auch mit Problemlagen und Risiken verbunden sind. Das Manifest stellte fest:

Zentrale bildungspolitische Forderungen der Initiative:

→ In den Orientierungs- und Rahmenplänen für **frühkindliche** Bildungseinrichtungen sowie in den Curricula und Prüfungen aller **Schularten** sind medienpädagogische Themen verbindlich zu verankern. Bundesweit sollten im Bereich Medienkompetenz klare Mindeststandards für die einzelnen Altersstufen festgelegt werden: Kein Jugendlicher darf die Schule ohne grundlegende Medienbildung verlassen!

→ Im **außerschulischen Bereich** sind medienpädagogische Themen in das spezifische Aufgabenprofil der verschiedenen Einrichtungen zu integrieren. Besonders Ansätze einer **inklusiven Medienbildung** sind stärker zu fördern; sie eröffnen Chancen für Selbstausdruck, Kommunikation und Partizipation mit Medien, auch für Menschen mit Behinderungen.

→ Dringend erforderlich ist der Ausbau **medienpädagogischer Elternarbeit** in bildungsbenachteiligten Milieus, um die Menschen in ihren alltäglichen Lebenszusammenhängen zu erreichen.

→ Um die Kontinuität und Qualität medienpädagogischer Angebote zu gewährleisten, sind über die Einzelförderung von Initiativen und Projekten hinaus eine **Regelfinanzierung** medienpädagogischer Angebote und alltagsnahe Beratungs- und Unterstützungsangebote notwendig. Auf der Ebene von Landkreisen/Städten sollten Koordinationsaufgaben von fest angestellten **medienpädagogischen Fachberater(inne)n** übernommen werden. Vorhandene lokale und überregionale **Netzwerke** sind zu bündeln und **zentrale Informations- und Verweisungssysteme** für die verschiedenen Zielgruppen einzurichten.

→ Von entscheidender Bedeutung ist die Verankerung einer **medienpädagogischen Grundbildung** als verbindlicher und prüfungsrelevanter Bestandteil in allen pädagogischen Studiengängen und Ausbildungsbereichen. Dafür sind medienpädagogische Professuren mit entsprechender Infrastruktur auszubauen. Weiterhin sind medienpädagogische Themen als verpflichtende Inhalte in der **Fort- und Weiterbildung** in allen Bildungsbereichen festzuschreiben und durch Medienkompetenzportfolios, Zertifikate und Zielvereinbarungen zu sichern.

→ Medienpädagogische **Grundlagenforschung** sowie **Praxis- und Evaluationsforschung** sind zu intensivieren und durch spezielle Forschungsförderungsprogramme zu gewährleisten.

Abb. 1 und 2: Cover der Broschüre zum bundesweiten medienpädagogischen Kongress 2011 und die zentralen bildungspolitischen Forderungen der Initiative „Keine Bildung ohne Medien!" (vgl. KBoM 2011: 5)

> „Medienkompetentes Handeln setzt fundierte Kenntnisse über die verschiedenen Medien voraus: Kenntnisse über technische Grundlagen und ästhetische Formen, über die Bedingungen und Formen medialer Produktion und Verbreitung in der Gesellschaft, ein Bewusstsein für die kulturell-kommunikative, ökonomische und politische Bedeutung, die Medien in globalisierten Gesellschaften haben. Medienkompetenz zielt auf die Fähigkeit zur sinnvollen, reflektierten und verantwortungsbewussten Nutzung der Medien. Hierzu gehören unter anderem die Fähigkeit zu überlegter Auswahl, zum Verstehen und Interpretieren medialer Kodes, zu einer reflektierten Verwendung von Medien in Freizeit, Schule und Beruf. Das aktive und kreative Gestalten mit Medien für Selbstausdruck, für die Artikulation eigener Themen, für Kontakt und Kommunikation ist ein weiterer, zentraler Bereich von Medienkompetenz. Schließlich fördert Medienpädagogik die Medienkritik, die sich sowohl auf die gesellschaftliche Medienentwicklung als auch die (selbstreflexive) Mediennutzung und die eigene Gestaltung mit Medien bezieht" (KBoM 2009: 1).

Das medienpädagogische Manifest forderte vor allem *breitenwirksame* Anstrengungen und erhebliche personelle und finanzielle Ressourcen, damit die Medienpädagogik von einer Phase der Modellprojekte und einzelner

Aktionen auf lokaler und regionaler Ebene hin zu einer Phase *nachhaltiger, struktureller* Veränderungen weiterentwickelt werden kann. Die Resonanz auf das Manifest war sehr groß und führte 2010 zur Gründung der Initiative „Keine Bildung ohne Medien! – KBoM!" Die Initiative veranstaltete 2011 in Berlin einen bundesweiten medienpädagogischen Kongress, der die Anliegen des Manifests konkretisierte. An dem Kongress nahmen über 400 Fachleute teil. Die Ergebnisse wurden im Netz und in einer Broschüre dokumentiert und im bildungspolitischen Raum breit publiziert (vgl. KBoM 2011).

Vorschläge des Berliner Kongresses fanden Eingang in ministerielle Erklärungen auf Länderebene und in Empfehlungen der Enquete-Kommission *Internet und digitale Gesellschaft* (2012) des Deutschen Bundestages (vgl. Niesyto 2016). Heute – sieben Jahre nach dem Berliner Kongress – ist festzuhalten: Im bildungspolitischen Raum gibt es zwar die Bereitschaft, auf Anliegen und Vorschläge der Medienpädagogik einzugehen, vieles ist aber auf der Ebene von Deklarationen stecken geblieben. Nahezu alle Anliegen und Vorschläge des Manifestes sind nach wie vor relevant und harren einer breitenwirksamen und nachhaltigen Umsetzung.

Gleichzeitig haben die Herausforderungen nicht zuletzt aufgrund der Digitalisierung erheblich zugenommen. In dieser Situation ist es wichtig, einerseits an den grundlegenden Anliegen des *Medienpädagogischen Manifests* und des Berliner Kongresses von 2011 festzuhalten, gleichermaßen diese Anliegen vor dem Hintergrund der Herausforderungen durch die voranschreitende Digitalisierung weiterzuentwickeln.

Under Digital Fire – Schlaglichter in pädagogischen Handlungsfeldern

Was bedeutet „Under Digital Fire"? Hier ein paar ausgewählte *Schlaglichter* mit Blick auf ausgewählte pädagogische Handlungsfelder:

Frühkindliche Bildung und Erziehung

Meine Kollegin Gesine Kulcke formulierte neulich in einem Beitrag für das Symposium *Medienkritik im digitalen Zeitalter* treffend:

> „Im Zeitalter von smarten Puppenhäusern, App gesteuerten Eisenbahnen und in Teddys eingebauten Webcams, mit denen Eltern auf dem Tablet verfolgen können, was ihre Kinder im Kinderzimmer machen, sollten Kinder Medien als gestaltbar erleben und erfahren, was man mit Medien kreativ machen kann."[1]

Digitale Medien sind inzwischen in Kinderzimmern sehr präsent – ich verweise in diesem Zusammenhang auf einen Beitrag von Jörg Kratzsch über „Kindererziehung 4.0" (Kratzsch 2017). Hier zeichnet sich eine große Herausforderung für die Medienpädagogik ab. Es fehlen aber an zahlreichen Orten qualifizierte medienpädagogische Studienanteile und entsprechend qualifiziertes Personal in der frühkindlichen Bildung.

Medienbildung in der Grundschule

Am 28. Oktober 2017 titelte das Nachrichtenmagazin SPIEGEL-Online: „Google, Lego, Apple im Klassenraum. Die wollen doch nur helfen – oder?" (SPIEGEL-Online 2017). Der Beitrag zitiert René Scheppler von der Lehrergewerkschaft GEW: „Wir beobachten eine massive Zunahme von Lobbyismus an Schulen [...] vor allem IT-Firmen nutzen die Unterfinanzierung des Bildungssystems für Marketingzwecke" (SPIEGEL-Online 2017). Auf dem Programm stehen gesponserte Schulevents, gearbeitet wird seitens der Firmen mit Bauanleitungen, Erklärvideos und Aufgaben für die Schüler*innen: „Sogar Kriterien für die Notenvergabe haben sie sich überlegt" (SPIEGEL-Online 2017). Seitens der Politik fehlt eine deutliche Abgrenzung dieser Kommerzialisierung gegenüber. Gleichzeitig mangelt es massiv an Lehrer*innen, die über hinreichende Medienkompetenz und medienpädagogische Kompetenz verfügen – nicht nur an Grundschulen.

Visuelle Bildung & Filmbildung

Leider findet im politischen Raum derzeit oft eine Verengung auf digitale Medien und „Programmieren lernen" statt. Im digitalen Zeitalter hat aber die Bedeutung visueller und audiovisueller Medien nicht ab-, sondern zugenommen (vgl. Reißmann 2015). Bildungsungerechtigkeit existiert in Deutschland auch deshalb, weil das Bildungssystem einseitig kognitiv-analytische Leistungen betont. Insbesondere Bilder und Bewegtbilder und ihre Verknüpfung mit sprachlichen Ausdrucksformen eröffnen neue Möglichkeiten für Kommunikation, Lernen und gesellschaftliche Teilhabe (vgl. Niesyto/Holzwarth/Maurer 2007; Schlör 2017). Ein solcher Ansatz ist ein wichtiger Beitrag zum Abbau „digitaler Klüfte" und auch zur inklusiven Medienbildung (vgl. Schluchter 2015).

Außerschulische Jugendarbeit & Jugendbildung

Beispiel: Thema „Influencer Marketing". Soziale Medien werden von Organisationen und Unternehmen als Werbefläche genutzt, um gezielt über Menschen, die in sozialen Medien größere Fangemeinden haben, durch persönliche Empfehlungen Produkte zu bewerben. Hier handelt es sich in vielen Fällen um Schleichwerbung – die Grenze zwischen der Darstellung persönlicher Vorlieben und dem Produktplacement ist fließend. Mit dieser Werbestrategie werden zugleich Rollen- und Lebensbilder insbesondere in der jungen Generation befördert, die in vielen Fällen eine Konsum- und Kommerzorientierung forcieren. Dies zu thematisieren, ist selbstverständlich nicht nur eine Aufgabe der außerschulischen Jugendarbeit und Jugendbildung.

Erwachsenenbildung

2016 war ich auf einer Tagung zum Themenkomplex „Digitalisierung/Industrie 4.0", die von Kolleg*innen der Abteilung *Erwachsenenbildung* der Pädagogischen Hochschule Ludwigsburg veranstaltet wurde. In einer Arbeitsgruppe, an der vor allem Beschäftigte aus Betrieben teilnahmen, wurden aktuelle Sorgen sehr deutlich: Es gibt Einschätzungen, dass in den kommenden zehn bis 20 Jahren zahlreiche Jobs durch Automatisierung und Flexibilisierung wegfallen – und nicht in gleichem Umfang neue Arbeitsplätze durch Innovationen entstehen. Es droht eine massive Ausgrenzung von Menschen mit formal niedriger Bildung auf dem Arbeitsmarkt. Wie kann die Erwachsenbildung mit dieser Entwicklung umgehen? Inwieweit werden diese Entwicklungen thematisiert, auch im Kontext einer politisch-kulturellen Medienbildung?

Übergreifende Herausforderung: Digitaler Kapitalismus

Ein quasi zum „Naturgesetz" erhobenes Wachstumsdenken im ökonomischen Bereich, eine exzessive Konsum- und Kommerzorientierung, eine wachsende Kluft zwischen Arm und Reich und der anhaltende Trend zur dauerhaften Bildungsbenachteiligung eines relevanten Teils unserer Gesellschaft sind ungelöste Problemfelder. Die Digitalisierung wird diese Probleme nicht „automatisch" lösen, da digitale Technologien nicht unabhängig von Macht- und Herrschaftsstrukturen existieren. Der digitale Kapitalismus ist eine solche Macht- und Herrschaftsstruktur (vgl. Niesyto 2017a).[2]

Wenn das aktuelle GMK-Thesenpapier zum Forum Kommunikationskultur 2017 einen „technikinduzierten gesellschaftlichen Wandel" analysiert (Knaus/Meister/Tulodziecki 2017: 2 und in diesem Band: 23ff.), dann trifft dies nur für einen Teil des Wandlungsprozesses zu. Inzwischen haben insbesondere die großen Internetkonzerne eine ökonomische Vormachtstellung erreicht, mit der sie die Form und Richtung der Technologie- und Kommunikationsentwicklung entscheidend in globalem Maßstab bestimmen können. Dies geht weit über eine Technikinduzierung hinaus.

So machte der Techniksoziologe Ulrich Dolata von der Universität Stuttgart 2014 eine Untersuchung zu *Märkte und Macht der Internetkonzerne*. Sein Fazit:

> „Die fünf untersuchten Konzerne prägen nicht nur wesentliche Angebote und Märkte des Internets. Sie regeln als Betreiber der zentralen Infrastrukturen auch die Zugänge zum Netz, strukturieren die Kommunikationsmöglichkeiten der Nutzer und sind wesentliche Treiber des Innovationsprozesses. Nicht Dezentralisierung, Demokratisierung und Kooperation, sondern Konzentration, Kontrolle und Macht sind, so die These, die Schlüsselprozesse und -kategorien, mit denen sich die wesentlichen Entwicklungstendenzen des (kommerziellen) Internets angemessen erfassen lassen" (Dolata 2014: 5).

Es geht dabei nicht nur um Fragen *ökonomischer* Macht. Es geht um eine nachhaltige Veränderung in allen gesellschaftlichen Bereichen. Wir sind Zeugen einer raffinierten, allumfassenden Kapitalisierung von Daten und Vermessung von Lebensbereichen (vgl. Dander 2014; Damberger 2016; Mau 2017), die mit neuen Formen der Abhängigkeit und der gesellschaftlichen Steuerung verbunden sind, gerade auch im politischen Raum. Die bekannten Stichworte sind hierzu: Filterblasen, Social Bots und gezielte Manipulationen in Wahlkampagnen. Die Vermessung nahezu aller Lebensbereiche und des eigenen Körpers offerieren eine Optimierung des Alltags und des Selbst, haben allerdings einen harten kapitalistischen Kern: die Erschließung neuer Absatzmärkte, die Kommerzialisierung immer weiterer Lebensbereiche, die Kontrolle und Überwachung des Körpers, des Denkens und Verhaltens der Menschen. Im globalen Maßstab gibt es hier inzwischen extreme Entwicklungen, insbesondere in autokratisch-diktatorischen Regimes; auch in demokratisch verfassten Gesellschaften nehmen systematische Formen des Datenmissbrauchs in Verbindung mit kommerziellen (und politischen) Interessen deutlich zu.

Diese Entwicklungstrends haben das Potential, Menschsein, Alltag und Arbeit sowie das Zusammenleben in der Gesellschaft grundlegend zu verändern – und diese Prozesse finden real statt. Sehr kritisch zu bewerten sind insbesondere Zukunftsmodelle, die die Vielschichtigkeit des Menschseins letztlich der Präzision algorithmischer Berechnungen und automatisierter Denkprozesse unterordnen und für verschiedene Herrschaftsinteressen instrumentalisieren. Es ist meines Erachtens eine elementare Bildungsaufgabe, diese Entwicklungen und damit verbundene gesellschaftliche Leitbilder zu hinterfragen. Hierzu gehören unter anderem folgende Fragen:

- Wie können wir eine um sich greifende totalitäre Datenerfassung und Kommerzialisierung nahezu sämtlicher Lebensbereiche verhindern – und zugleich digitale Medien nutzen und ihre Funktionsweisen verstehen, um Kommunikation, Lernen, Selbstausdruck, gesellschaftliche Teilhabe und demokratische Prozesse zu verbessern?
- Welche Formen des Weltverstehens sind uns wichtig? Wie wollen wir das Zusammenspiel von verschiedenen Wirklichkeitsdimensionen gestalten – körperlich-sinnlichen und medial-virtuellen?
- Was ist zu tun, damit die Digitalisierung im Arbeitsleben bereits vorhandene Marginalisierungen nicht weiter vertieft und Menschen mit geringerer formaler Bildung dauerhaft ausgrenzt?
- Wie können wir uns gesellschaftliche Utopiefähigkeit erhalten? Wie wollen wir künftig leben und arbeiten – jenseits permanenter ökonomischer Konkurrenz- und Wachstumsszenarien und jenseits von immer mehr auf Vermessung und Quantifizierung abzielenden Strukturen?

Auf diese Fragen gibt es keine allgemeingültigen Antworten, aber diese Fragen sind nicht nur politisch-gesellschaftlich relevant – sie sind auch zum Gegenstand von Bildungsprozessen zu machen. Medienbildung wird zu einer Kernaufgabe von Bildung. Kinder, Jugendliche und Erwachsene sind darin zu unterstützen, mit komplexen Situationen und Unbestimmtheiten umzugehen. Dabei geht es nicht nur um die Potentiale digitaler Medien für Bildung, Lernen und Persönlichkeitsentwicklung, sondern auch um eine Auseinandersetzung mit medialen Problemfeldern, sozialen und gesellschaftlichen Kontexten. Es gibt keine Persönlichkeitsbildung unabhängig von medialen-gesellschaftlichen Kontexten.

Medienpädagogik als kritische Medien- und Gesellschaftsanalyse und zugleich als subjektorientierte, reflexive Handlungswissenschaft und pädagogisches Arbeitsfeld zu entwickeln, ist kein Widerspruch – beides ist notwendig: zum einen die Orientierung an den Menschen, ihren Bedürfnissen und Formen der Lebensbewältigung, zum anderen aber auch die Auseinandersetzung mit strukturellen gesellschaftlich-medialen Mustern und Interessen, die die Wahrnehmung, das Verhalten und das Denken der Menschen beeinflussen. Medienpädagogik hat gerade in der Perspektive von Medienkritik auch die Aufgabe, Problemlagen zu thematisieren, Hintergründe aufzuzeigen und zum Bestandteil von Bildungsprozessen zu machen (vgl. medienkritik-lb.de). Zu diesen Hintergründen gehören auch politische Strategien, die aktuell in Zusammenhang mit dem Thema Digitalisierung verfolgt werden.

Reduziertes Verständnis von Medienbildung in der Bildungspolitik

Medienbildung wurde in den vergangenen Jahren von relevanten politischen Kräften immer stärker auf Lernen *mit* digitalen Medien, auf informatische Aspekte und auf Jugendschutz reduziert. Die Gefahr dieser Reduktion zeichnete sich bereits im Berliner Koalitionsvertrag (2014) von CDU/CSU und SPD ab, der bezüglich der Förderung von Medienkompetenz auf eine Reihe von Einzelmaßnahmen setzte, insbesondere im Bereich IT-Infrastruktur und Informatik.[3] Inzwischen wird diese Strategie einer „Digitalpolitik" immer deutlicher: Im Zentrum stehen die Arbeitswelt, das „Fitmachen" für die Anforderungen einer „Industrie 4.0" und der Erwerb von „Medienkompetenzen", die auf die *Anwendung* digitaler Technologien abzielen. Kritisch zu bewerten ist in diesem Kontext auch das *European Framework for the Digital Competence of Educators* der Europäischen Kommission von 2017 – auch diese Richtlinie ist sehr auf das Lernen *mit* digitalen Medien ausgerichtet.[4]

Die Kultusministerkonferenz (KMK) legte 2016 einen Entwurf zur *Bildung in der digitalen Welt* vor (KMK 2016a). Seitens der Medienpädagogik wurde es zwar begrüßt, dass die KMK die Orte für Medienbildung über Schule hinausdenkt und verbindlichere Maßnahmen als in der KMK-Erklärung von 2012 plant. Allerdings wiesen die Stellungnahmen der GMK (2016) und der Initiative KBoM! (2016b) zu Recht auf erhebliche Schwächen und Probleme im Entwurf hin. Kernpunkte der Kritik sind die Reduktion des *Medien*begriffs auf Digitalisierung, die Reduktion des *Bildungs*verständnisses auf Lernen, die Unterschätzung domänenspezifischer, fächerübergreifender Grundlagen von Medienbildung, ein fehlender Kompetenzrahmen für Bildungspläne der Länder und für eine Grundbildung Medien für alle pädagogischen Fachkräfte. Die Stellungnahme der GMK resümierte:

> „Erst wenn die Digitalisierung in den Kontext ihrer medialen Erscheinungsformen und ihrer sozialen bzw. gesellschaftlichen Bedingungen sowie in den Zusammenhang einer übergreifenden Bildungsdiskussion gestellt wird, erschließen sich u. E. ihre Potenziale und Risiken für Bildung, Partizipation und Demokratie" (GMK 2016: 12).

Die finale Fassung der KMK-Erklärung griff zwar einzelne Kritikpunkte auf, legt aber nach wie vor kein breites Verständnis von Medienbildung zugrunde, wie dies noch in der KMK-Erklärung von 2012 erkennbar war.

Der aktuelle Koalitionsvertrag der von CDU/CSU und SPD getragenen Bundesregierung enthält an verschiedenen Stellen Hinweise zum Kinder- und Jugendmedienschutz, zur Förderung von Medienkompetenz für alle Bürger*innen, zum Ausbau von außerschulischen Medien- und Digitalbildungsprojekten und technischen Infrastrukturen (Lernplattformen, Cloud-Lösungen), zum Aufbau „regionaler Kompetenzzentren für Digitalisierung" sowie weitere Details (Bundesregierung 2018). Im Koalitionsvertrag fehlt aber die Benennung konkreter Meilensteine; das meiste steht unvermittelt nebeneinander. Für den schulischen Bereich gibt es den Hinweis: „[...] insbesondere werden die Länder die erforderliche Qualifikation der Lehrkräfte sicherstellen" (Bundesregierung 2018: 29). Zwar soll das sogenannte „Kooperationsverbot" zwischen Bund und Ländern im Bildungsbereich gelockert werden, es bleibt jedoch völlig unklar, was die finanziellen Rahmenvorgaben für die Qualifizierung von pädagogischen Fachkräften – auch mit Blick auf die Bundesländer – nun sind. Damit besteht die Gefahr, dass einseitig Geld in technische Infrastrukturen und Software investiert wird, ohne dass hinreichend geklärt ist, wie die Qualifizierung einer sehr großen Zahl von pädagogischen Fachkräften in den einzelnen Bildungsbereichen zu gewährleisten und zu finanzieren ist, damit diese in ihrem Berufsalltag in Kita, Schulen und außerschulischen Bildungsorten Medienbildung kompetent fördern können.

Eine solche „Digitalpolitik" ist zugleich Wasser auf die Mühlen jener, die vor der Nutzung digitaler Medien insbesondere in Kindheit und Grundschule massiv warnen (vgl. Spitzer 2014). Die wissenschaftlich fundierte Medienpädagogik hat sich stets differenziert und kritisch mit medienbezogenen Problemlagen auseinandergesetzt, aber nie die alarmistischen und pauschalisierenden Szenarien wie „Vorsicht Bildschirm!", „Digitale Demenz" oder „Cyberkrank!" geteilt (vgl. Aufenanger 2018). Auch aus anderen Fachdisziplinen wird deutlich Kritik an diesen Szenarien geübt, unter anderem von Medienpsychologen (vgl. Stöcker 2018).

Die Herausforderung besteht darin, jenseits einer einseitig technologie- und wirtschaftsorientierten „Digitalpolitik" und jenseits einer einseitig bewahrpädagogischen und kulturpessimistischen Medienschelte eine kritisch-reflexive Medienbildung zu stärken.

Stärkung einer kritisch-reflexiven Medienbildung

Im Unterschied zu einer kulturpessimistischen Medienschelte, die als Alternative zu problematischen Mediennutzungsformen vor allem „medienfreie"

Aktivitäten empfiehlt, fördert die Medienpädagogik den aktiv-produktiven, kritischen und sozial verantwortlichen Umgang mit Medien.

Medienkritik bedeutet in dieser Perspektive unter anderem, sich mit den jeweils eigenen Erwartungen an Daten- und Medienangebote, mit Rollenbildern, mit Werbung in Medien und Social Media auseinanderzusetzen, mediale Ton- und Bildmanipulationsmöglichkeiten zu erkennen, in Medienwerkstätten den Umgang mit persönlichen Daten bei Chats, in Foto- und Videoportalen zu reflektieren, sich basales Strukturwissen zu algorithmischen Prozessen anzueignen, gemeinsam Apps und Computerspiele zu erproben, Produkt- bzw. Spielekritiken zu entwickeln oder neue Filme im Rahmen von Filmjurys und Online-Plattformen zu bewerten (Niesyto 2017b).

Auch eine *politisch-kulturelle* Medienbildung, welche die im dritten Abschnitt skizzierten Fragestellungen aufgreift, nutzt die Chancen medialer Eigenproduktion und neuer Formen einer partizipativ-kreativen Netzkultur, um Kinder, Jugendliche und Erwachsene bei der Artikulation eigener Themen und Interessen zu unterstützen. Hierzu gehört auch die Auseinandersetzung mit neuen Entwicklungen wie „Sharing Economy", „Digital Citizenship" (Moser 2016) und „Cultural Hacking" (Missomelius 2017). Neben Fachkräften und soliden Infrastrukturen bedarf es hierfür vor allem ausreichend Zeit für Erkundungen, für Experimentieren, für Reflexion. Ästhetische Reflexivität überschreitet dabei eine Reduktion auf analytisches Denken, betont das Zusammenspiel von Anschauung und Denken, von intuitiven und rationalen Erkenntnisformen. Bezogen auf mediale Produkte und Lernprozesse bedeutet dies unter anderem, sich auf assoziativ-intuitive Suchbewegungen einzulassen und hierin kognitiv-analytische Elemente zu integrieren, wie z. B. die Kenntnis medienspezifischer Codes, auch im Bereich Social Media, (vgl. Buckingham 2018) oder die Auseinandersetzung mit ästhetischen Werturteilen (vgl. Brüggen 2018).

Die vielfältigen Erfahrungen aus der *Aktiven Medienarbeit* zeigen, dass der Schritt von der Rezeption von Medien hin zur eigenen Gestaltung und Kommunikation mit Medien entscheidend für ein tieferes Verständnis medialer Funktionsweisen und medienästhetischer Ausdrucksformen ist. Dieses mediengestalterische Wissen ist auch für das Lernen mit digitalen Medien wichtig. In ihrer jeweiligen Mediensozialisation haben sich Kinder und Jugendliche Wissensbestände angeeignet, die auch in ihrer medialen Gestaltungs- und Kommunikationspraxis sichtbar werden. In Bildungskontexten besteht hier die Chance, an diesen Wissensbeständen und Erfahrungen anzuknüpfen und Impulse für ein vertieftes Verständnis und für eine reflektierte Auswahl und Bewertung von Daten- und Medienangeboten zu geben.

In diesem Kontext eröffnen digitale Medien neue Chancen für selbstgesteuerte Bildungs- und Lernprozesse. Dies ist jedoch kein Selbstläufer – die Nutzung dieser Chancen hängt zu wesentlichen Teilen von den jeweiligen bildungsbezogenen, kulturellen, sozialen und finanziellen *Ressourcen* ab. Es gibt viele Kinder und Jugendliche, die weder im Rahmen der familiären noch der schulischen Sozialisation hinreichend Anregung und Förderung für einen kompetenten und reflektierten Medienumgang erhalten. Die ICILS-Studie (Bos et al. 2014) und weitere Analysen sowie Studien machten hierauf wiederholt aufmerksam (vgl. u. a. Wagner 2008; Verständig/Iske 2014). In dieser Situation ist es wichtig, Kinder und Jugendliche darin zu unterstützen, eigene Themen mit Medien auszudrücken und aus dem Modus der Produktion heraus Reflexions- und Kritikfähigkeit auszubilden.[5]

Für ein differenziertes Medienverständnis sind dezidierte Einblicke in die Zusammenhänge von technologischen, gesellschaftlichen und pädagogischen Dimensionen digitaler Medien notwendig. Einen Impuls hierfür gab die *Dagstuhl-Erklärung* (2016), die gemeinsam von Informatiker*innen, Medienpädagog*innen, Medienwissenschaftler*innen sowie weiteren Fachvertreter*innen erarbeitet wurde. Medienpädagogik und Informatik haben zwar jeweils eigene Gegenstandsbereiche; es geht aber auch um fachliche Schnittmengen aus beiden Disziplinen. Stichworte sind: Computational Thinking, konzeptionelles Technikverständnis, Gestaltbarkeit von Software, Making-Perspektive (vgl. Autenrieth 2015; Knaus 2016; Rummler et al. 2016). Zu diesen Schnittmengen gehören unter der Perspektive einer kritisch-reflexiven Medienbildung auch grundlegende Aspekte der Medienkritik, insbesondere auch Fragen des Datenkapitalismus. Medienkritik wird in der *Dagstuhl-Erklärung* ausgeklammert – das ist ein Problem. Auch fehlt jegliche Bezugnahme auf das wichtige Anliegen einer *Grundbildung Medien*, die sich durch die Digitalisierung keineswegs erübrigt hat – es geht eben nicht nur um „Digitale Bildung", sondern um ein breites Verständnis von Medienbildung (vgl. Medienpädagogisches Manifest 2009; Bundesministerium für Bildung und Forschung 2010; KMK 2012).

Ein interdisziplinärer Austausch ist sicherlich eine vordingliche Aufgabe und es ist zu hoffen, dass es auch im Hinblick auf bildungspolitische Rahmenbedingungen zu Lösungen kommt, die sowohl grundlegenden Anliegen der Medienpädagogik als auch der informatischen Bildung gerecht werden.[6] Bezogen auf die Situation an Hochschulen ist davon auszugehen, dass Informatik und Medienpädagogik weiterhin eigenständige Disziplinen bleiben und sich dies auch in entsprechenden Studiengängen bzw. Studiengangsanteilen niederschlägt. Unabhängig davon besteht die Chance, z. B. im Rahmen einer Grundbildung Medien zu kooperieren, wie dies auch bereits an verschiedenen Hochschulstandorten der Fall ist.

Medienpädagogische Professionalisierung an Hochschulen

Zweifelsohne ist die Medienpädagogik gut beraten, angesichts der Vielschichtigkeit der Prozesse, die sich mit der Mediatisierung und der Digitalisierung verbinden, kontinuierlich die interdisziplinäre Zusammenarbeit mit verschiedenen Fach- bzw. Nachbardisziplinen fortzusetzen. Dies betrifft nicht nur Fragen der Mensch-Maschine-Interaktion, sondern auch sozialisatorische, psychologische, ethische, kulturell-kommunikative, ökonomische, rechtliche und andere Aspekte der Medienentwicklung und des Medienhandelns. Gleichzeitig kommt es darauf an, die spezifischen Aufgaben der Medienpädagogik zu konturieren. Dies sind alle pädagogischen Überlegungen mit Medienbezug, insbesondere die Erziehungs- und die Bildungsperspektive sowie die Lern-Lehrperspektive (vgl. Tulodziecki 2011: 30f.). Als wissenschaftliche Disziplin versteht sich Medienpädagogik als Handlungs- und Reflexionswissenschaft:

> „Dabei zielt sie auf eine forschungsbasierte sowie praxisrelevante Theoriebildung im Hinblick auf erziehungs- und bildungsrelevantes Handeln in Medienzusammenhängen. Zugleich soll die Theoriebildung der medienpädagogischen Analyse bzw. Reflexion dienen" (DGfE 2017: 2).

Um Medienbildung besser in Bildungskontexten zu verankern, bedarf es vor allem erheblich größerer *infrastruktureller* Ressourcen in den Bereichen Ausbildung, Fort- und Weiterbildung sowie in der nachhaltigen Förderung medienpädagogischer Aktivitäten in allen pädagogischen Handlungsfeldern. Die zentralen Forderungen des *Medienpädagogischen Manifests* aus dem Jahre 2009 und des *Medienpädagogischen Kongresses* aus dem Jahre 2011 sind nach wie vor aktuell. Es ist zu hoffen, dass das aktuelle Thesenpapier der GMK (vgl. Knaus/Meister/Tulodziecki 2017 und in diesem Band: 23ff.) und ein weiteres Positionspapier der GMK (vgl. 2018) die Diskussion über Fragen der Qualifizierung und der Professionalisierung in der Medienpädagogik voranbringen. Dasselbe gilt auch für ein Dokument der Sektion Medienpädagogik der Deutschen Gesellschaft für Erziehungswissenschaft: den *Orientierungsrahmen für die Entwicklung von Curricula für medienpädagogische Studiengänge und Studienanteile* (DGfE 2017 und in diesem Band: 201ff.). Damit liegen wichtige inhaltliche Beiträge vor, um eine qualitätsvolle, professionelle Medienpädagogik langfristig entlang der gesamten Bildungskette zu verankern. Diese Beiträge verstehen sich auch als ein Angebot an die Bildungs- und Hochschulpolitik in Bund und Ländern, um entsprechende infrastrukturelle Fördermaßnahmen auf den Weg zu bringen.

Bezüglich der gegenwärtigen Situation an den Hochschulen – darauf soll beispielhaft im Folgenden eingegangen werden – bilanziert das Thesenpapier der GMK:

> „Insgesamt muss konstatiert werden, dass die akademische Qualifizierung von Medienpädagoginnen und Medienpädagogen in den meisten pädagogischen Studiengängen ein freiwilliges Angebot darstellt, das in Umfang und universitärer Einbindung von einschlägigen Lehrstühlen und Professuren abhängig ist. Insofern muss man davon ausgehen, dass im Studium der Erziehungs- oder Bildungswissenschaften, der Sozialpädagogik oder eines Lehramts in der Regel keine hinreichenden medienpädagogischen Kenntnisse erworben werden können" (Knaus/Meister/Tulodziecki 2017: 5 und in diesem Band: 30f.).

Um auf eine Veränderung dieser Situation hinzuarbeiten, wurden in den letzten Jahren Überlegungen zu einer *Grundbildung Medien* konkretisiert (vgl. Imort/Niesyto 2014; KBoM 2016a) und an einzelnen Orten umgesetzt und evaluiert (vgl. Trüby 2017). Wie in nahezu allen wissenschaftlichen Disziplinen, so gibt es auch in der Medienpädagogik unterschiedliche Ansätze, Denkrichtungen und präferierte Themenbereiche. Der von der Sektion Medienpädagogik (vgl. DGfE 2017 und in diesem Band: 201ff.) verabschiedete *Orientierungsrahmen Medienpädagogik* möchte diese Vielfalt und Unterschiede nicht aufheben. Es geht aber darum, zentrale Bereiche des Wissens, des Könnens und der Reflexion zu benennen, die für die Medienpädagogik unverzichtbar sind. Dass hierüber innerhalb der Sektion nach einem längeren Beratungsprozess eine Verständigung erzielt werden konnte, ist sehr zu begrüßen.

Im *Orientierungsrahmen Medienpädagogik* werden zunächst grundsätzliche Aspekte skizziert, die unter anderem verdeutlichen:

- medien*pädagogische* Kompetenz geht über Medienkompetenz hinaus;
- es geht um die Entwicklung der Fähigkeit und Bereitschaft, sich mit Medieninhalten und Medienentwicklungen kritisch-reflexiv auseinanderzusetzen;
- milieu- und zielgruppensensible Konzepte sollten auf der Basis wissenschaftlichen Wissens und reflektierten Handlungswissens entwickelt werden;

- Theorien und Forschungen aus Nachbardisziplinen sowie die internationale Diskussion z. B. zu *media literacy*, *digital literacy* und *media education* sind einzubeziehen.

Der *Orientierungsrahmen Medienpädagogik* benennt zentrale Kompetenzfelder für medienpädagogische Studienanteile und Studiengänge: Grundbegriffe und Fragestellungen der Medienpädagogik; rahmende Strukturen medienpädagogischen Handelns; Medienangebote und Medienwelten; medienpädagogische Konzeptionen, Modelle und Theorien; Ergebnisse und Methoden medienpädagogischer Forschung; medienpädagogische Praxissituationen; Bildungsangebote und institutionelle Bedingungen medienpädagogischen Handelns. Diese Kompetenzfelder werden unter der Perspektive von Erziehung, Bildung und Didaktik thematisiert. Mit diesen Kompetenzfeldern ist Medienbildung zugleich anschlussfähig an zentrale erziehungswissenschaftliche Kategorien und Konzepte. Außerdem umfassen diese Kompetenzfelder wichtige Referenzen auf relevante Nachbardisziplinen wie z. B. Kommunikationswissenschaft, Medien(kultur)wissenschaft, Informatik, Mediensoziologie, Medienpsychologie, Medienphilosophie.

Der *Orientierungsrahmen Medienpädagogik* unterstreicht: Wir brauchen insbesondere eine *medienpädagogische Grundbildung* für alle pädagogischen Fachkräfte sowie eine erheblich bessere Verankerung von medienpädagogischen Studienanteilen in pädagogischen Studiengängen. Hierzu entwickelt der Orientierungsrahmen in Teil 4 konkrete Vorschläge zur Umsetzung an Hochschulen, unter anderem:

- Profilstudium *Grundbildung Medien* und Ausbau medienpädagogischer Studienschwerpunkte und Studiengänge;
- stärkere Entwicklung einer medienpädagogischen Kasuistik (Fall- und Problemorientierung), auch in Verbindung mit Lehrforschungsprojekten;
- Modularisierung von Lernangeboten, deren granulare Struktur gerade für unterschiedliche Studiengänge relevant ist und von Hochschulstandorten flexibel adaptiert werden kann.

Zur praktischen Umsetzung wird vor allem der kooperative Aufbau einer *bundesweiten Plattform* mit Modulen und Bausteinen auf der Basis von OER-Materialien sowie einer Qualitätssicherung vorgeschlagen. Hier zeichnet sich für die Fachcommunity eine Aufgabe ab, die im Falle einer infrastrukturellen Unterstützung durch das Bundesministerium für Bildung und Forschung (BMBF) ein wichtiger Meilenstein für die breitenwirksame und nachhaltige Verankerung von Medienbildung werden könnte. Die Plattform würde hochschuldidaktisch bewährte Konzepte und Materialien allen Interessierten zugänglich machen, den fachlichen Austausch fördern, Hochschulstandorten mit bislang wenig medienpädagogischen Angeboten eine Orientierungshilfe geben und könnte auch im Rahmen von Fort- und Weiterbildung genutzt werden.

In diesem Zusammenhang ist zu betonen, dass angesichts einer zunehmenden Kommerzialisierung auch im Bildungsbereich der *Qualitätssicherung* pädagogischer Materialien eine wichtige Bedeutung zukommt. Dies betrifft nicht nur Hochschulen, sondern den gesamten Bildungsbereich, auch die Fort- und Weiterbildung. Ein weiterer Punkt ist die teilweise schlechte Bezahlung von freien Mitarbeiter*innen in der medienpädagogischen Fort- und Weiterbildung. Hier wäre es wichtig, eine bundesweite Erhebung zur Situation und den Bedarfen durchzuführen – auch dies ist eine Frage medienpädagogischer Professionalisierung. Auch sollten die führenden medienpädagogischen Fachorganisationen mit der Bundesagentur für Arbeit sprechen, um z. B. Angaben zum Berufsbild von Medienpädagog*innen zu präzisieren.

Medienpädagogik wäre heillos überfordert, alles zu kompensieren, was in anderen Bereichen nicht geleistet wird. Es ist wichtig, dass die Zivilgesellschaft den Druck in Richtung Politik und (Internet-)Wirtschaft verstärkt und die strukturellen Rahmenbedingungen deutlich verbessert werden:

> „Digitale Selbstbestimmung kann nicht individualisiert werden, sondern ist auf einen (zivil-)gesellschaftlich verankerten Handlungsrahmen angewiesen, der diese ermöglicht" (Aßmann et al. 2016).

Hierzu gehören vor allem weitere gesetzliche Regelungen im Bereich Daten- und Verbraucherschutz, um dem massiven Datenmissbrauch entgegenzutreten. Auch steht eine grundsätzliche gesellschaftlich-politische Auseinandersetzung mit dem Datenkapitalismus auf unterschiedlichen Ebenen an. Für die Bildungs- und Wissenschaftspolitik wird es entscheidend sein, neben technischen Infrastrukturen vor allem entscheidende Schritte in Richtung einer *breitenwirksamen* medienbildnerischen Qualifizierung von pädagogischen Fachkräften auf den Weg zu bringen. Die Medienpädagogik hat hierfür seit geraumer Zeit praktikable Vorschläge unterbreitet. Gefragt sind nicht bildungspolitische Reduktionen auf bestimmte Aspekte, sondern ein ausgewogenes Förder- und Rahmenkonzept, welches den Herausforderungen von Mediatisierung und Digitalisierung insgesamt gerecht wird.

Anmerkungen

1 Gesine Kulcke in einem Abstract zu einem Beitrag für den Band Medienkritik im digitalen Zeitalter; vgl. auch Kulcke 2018.

2 Zum Thema Digitaler Kapitalismus siehe auch eine Tagung der Friedrich-Ebert-Stiftung, die 2017 in Berlin stattfand (fes.de/digitalcapitalism/ [Stand: 29.03.2018]), und Forumsbeiträge in der Zeitschrift Publizistik (Heft 4/2017).

3 Vgl. die Stellungnahme von KBoM! und GMK zum Berliner Koalitionsvertrag von 2014: keine-bildung-ohne-medien.de/wp-content/uploads/2014/02/Medienbildung_Koalitionsvertrag.pdf [Stand: 29.03.2018].

4 Vgl. ec.europa.eu/jrc/en/publication/eur-scientific-and-technical-research-reports/european-framework-digital-competence-educators-digcopedu [Stand: 29.03.2018].

5 Vgl. in diesem Zusammenhang die positiven Erfahrungen aus dem Projekt *Digitales Lernen Grundschule:* medienpaed-ludwigsburg.de/ausgabe_19_2017 [Stand: 29.03.2018].

6 Vgl. einen Tagungsbericht von Thorsten Junge „INFOS 2017 – Informatische Bildung an Schulen" (medienpaed-ludwigsburg.de/wp-content/uploads/2017/12/Junge-INFOS-2017.pdf sowie eine Tagung der Dagstuhl-Initiative keine-bildung-ohne-medien.de/klausurtagunginformatikmedienbildung/ [Stand: 29.03.2018].

Literatur

Aßmann, Sandra/Brüggen, Niels/Dander, Valentin/Gapski, Harald/Sieben, Gerda/Tillmann, Angela/Zorn, Isabel (2016): Digitale Datenerhebung und -verwertung als Herausforderung für Medienbildung und Gesellschaft. Ein medienpädagogisches Diskussionspapier zu Big Data und Data Analytics. Abrufbar unter: gmk-net.de/fileadmin/pdf/bigdata_diskussionspapier_gmk_kbom.pdf [Stand: 29.03.2018].

Aufenanger, Stefan (2018): Media Panics – zur Rhetorik bewahrpädagogischer Positionen in den Medien. In: Autenrieth, Ulla/Klug, Daniel/Deppermann, Arnulf/Schmidt, Axel (Hrsg.): Medien als Alltag. Festschrift für Klaus Neumann-Braun. Köln: Herbert von Halem, 462–482.

Autenrieth, Daniel (2015): (Medien)bildung und Informatik. Informatische Bildung muss mehr als Coding sein! Abrufbar unter: medienimpulse.at/articles/view/828 [Stand: 29.03.2018].

Bos, Wilfried/Eickelmann, Birgit/Gerick, Julia/Goldhammer, Frank/Schaumburg, Heike/Schwippert, Knut/Senkbeil, Martin/Schulz-Zander, Renate/Wendt, Heike (2014): ICILS 2013. Computer- und informationsbezogene Kompetenzen von Schülerinnen und Schülern in der 8. Jahrgangsstufe im internationalen Vergleich.

Abrufbar unter: waxmann.com/fileadmin/media/zusatztexte/ICILS_2013_Berichtsband.pdf [Stand: 29.03.2018].
Brüggen, Niels (2018): Medienaneignung und ästhetische Werturteile: Zur Bedeutung des Urteils ‚Gefällt mir!' in Theorie, Forschung und Praxis der Medienpädagogik. Reihe Medienpädagogik 22. München: kopaed.
Buckingham, David (2018): Teaching Social Media 2: Media Language. Abrufbar unter: davidbuckingham.net/2018/03/14/teaching-social-media-2-media-language/ [Stand: 29.03.2018].
Bundesministerium für Bildung und Forschung (2010): Kompetenzen in einer digital geprägten Kultur. Medienbildung für die Persönlichkeitsentwicklung, für die gesellschaftliche Teilhabe und für die Entwicklung von Ausbildungs- und Erwerbsfähigkeit. Abrufbar unter: dlr.de/pt/Portaldata/45/Resources/a_dokumente/bildungsforschung/Medienbildung_Broschuere_2010.pdf [Stand: 29.03.2018].
Bundesregierung (2018): Koalitionsvertrag 2018. Abrufbar unter: bundesregierung.de/Content/DE/StatischeSeiten/Breg/koalitionsvertrag-inhaltsverzeichnis.html [Stand: 29.03.2018].
Dagstuhl-Erklärung (2015): Bildung in einer digital vernetzten Welt. Abrufbar unter: gi.de/themen/beitrag/dagstuhl-erklaerung-bildung-in-der-digital-vernetzten-welt-1/ [Stand: 29.03.2018].
Damberger, Thomas (2016): Zur Information: Der blinde Fleck im Transhumanismus. In: FIfF-Kommunikation. Zeitschrift für Informatik und Gesellschaft (Heft 2/2016). Bremen: FIfF, 32–36. Abrufbar unter: fiff.de/publikationen/fiff-kommunikation/fk-2016/fk-2016-2/fk-2016-2-content/fk-2-16-p32.pdf [Stand: 29.03.2018].
Dander, Valentin (2014): Von der ‚Macht der Daten' zur ‚Gemachtheit von Daten'. Praktische Datenkritik als Gegenstand der Medienpädagogik. Abrufbar unter: medialekontrolle.de/wp-content/uploads/2014/09/Dander-Valentin-2014-03-01.pdf [Stand: 29.03.2018].
DGfE – Deutsche Gesellschaft für Erziehungswissenschaft, Sektion Medienpädagogik (2017): Orientierungsrahmen für die Entwicklung von Curricula für medienpädagogische Studiengänge und Studienanteile. In diesem Band (201ff.) und abrufbar unter: medienpaed.com/article/view/603 [Stand: 21.10.2018].
Dolata, Ulrich (2014): Märkte und Macht der Internetkonzerne. Abrufbar unter: uni-stuttgart.de/soz/oi/publikationen/soi_2014_4_Dolata_Maerkte_und_Macht_der_Internetkonzerne.pdf [Stand: 29.03.2018].
Fromme, Johannes (2017): Berufsfelder von Medienpädagogen/-innen. Befunde einer quantitativ-empirischen Verbleibstudie von Studierenden der ‚Medienbildung'. Abrufbar unter: medienpaed.com/article/view/490 [Stand: 29.03.2018].
GMK – Gesellschaft für Medienpädagogik und Kommunikationskultur e. V. (2016): Stellungnahme zum Strategie-Papier der KMK „Bildung in der digitalen Welt". Abruf-

bar unter: gmk-net.de/fileadmin/pdf/GMK-Stellungnahme_zum_KMK-Strategie-Entwurf.pdf [Stand: 29.03.2018].

GMK – Gesellschaft für Medienpädagogik und Kommunikationskultur e. V. (2018): Positionspapier der GMK – Digitalisierung erfordert professionelle medienpädagogische Unterstützung. Abrufbar unter: gmk-net.de/fileadmin/pdf/GMK-Positionspapier_Qualitaet-Standards-Profession.pdf [Stand: 29.03.2018].

Imort, Peter/Niesyto, Horst (2014): Grundbildung Medien in pädagogischen Studiengängen. München: kopaed.

KBoM – Initiative „Keine Bildung ohne Medien!" (2009): Medienpädagogisches Manifest. Abrufbar unter: keine-bildung-ohne-medien.de/medienpaedagogisches-manifest/ [Stand: 29.03.2018].

KBoM – Initiative „Keine Bildung ohne Medien!" (2011): Bildungspolitische Forderungen. Medienpädagogischer Kongress 2011. Ludwigsburg.

KBoM – Initiative „Keine Bildung ohne Medien!" (2016a): Grundbildung Medien für alle pädagogischen Fachkräfte. Abrufbar unter: keine-bildung-ohne-medien.de/grundbildungmedien/ [Stand: 29.03.2018].

KBoM – Initiative „Keine Bildung ohne Medien!" (2016b): Stellungnahme zum KMK Strategiepapier „Bildung in der digitalen Welt". Abrufbar unter: keine-bildung-ohne-medien.de/stellungnahmekmkstrategiepapier/ [Stand: 29.03.2018].

KMK – Kultusministerkonferenz (2012): Medienbildung in der Schule. Beschluss der Kultusministerkonferenz vom 8. März 2012.

KMK – Kultusministerkonferenz (2016): Bildung in der digitalen Welt. Strategie der Kultusministerkonferenz. Abrufbar unter: kmk.org/fileadmin/Dateien/pdf/PresseUndAktuelles/2016/Bildung_digitale_Welt_Webversion.pdf [Stand: 29.03.2018].

Knaus, Thomas (2016): Verstehen – Vernetzen – Verantworten. Warum Medienbildung und informatische Bildung uns alle angehen und wir sie gemeinsam weiterentwickeln sollten. In: Diethelm, Ira (Hrsg.): Informatische Bildung zum Verstehen und Gestalten der digitalen Welt. Bonn: Gesellschaft für Informatik, 31–48.

Knaus, Thomas/Meister, Dorothee/Tulodziecki, Gerhard (2017): Futurelab Medienpädagogik: Qualitätsentwicklung – Professionalisierung – Standards. In diesem Band (23ff.) und abrufbar unter: medienpaed.com/article/view/597 [Stand: 21.10.2018].

Kratzsch, Jörg (2017): Kindererziehung 4.0. Mit App, Netz und Verstand. In: Eder, Sabine/Mikat, Claudia/Tillmann, Angela (Hrsg.): Software takes command. Herausforderungen der „Datafizierung" für die Medienpädagogik in Theorie und Praxis. München: kopaed, 159–168.

Kulcke, Gesine (2018): Medienkritik in der Kindheitspädagogik im digitalen Zeitalter. In: Niesyto, Horst/Moser, Heinz (Hrsg.): Medienkritik im digitalen Zeitalter, 179–191.

Mau, Steffen (2017): Das metrische Wir – Über die Quantifizierung des Sozialen. Berlin: Suhrkamp.

Missomelius, Petra (2017): Kritik als Cultural Hacking. Abrufbar unter: medienkritik-lb.de/speaker/ass-prof-mag-dr-petra-missomelius/ [Stand: 29.03.2018].

Moser, Heinz (2016): Digital Citizenship als Leitlinie der Medienbildung. In: Hug, Theo/Kohn, Tanja/Missomelius, Petra (Hrsg.): Medien – Wissen – Bildung. Innsbruck: University Press, 211–229.

Neuß, Norbert (2003): Beruf Medienpädagoge. Selbstverständnis – Ausbildung – Arbeitsfelder. München: kopaed.

Niesyto, Horst (2016): Keine Bildung ohne Medien! – Kritische Medienbildung jenseits funktionalisierender Vereinnahmung. In: Knaus, Thomas/Engel, Olga (Hrsg.): Wi(e)derstände – Digitaler Wandel in Bildungseinrichtungen. (fraMediale Band 5) München: kopaed, 17–34.

Niesyto, Horst (2017a): Medienpädagogik und digitaler Kapitalismus. Abrufbar unter: medienpaed.com/article/view/435 [Stand: 29.03.2018].

Niesyto, Horst (2017b): Kritische Medienpädagogik. In: Fuchs, Max/Braun, Tom (Hrsg.): Kritische Kulturpädagogik. Gesellschaft – Bildung – Kultur. München: kopaed, 137–148.

Niesyto, Horst/Holzwarth, Peter/Maurer, Björn (2007): Interkulturelle Kommunikation mit Foto und Video. Ergebnisse des Projekts CHICAM „Children in Communication about Migration". München: kopaed.

Niesyto, Horst/Moser, Heinz (2018): Medienkritik im digitalen Zeitalter. München: kopaed.

Reißmann, Wolfgang (2015): Mediatisierung visuell – Kommunikationstheoretische Überlegungen und eine Studie zum Wandel privater Bildpraxis. Baden-Baden: Nomos.

Rummler, Klaus/Döbeli Honegger, Beat/Moser, Heinz/Niesyto, Horst (2016): Medienbildung und informatische Bildung – quo vadis? Abrufbar unter: medienpaed.com/issue/view/31 [Stand: 29.03.2018].

Sander, Uwe/Hugger, Kai-Uwe/von Groß, Friederike (2008): Handbuch Medienpädagogik. Wiesbaden: VS.

Schlör, Katrin (2017): BILDung kommt von BILDern. Foto- und Filmpädagogik mit 2. Klässler*innen im Projekt dileg-SL. Abrufbar unter: medienpaed-ludwigsburg.de/wp-content/uploads/2017/12/Schloer-BILDung-kommt-von-BILDern.pdf [Stand: 29.03.2018].

Schluchter, Jan-René (2015): Medienbildung als Perspektive für Inklusion. Modelle und Reflexionen für die pädagogische Praxis. München: kopaed.

Schulz-Zander, Renate/Eickelmann, Birgit/Moser, Heinz/Niesyto, Horst/Grell, Petra (2009): Jahrbuch Medienpädagogik 9. Wiesbaden: Springer VS.

SPIEGEL-Online (2017): Google, Lego, Apple im Klassenraum. Die wollen doch nur helfen – oder? Abrufbar unter: spiegel.de/lebenundlernen/schule/google-apple-und-lego-in-der-schule-engagement-oder-werbung-a-1172480.html [Stand: 29.03.2018].

Spitzer, Manfred (2014): Digitale Demenz – Wie wir uns und unsere Kinder um den Verstand bringen. München: Droemer Knaur.

Stöcker, Christian (2018): Die Methode Spitzer. Abrufbar unter: spiegel.de/wissenschaft/mensch/manfred-spitzer-ueber-einsamkeit-an-allem-ist-das-internet-schuld-a-1197453.html [Stand: 29.03.2018].

Trüby, Daniel (2017): Grundbildung Medien an der PH Ludwigsburg – Erste Zwischenbilanz und Evaluation. Abrufbar unter: medienpaed-ludwigsburg.de/wp-content/uploads/2017/12/Trueby-Grundbildung-Medien-an-der-PH-Ludwigsburg.pdf [Stand: 29.03.2018].

Tulodziecki, Gerhard (2011): Zur Entstehung und Entwicklung zentraler Begriffe bei der pädagogischen Auseinandersetzung mit Medien. Abrufbar unter: medienpaed.com/article/view/393 [Stand: 29.03.2018].

Verständig, Dan/Iske, Stefan (2014): Digitale Teilhabe und digitale Ungleichheiten im Kontext mobiler Internetnutzung. Abrufbar unter: blog.hf.uni-koeln.de/medien/files/2011/03/2014_verst%C3%A4ndig-iske_C-U.pdf [Stand: 29.03.2018].

Wagner, Ulrike (2008): Medienhandeln in Hauptschulmilieus. Mediale Interaktion und Produktion als Bildungsressource. München: kopaed.

Harald Gapski/Monika Oberle/Walter Staufer

Medienkompetenz als Demokratiekompetenz

Herausforderungen für Politik, politische Bildung und Medienbildung

Ziel dieses Beitrages ist es zum einen, die Bedeutung von Medienkompetenz in der digitalen Gesellschaft und der digital geprägten Mediendemokratie herauszuarbeiten. Er unterstreicht und begründet Forderungen, Medienkompetenz flächendeckend vom Kleinkindalter an zu fördern und in allen Bildungsplänen zu etablieren, und zeigt Wege auf, wie dieses Vorhaben gelingen kann.

Zum anderen will der Beitrag Diskurse der Medienpädagogik und Politikdidaktik in einen notwendigen und fruchtbaren Austausch miteinander bringen. Medienbildung und politische Bildung weisen zahlreiche Schnittmengen und wechselseitige Bezugspunkte auf, Vertreter*innen der Disziplinen können und sollten sich in der Theoriebildung zur Medienkompetenzförderung gewinnbringend aufeinander beziehen und in empirischen Forschungsprojekten wie auch innovativen Praxisprojekten mit Mehrwert kooperieren. Dieses Thema wird im Sammelband *Medienkompetenz – Herausforderung für Politik, politische Bildung und Medienbildung* (Gapski/Oberle/Staufer 2017) der bpb-Schriftenreihe von 29 Autor*innen aus Politik-, Medien- und Erziehungswissenschaft, der Medienpädagogik und Medienpraxis erörtert. Sechs dieser Autor*innen präsentierten und diskutierten auf dem 34. GMK-Forum ihre medien- und bildungspolitischen Positionen, Forderungen und Strategien. Ihre Beiträge sind im Folgenden zusammen mit Auszügen aus dem Band gebündelt dargestellt.

Medienkompetenz und politische Bildung

Medienkompetenz ist ein klassisches Ziel politischer Bildung in der Mediendemokratie (vgl. zu den folgenden Ausführungen Oberle 2017 sowie Gapski/Oberle/Staufer 2017). Schon vor dem Anbruch des Digitalzeitalters Anfang des 21. Jahrhunderts war die Vermittlung von medienbezogenen Kompetenzen ein wichtiger Aspekt politischer Bildung. Dafür werden Medien einerseits zum Gegenstand politischer Bildung, andererseits sind sie ein Element der Gestaltung politischer Bildung als Unterrichtsmedium (vgl. Massing 2001).

Unabhängig vom digitalen Wandel beinhaltet eine politikbezogene Medienkompetenz zunächst die Fähigkeit, zwischen Nachrichten und relevanter Realität zu unterscheiden. Dazu braucht es Wissen, um die unter anderem auf Nachrichtenfaktoren basierende Selektionslogik des Mediensystems sowie die Fähigkeit, mediale Darstellungsformen zu dechiffrieren. Des Weiteren gilt es, das Verhältnis von Politik und Medien in der Mediendemokratie kritisch analysieren zu können. Erforderlich sind Kenntnisse über die demokratie-förderlichen Funktionen von Medien als „Vierte Gewalt", ein Bewusstsein für die Gefahren einer Überlagerung der Logik der Politik durch die Logik des Mediensystems und ein kritischer Einblick in die Mechanismen des Politainment. Politikbezogene Medienkompetenz umfasst schließlich grundsätzlich die Fähigkeit, Medien zur gezielten politischen Partizipation zu nutzen, um die eigenen politischen Interessen und Vorstellungen durchzusetzen.

Auch im Digitalen Zeitalter gilt es, Medien zur Informationsgewinnung und politischen Urteilsbildung rezeptiv verwenden und eigene politikbezogene Medienbeiträge aktiv gestalten und verbreiten zu können. Dabei geht es weiterhin nicht nur um Erwerb bzw. Vermittlung technischer Kenntnisse und Fertigkeiten, sondern ganz zentral auch um die Fähigkeit, die technologischen und (auch aufmerksamkeits-)ökonomischen Bedingungen des Mediensystems durchschauen und beurteilen zu können. Mit der Entwicklung neuer Informations- und Kommunikationstechnologien haben sich allerdings die Gestalt der Mediendemokratie und damit auch die Art der zu vermittelnden Medienkompetenzen gewandelt:

Die allgemeine Zugänglichkeit von Informationen ist durch das Internet enorm gewachsen, zugleich hat der Verlust der Gatekeeper-Funktion klassischer Medien zu einer schwer überschaubaren Flut an ungeordneter Information geführt. Dies erfordert neue bzw. angepasste Recherche- und Selektionsfähigkeiten der (angehenden) Bürger*innen sowie ein neues Maß an Orientierungsfähigkeit. Die Rahmenbedingungen der Informationsbereitstellung müssen durchschaut werden – dazu zählen heute im digitalen Raum Kenntnisse über die Existenz und Funktionsweisen von Algorithmen, ein Bewusstsein des Problems von Filterblasen und Echokammern, Wissen um die Rolle von Social Bots sowie Sensibilität für die Verbreitung von Fake News.

Das Problem von Filterblasen hat sich allerdings ein Stück weit relativiert, so sind z. B. Google-Suchergebnisse im Kontext der Bundestagswahl 2017 weniger personalisiert als es das Konzept der Filterblase nahelegt (vgl.

die Studie *Wer sieht was? Personalisierung, Regionalisierung und die Frage nach der Filterblase in Googles Suchmaschine,* Krafft/Gamer/Zweig 2018).

Verändert haben sich im Digitalzeitalter aber nicht nur die Angebote, sich politisch zu informieren, sondern auch die Möglichkeiten, selbst politisch aktiv zu werden und die öffentliche Willensbildung mitzugestalten: Für die erfolgreiche netzbasierte Teilhabe bedarf es zum einen spezieller instrumenteller Fähigkeiten, zum anderen einer kritischen Reflexion der Bedingungen der netzbasierten Partizipation. Berücksichtigt werden müssen dabei insbesondere Probleme des Datenschutzes und Herausforderungen für die Datensouveränität sowie die Gefahren durch Möglichkeiten einer zunehmenden Überwachung. Unerlässlich ist schließlich auch das Wissen um neue institutionalisierte Beteiligungsmöglichkeiten der e-democracy.

Wir erleben heute eine fundamentale Veränderung der Öffentlichkeit, deren Fragmentierung zu weniger geteilter Realität und fluiden Teilöffentlichkeiten führt. Es ist allerdings die Art und Weise der Nutzung digitaler Medien, welche die Öffentlichkeit verändert, nicht alleine deren Existenz. Hier vollziehen sich besorgniserregende Entwicklungen, von einer Verrohung der kommunikativen Auseinandersetzung bis hin zur rasanten Verbreitung populistischer und antidemokratischer Parolen. Das Internet ermöglicht einen öffentlichen Raum für den demokratisch ausgetragenen Streit, an dem sich alle Menschen beteiligen können. Eine demokratische, politische Auseinandersetzung muss allerdings auf gegenseitigem Respekt, Bereitschaft zur Perspektivenübernahme und nicht zuletzt auch zur Kompromissfindung basieren.

Aufgabe der politischen Bildung ist daher die Etablierung einer neuen Diskussionskultur auch im digitalen öffentlichen Raum. „Eine Debattenkultur in der alle Herausforderungen der Gesellschaft zwar benannt werden, aber unaufgeregt und differenziert statt diffamierend und verkürzt" (Krüger 2017), so Thomas Krüger, Präsident der Bundeszentrale für politische Bildung.

> „Es gilt sich gegen Ausgrenzung, Diskriminierung und Rassismus zu engagieren, insbesondere dort, wo der plurale, öffentliche und diskriminierungsfreie Raum gefährdet ist. Gleichzeitig gilt es die Meinungsfreiheit zu schützen und den Dialog zu suchen. Dieser kann – da müssen wir uns nichts vormachen – auch schmerzhaft sein. Aber gerade für die politische Bildung ist dieser Meinungsaustausch, diese Kontroversität fundamental" (Krüger 2017).

Die Fähigkeit und Bereitschaft zu einer solchen, demokratischen Grundsätzen verpflichteten Auseinandersetzung ergibt sich nicht von selbst, sie will gelernt sein.

Das in einer rasanten Transformation befindliche Mediensystem ist derzeit in weiten Teilen unreguliert, womit zahlreiche gesellschaftliche Herausforderungen einhergehen. Damit hat die Fähigkeit der Bürger*innen, die politischen Rahmenbedingungen der Mediennutzung zu beeinflussen, heute eine gesteigerte Bedeutung. Eine politikbezogene Medienkompetenz ist mehr denn je auch auf Medien als Policyfeld zu beziehen – sie beinhaltet eine medien- bzw. netzpolitische Kompetenz. So gilt es, einen adäquaten politischen Umgang mit Hate Speech und Cybermobbing zu finden, einer „algorithmischen Diskriminierung" entgegenzuwirken, das kulturelle Gedächtnis der Menschheit langfristig zu sichern (nachhaltige Wissensökologie) und sich mit den Bedingungen eines zunehmend digitalisierten Wahlkampfes politisch auseinanderzusetzen.

Auf welche Weise Medienkompetenz in der politischen Bildung heute angemessen und zielführend zu vermitteln ist – sowohl auf Ebene der inhaltlichen Auseinandersetzung mit dem Thema neue Medien/digitale Gesellschaft als auch auf Ebene der Integration neuer Medien in den Politikunterricht –, diesbezüglich hat die politikdidaktische Forschung Nachholbedarf. Es ist zu hoffen, dass die aktuellen Forschungsförderinitiativen zu Bildung und digitalen Medien auch für eine verstärkte politikdidaktische Forschung zur politikbezogenen Medienbildung sowie zu Ansätzen, Bedingungen und Folgen des Einsatzes digitaler Medien in der politischen Bildung genutzt werden. Politische Bildung und Medienbildung haben zahlreiche Schnittmengen und können gewinnbringend ineinandergreifen – es ist an der Zeit, dass Politikdidaktik und Medienpädagogik ihren Dialog intensivieren, um der Bildungspraxis wertvolle neue Impulse zu geben.

Die digitale Transformation der Gesellschaft ist in vollem Gange und macht auch nicht vor dem politischen System halt: Bots und Big Data-Analysen in Wahlkämpfen, Leaks und Fake News in der Berichterstattung und neue digitale Partizipationsmodelle verändern die politische Kommunikation und Willensbildung. Um Verunsicherung über deren Wechselwirkungen zu begegnen und zur politischen Teilhabe unter geänderten Bedingungen zu befähigen, sind neues medienkundliches Wissen, medienkritisches Denken, medienpolitische Urteilsbildung und neue Mediennutzungsfähigkeiten gefragt. Dabei wachsen Medienbildung und politische Bildung zusammen.

Politische Kommunikation und digitale Medien in der Demokratie

Zu diesem Kontext diskutierten auf dem 34. Forum Kommunikationskultur der GMK in Frankfurt – moderiert von Mitherausgeber und Autor Harald Gapski – sechs Autor*innen der bpb-Schriftenreihe *Medienkompetenz. Herausforderung für Politik, politische Bildung und Medienbildung* (Gapski/Oberle/Staufer 2017) die aktuellen Herausforderungen für die sogenannte digitale Gesellschaft, skizzierten in Impulsen medien- und bildungspolitische Positionen, Forderungen und Strategien und begründeten Medienkompetenz in ihrer Schlüsselfunktion für die politische Urteils- und Handlungsfähigkeit.

In ihrem Einstiegsvortrag stellte Marianne Kneuer (vgl. 2017) zum Thema „Politische Kommunikation und digitale Medien in der Demokratie" zwei Fragen: Wie verändern sich politische Prozesse aufgrund der Nutzung digitaler Medien durch politische Akteur*innen? Und wie sind diese Veränderungen im Hinblick auf die demokratischen Prozesse zu beurteilen?

Medien sind ein wichtiger Bestandteil der kommunikativen Gestaltung des öffentlichen Raumes, insbesondere für die Verständigungs- und Aushandlungsprozesse zwischen den politischen Eliten, gesellschaftlichen Akteur*innen und der Bevölkerung. Soziale Medien haben die politischen Kommunikationsstrukturen massiv verändert. Diese Veränderung wirkt sich einerseits in einer quantitativen Vervielfachung der Kanäle politischer Kommunikation aus, andererseits schlägt sie sich qualitativ nieder in der Art der Kommunikation sowie in den Interaktionsmöglichkeiten zwischen politischen Akteur*innen, gesellschaftlichen Gruppen und Bürger*innen.

Das Netz ist ein Medium, dessen Wirkung von den Akteur*innen und ihren Nutzungsmotiven sowie von deren verbreiteten Botschaften abhängt. Die Vorstellung, allein die Existenz neuer technischer Wege sei dazu in der Lage, Defizite oder Fehlentwicklungen repräsentativer Demokratie zu beheben, ist deswegen naiv. Das Internet kann keine einfachen Lösungen für die Probleme der Demokratie liefern. Gleichwohl können e-democracy-Tools unter bestimmten Bedingungen eine gelungene Ergänzung von Offline-Prozessen bieten. Ob demokratische Prozesse durch Online-Interaktion letztlich erleichtert oder unterminiert werden, hängt jedoch nicht allein von der Technologie ab. Online-basierte Reformideen müssen kompatibel mit der institutionellen Architektur und der politisch-kulturellen Prägung eines Landes sein und an diese angepasst werden. Vor allem aber rückt die Kompetenz der Bürger*innen in den Fokus. Es sind letztlich die Nutzer*innen, die über die Art und die Intensität der Nutzung, den Kreis ihrer Kommunikationspartner*innen und die verbreiteten Botschaften entscheiden und für ihre Form der Kommunikation verantwortlich sind. Insofern bedeutet der Zuwachs an Kommunikations- und Interaktionsmöglichkeiten durch digitale Medien zugleich erhöhte Anforderungen an die Verantwortung der Nutzer*innen.

Medienkompetenz im Kontext von digitaler Gesellschaft und politischem Handeln

Im Anschluss benannte Dagmar Hoffmann (vgl. 2017) die Herausforderungen der politischen Sozialisation unter Mediatisierungsbedingungen und skizzierte mögliche Handlungsoptionen anhand von sieben Stichpunkten:

- **Übergeordnete Skills:** Es gilt Kompetenzen auszubilden, die erlauben, die technisch-strukturellen, psychologischen, sozialen, ökonomischen und politischen Eigenschaften der Netzwerkmedien/-kommunikation zu verstehen und zu deuten.
- **Entmystifizierung**: Nur wer digitale Kommunikationsdynamiken entschlüsseln kann und durchdrungen hat, kann sie emanzipatorisch mitgestalten und für politische Zwecke produktiv und sinnstiftend nutzen.
- **Ermutigung/Ermächtigung:** Je mehr Menschen sich öffentlich an Diskursen/Werteverhandlungen beteiligen, umso eher kann ein demokratischer Kommunikationsraum entstehen und gewährt werden, der Frieden sichert und Willkürherrschaft verhindert.
- **Wert des Politischen/Handlungsauftrag:** Heranwachsende ermutigen, sich offline/online couragiert mit ihren eigenen Ideen, Interessen und Fähigkeiten einzubringen, sich anlassbezogen/dauerhaft zu solidarisieren, zu vernetzen und zu mobilisieren.
- **Unterstützung/Passung:** Ihnen bei der Suche nach geeigneten Kanälen, Plattformen, Netzwerken respektive Artikulationssphären zur politischen Kommunikation zu helfen und ihnen vor allem die Angst vorm Scheitern zu nehmen.
- **Anerkennungserfahrungen:** Wege aufzeigen und Aktionen generieren, die Heranwachsende in ihrem politischen Handeln sicherer, souverän und selbstbewusst machen sowie ihnen auch kurzfristig (Teil-)Erfolge ermöglichen.
- **Kritikfähigkeit/Toleranz:** Wer öffentlich seine Stimme erhebt, trifft auf Kritik und Gegenwehr, mit der man lernen muss umzugehen und für die man ein Verständnis zu entwickeln hat.

Insbesondere im Rahmen medienpädagogischer Kompetenz gilt es für die Fachkräfte, Wissen und Können in Medienpädagogik und politischer Bildung miteinander fruchtbar zu vernetzen. Dabei kommt medienpädagogische Berufsarbeit heute nicht mehr ohne eine neue Mixtur pädagogischer und nicht-pädagogischer Anteile im beruflichen Handeln aus.

Dazu plädierte Kai Hugger (vgl. Hugger 2017) für die Professionalisierung der Medienkompetenzförderung in der politischen Bildung. Medienpädagogische Professionalisierung politischer Bildung gelingt langfristig nur, wenn einerseits bereits in der Ausbildung von pädagogischen Berufen, die auf politische Bildungspraxis zielen, medienpädagogische Kernkompetenzen vermittelt werden, andererseits Stellen für Medienkompetenzförderung und Medienbildung in der politischen Bildung zunehmend mit eigens ausgebildeten medienpädagogischen Fachkräften besetzt werden.

Anders als in anderen europäischen Ländern hat in Deutschland Medienpädagogik in außerschulischen Bildungsfeldern eine starke Tradition. Außerschulische Medienkompetenzförderung wird von einer Vielzahl von Akteur*innen über die gesamte Bildungskette realisiert. Durchgehend sind dabei bestimmte Prinzipien, die sich insbesondere aus dem grundgelegten Verständnis von Medienkompetenz ableiten. Diese starke außerschulische Tradition spiegelt sich auch in den besonderen Ansätzen und Konzepten der Medienkompetenzförderung und in ihren Diskursen wider.

Guido Bröckling und Niels Brüggen (vgl. 2017) beschrieben mit fünf Thesen die Herausforderungen für die außerschulische Medienkompetenzförderung: Übergreifendes Ziel ist die Handlungsfähigkeit der Subjekte in einer mediatisierten Gesellschaft, in der soziale, politische und medienspezifische Themen miteinander verbunden sind. Dies weist auf eine enge Verbindung mit Zielsetzungen der politischen Bildung hin:

- Unterstützung zur souveränen Lebensführung durch gesellschaftliche Handlungsfähigkeit
- Selbstbestimmtheit und Reflexion im Umgang mit Big Data
- Gestaltung politischer Rahmenbedingungen zum Schutz vor Datenmissbrauch
- Inklusion und Sensibilität für soziale Ungleichheiten
- Zielgruppengerechte Medienbildung durch Vernetzung der Expertisen

Außerschulische Medienkompetenzförderung muss sensibel mit sozialer Ungleichheit im Medienhandeln umgehen, inklusiv und möglichst offen für unterschiedliche Zielgruppen sein. Die unterschiedlichen Voraussetzungen der Zielgruppen müssen zum Ausgangspunkt der Arbeit gemacht werden, normative Vorstellungen über den wünschenswerten Umgang mit Medien auf die lebensweltliche Relevanz hin überprüft und Handlungsoptionen um Selbstermächtigungsstrategien erweitert werden. Menschen, die aufgrund körperlicher, emotionaler, sozialer, geistiger oder kognitiver Beeinträchtigungen einen eingeschränkten Zugang zu gesellschaftlich relevanten Werten und Ressourcen haben, muss in Angeboten der Medienkompetenzförderung besondere Aufmerksamkeit zuteilwerden.

Die zunehmende Wahrnehmung der Relevanz von Medienbildung und Medienkompetenzförderung an Schulen sollte mit einer stärkeren Vernetzung außerschulischer, lebenswelt- und themenzentrierter Expertise im Kontext der Medienaneignung einhergehen. Im Fachdiskurs muss es um die Frage gehen, inwieweit der/die Einzelne die Herausforderungen im Kontext der Datenerfassung und -auswertung – insbesondere von Metadaten, die Details über die Lebensführung und Lebenssituation der Nutzer*innen preisgeben – überhaupt bewältigen kann, und zu welchem Grad die politisch gestalteten Rahmenbedingungen Selbstbestimmung ermöglichen. Hier muss die enge Verbindung von Medienkompetenzförderung, politischer Bildung und gestaltender Politik gestärkt werden.

Sandra Aßmann (vgl. 2017) bilanzierte medienbildungspolitische Positionen, Forderungen und Strategien. Die Präsenz und Popularität des „Digitalen" im öffentlichen Diskurs täuscht darüber hinweg, dass die technologischen und damit verbunden die sozialen Entwicklungen in ihrer Grundsätzlichkeit und ihrer Reichweite (noch) gar nicht angemessen durchdrungen und entsprechend in der bildungspolitischen Diskussion unzureichend abgebildet werden. Im Kontext der Debatte um „Digitale Bildung" entstehen neue Akteurskonstellationen. „Digitale Bildung" und „Politische Bildung" müssen zusammengedacht werden.

Monika Oberle (vgl. 2017) widmete sich in ihren Thesen der Medienkompetenz als Herausforderung für die politische Bildung:

- Medienkompetenz ist ein *klassisches* Ziel politischer Bildung, das allerdings in der wissenschaftlichen Politikdidaktik bislang wenig Aufmerksamkeit erfahren hat. Ziele politischer Bildung sind dabei: ein Verständnis für die Rolle von (Massen-)Medien als „Vierte Gewalt" in der modernen Demokratie; die Fähigkeit, das Verhältnis von Medien und Politik in der Mediendemokratie kritisch analysieren zu können; die Fähigkeit, Medien zur eigenen Informationsgewinnung und politischen Urteilsbildung rezeptiv nutzen sowie für die Mitwirkung an der öffentlichen politischen Meinungs- und Willensbildung aktiv gestalten zu können; und schließlich die Fähigkeit, die Regulierung des Mediensystems und das Verhältnis von Politik und Medien politisch beeinflussen zu können.

Abb. 1: Schriftenreihe „Medienkompetenz" der bpb zum Bestellen oder Downloaden unter bpb.de/medienkompetenz-schriftenreihe

- Auch im Digitalzeitalter sind die genannten Facetten der Medienkompetenz zentral, gefordert sind allerdings entsprechend angepasste Fähigkeiten, die weiterhin eine instrumentelle und eine kritisch-reflexive Dimension beinhalten. Allzu häufig wird letztere in der bildungspolitischen Debatte vernachlässigt.
- Die letztgenannte Facette, also die *medienpolitische* bzw. *netzpolitische* Kompetenz, ist dabei heute im hyperdynamischen, unregulierten Mediensystem besonders bedeutsam.
- Recherchekompetenz kann Politikwissen *nicht* ersetzen – weiterhin ist für Politikkompetenz ein strukturiertes politisches Grundwissen erforderlich und dessen Vermittlung *ein* wichtiges Ziel politischer Bildung.
- Es besteht seitens der Politikdidaktik ein großer Bedarf an systematischer, auch interdisziplinärer Forschung hinsichtlich der Förderung von Medienkompetenz bei Lernenden.
- Politikdidaktik und Medienpädagogik sollten dabei den Austausch intensivieren, sowohl im theoretischen Diskurs um das Bildungsziel Medienkompetenz als auch in der empirischen Forschung.

Schlussfolgerungen und politischer Handlungsbedarf

Über diese sechs vorgestellten Positionen hinaus werden im bpb-Schriftenreiheband weitere der in den Beiträgen genannten Herausforderungen gebündelt und als politischer Handlungsbedarf formuliert (vgl. Gapski/Oberle/Staufer 2017):

- **Diskurse über Regulierungen fördern**: Die Dynamik der Ausdifferenzierung und Neuinstitutionalisierung von digitalen Medien, Intermediären und Plattformen machen einen breiten und fundierten gesellschaftlichen Diskurs über sinnvolle Regelungen erforderlich. Dabei geht es auch um das Aushandeln von gesellschaftspolitischen Zielen, Werten und Normen für ein medienkompetentes Handeln und das Vermeiden neuer digitaler, gesellschaftlicher Spaltungen. In diesen Prozess sollten neben den Anbietern und den regulierenden Instanzen alle Bürger*innen sowie insbesondere auch die jungen Nutzer*innen einbezogen werden.
- **Neue Räume der politischen Teilhabe nutzen und begleiten**: Durch das Internet und seine vernetzenden Anwendungen ergeben sich neue Möglichkeiten der politischen Partizipation. Diese können erst in Verbindung und Verschränkung mit den bestehenden politischen Institutionen und Verfahren ihre Wirkungen entfalten. Für ihre kompetente Nutzung bedarf es einer Auseinandersetzung auf instrumentell-funktionaler und kritisch-reflexiver Ebene. Nicht die Funktionalität informationstechnologischer Werkzeuge, sondern politische Leit- und Zielvorstellungen sollten dabei im Zentrum stehen.
- **Souveränität und Selbstbestimmung stärken**: Souveränes und (informationell) selbstbestimmtes Handeln als Ziele von Medienkompetenz in der digitalen Welt können nur gesichert werden, wenn auch geeignete technische, (datenschutz)rechtliche und politische Rahmenbedingungen dieses sinnvoll ermöglichen und flankieren. Hier allein auf die Kompetenz der Bürger*innen im Umgang mit Technologien zu setzen, greift zu kurz und wird der Reichweite der Digitalisierung mit ihren sozialen Wechselwirkungen nicht gerecht.
- **Neue Konzepte im Schnittfeld beteiligter Disziplinen entwickeln**: Um politische Medienkompetenz in einer von digitalen Medien geprägten Welt zu fördern, müssen neue Konzepte im Schnittfeld von pädagogisch-didaktischen Disziplinen, insbesondere der Medienpädagogik, Politikdidaktik und Informatikdidaktik, sowie fachwissenschaftlichen Bezugsdisziplinen, wie Medien-, Informations-, Kommunikations- und Politikwissenschaft, und Informatik erarbeitet werden. Eine getrennte Behandlung der Phänomene gilt es durch inter- und transdisziplinäre Zu-

sammenarbeit zu überwinden. Von besonderer Bedeutung ist hier auch die politische Wertereflexion im Sinne einer „digitalen Ethik“.

- **Neue Medienkompetenzen entlang der Bildungskette fördern**: Die Förderung von Medienkompetenzen für die digitale Welt sollte kontinuierlich und entlang der Bildungskette – vom Kindergarten über die schulische und außerschulische Jugendbildung bis zur Erwachsenenbildung – erfolgen. Die Förderung von Medienkompetenz ist ein zentraler Bestandteil des lebenslangen Lernens.
- **Professionalisierung in der pädagogischen Arbeit stärken**: Eine erfolgreiche Vermittlung von Medienkompetenz bedarf der systematischen Professionalisierung der Lehrenden. Insbesondere die Förderung neuer Querschnittskompetenzen zwischen medienpädagogischer, informationstechnologischer und politischer Bildung sollte für Pädagog*innen zu einem verbindlichen Aus- und Fortbildungsziel werden.
- **Medienkompetenz ganzheitlich fördern**: Eine ganzheitliche Förderung von Medienkompetenz bezieht sich nicht nur auf die jeweiligen Zielgruppen, sondern bezieht die Kontexte, Organisationen und Netzwerke, in denen Bildungsprozesse stattfinden, ein. So muss etwa die Kompetenzentwicklung der beteiligten Pädagog*innen in Zusammenhang mit der Organisations- und Medienentwicklung in den jeweiligen Einrichtungen gesehen werden.
- **Evidenzbasierte Förderung von Medienkompetenz**: Ansätze der Medienkompetenzförderung sollten wissenschaftlich begleitet und evaluiert werden, um die Medienbildung zielführend weiterentwickeln und evidenzbasierte bildungspolitische Steuerungsempfehlungen geben zu können. Es bedarf empirischer Forschung unter anderem zu Ansätzen der Vermittlung von Medienkompetenz im Rahmen politischer Bildung, zum Einsatz digitaler Medien im (Politik-)Unterricht sowie zur Bedeutung und Förderung der professionellen Kompetenzen der Lehrenden.

Über den bpb Schriftenreiheband „Medienkompetenz“

Für den Band *Medienkompetenz – Herausforderung für Politik, politische Bildung und Medienbildung* haben sich der Leiter der Grimme Forschung Harald Gapski, die Politikwissenschaftlerin und Politikdidaktikerin Monika Oberle von der Universität Göttingen und Walter Staufer vom Fachbereich zielgruppenspezifische Angebote der Bundeszentrale für politische Bildung als Herausgeber*innen zusammengefunden, um die lange gewachsenen und jetzt aktuellen Herausforderungen für die sogenannte digitale Gesellschaft zu beschreiben, medien- und bildungspolitische Positionen,

Forderungen und Strategien zu skizzieren und Medienkompetenz in ihrer Schlüsselfunktion für die politische Urteils- und Handlungsfähigkeit zu begründen. In mehrperspektivischen Beiträgen wird die Politik aufgefordert, politische Bildung und Medienbildung stärker zu vernetzen, die Digital- und Medienkompetenzen entlang der Bildungskette – von der Kita über die Schule bis zur außerschulischen Jugend- und Erwachsenenbildung – zu stärken und neue, zeitgemäße Formate zu entwickeln.

Literatur

Aßmann, Sandra (2017): Medienbildungspolitische Positionen, Forderungen und Strategien. In: Gapski, Harald/Oberle, Monika/Staufer, Walter (Hrsg.): Medienkompetenz – Herausforderung für Politik, politische Bildung und Medienbildung. Bonn: bpb, 136–145.

Brüggen, Niels/Bröckling, Guido (2017): Außerschulische Medienkompetenzförderung. In: Gapski, Harald/Oberle, Monika/Staufer, Walter (Hrsg.): Medienkompetenz – Herausforderung für Politik, politische Bildung und Medienbildung. Bonn: bpb, 155–165.

Gapski, Harald/Oberle, Monika/Staufer, Walter (2017): Einleitung. In: Gapski, Harald/Oberle, Monika/Staufer, Walter (Hrsg.): Medienkompetenz – Herausforderung für Politik, politische Bildung und Medienbildung. Bonn: bpb, 17–30.

Hoffmann, Dagmar (2017): Politische Sozialisation unter Mediatisierungsbedingungen. In: Gapski, Harald/Oberle, Monika/Staufer, Walter (Hrsg.): Medienkompetenz – Herausforderung für Politik, politische Bildung und Medienbildung. Bonn, 197–206.

Hugger, Kai-Uwe (2017): Professionalisierung der Medienkompetenzförderung in der politischen Bildung. In: Gapski, Harald/Oberle, Monika/Staufer, Walter (Hrsg.): Medienkompetenz – Herausforderung für Politik, politische Bildung und Medienbildung. Bonn: bpb, 175–184.

Kneuer, Marianne (2017): Politische Kommunikation und digitale Medien in der Demokratie. In: Gapski, Harald/Oberle, Monika/Staufer, Walter (Hrsg.): Medienkompetenz – Herausforderung für Politik, politische Bildung und Medienbildung. Bonn, 43–52.

Krafft, Tobias D./Gamer, Michael/Zweig, Katharina A. (2018): Abschlussbericht zum Forschungsprojekt #Datenspende: Google und die Bundestagswahl 2017 – Wer sieht was? Personalisierung, Regionalisierung und die Frage nach der Filterblase in Googles Suchmaschine. Kaiserslautern. Abrufbar unter: lmsaar.de/wp-content/uploads/2018/07/Bericht-Datenspende-Wer-sieht-was-auf-Google.pdf [Stand 27.07.2018].

Krüger, Thomas (2017): Grußwort zur Veranstaltung „#Netz ohne Hass", Berlin, 29.06.2017. Abrufbar unter: bpb.de/presse/251247/netz-ohne-hass-tagungswerk-berlin-29-06-2017 [Stand: 30.07.2017].

Massing, Peter (2001): Bürgerleitbilder und Medienkompetenz. In: Weißeno, Georg (Hrsg.): Politikunterricht im Informationszeitalter – Medien und neue Lernumgebungen. Schwalbach/Ts., 39–50.

Oberle, Monika (2017): Medienkompetenz als Herausforderung für die politische Bildung. In: Gapski, Harald/Oberle, Monika/Staufer, Walter (Hrsg.): Medienkompetenz – Herausforderung für Politik, politische Bildung und Medienbildung. Bonn: bpb, 187–196.

Weiterführende Linksammlung

Digitale Teilhabe: imblickpunkt.grimme-institut.de/digitale-teilhabe [Stand: 30.07.2018].

Fake, Filter und Bots – ein Risiko für die Demokratie?: imblickpunkt.grimme-institut.de/fake-filter-und-bots-ein-risiko-fuer-die-demokratie/ [Stand: 30.07.2018].

Jugend: informiert und engagiert: grimme-lab.de/category/jugend [Stand: 30.07.2018].

Materialiensammlung „Medienpädagogik" für die Bildungsarbeit: bpb.de/lernen/digitale-bildung/medienpaedagogik/ [Stand: 30.07.2018].

Methoden und Materialien zur digitalen Bildung – Lernparcours „Digitale Welt": bpb.de/lernen/big-data [Stand: 30.07.2018].

Orientierung im Medienalltag – Übersicht aktueller Angebote zur Medienerziehung: bpb.de/orientierung-im-medienalltag [Stand: 30.07.2018].

Wahlen & Medien: grimme-lab.de/category/wahlen/ [Stand: 30.07.2018].

Andreas Büsch

Neue Werte braucht das Land?!

Die eigene Werthaltung als Grundlage des Arbeitens reflektieren und einbringen

In Diskursen rund um Digitalisierung setzt sich immer stärker die Überzeugung durch, dass Bildung ein zentraler Schlüssel für Partizipation und deren Ermöglichung ist (vgl. DBK 2016). Und angesichts der unbestreitbaren Herausforderungen, die mit der Digitalisierung einhergehen, ist die Forderung nach „mehr Medienethik" schnell gestellt. Aber ist das überhaupt die richtige Frage? Wie kann die Werte-Frage für medienpädagogische Konzepte fruchtbar gemacht werden? Und wie schaffen es Medienpädagog*innen, ihre Haltungen und Wertvorstellungen in der praktischen Bildungsarbeit fruchtbar zu machen?

Praktische Ethik als Teilbereich der Medienbildung

Medienethik vs. Medienethos

Wenn es um Handeln, Denken und Einstellungen in normativer Perspektive geht, also hinsichtlich dessen, was wünschenswert ist oder „sein soll", fällt auf, dass in der Alltagssprache nahezu durchgängig zwei Begriffspaare genutzt werden, und zwar zum einen *Ethik* und *Moral* sowie zum anderen *Werte* und *Normen*. Diese hängen zwar jeweils zusammen, sind aber keinesfalls synonym: *Moral* (von lat. mos = Sitte bzw. moralis = auf die Sitten bezogen; entsprechend griechisch ethos) ist die Summe der in einer Gruppe geltenden Verhaltensregeln. Diese müssen zum einen in sich nicht widerspruchsfrei sein, zum anderen bestehen in pluralen Gesellschaften zwangsläufig mehrere Systeme normativer Muster nebeneinander (vgl. Leschke 2001: 9).

Ethik (von griechisch ethike = Sittlichkeit) als philosophische oder theologische Disziplin bezeichnet dagegen die Reflexion auf die Moral und die ihr zugrundeliegenden Normen. Sie ist insofern eine „Theorie des Handelns unter normativen Gesichtspunkten" (ebd.: 7). Damit ist sie als Disziplin der praktischen Philosophie ein Teilbereich der Wertephilosophie, die sich mit Werten bzw. Werthaltungen oder Wertvorstellungen beschäftigt.

Ein *Wert* kommt alltagssprachlich in verschiedenen Zusammenhängen vor: von ökonomischen Überlegungen über ästhetische bis hin zu religiösen und ethischen Kontexten. Unabhängig vom Verwendungszusammenhang lässt sich ein Wert zunächst einmal definieren als das Ergebnis „einer evaluierenden Beurteilung von Personen, Handlungen oder Gegenständen" (Pieper 2001: 1105).

Sobald Wertvorstellungen sich auf ein wünschenswertes und damit verantwortliches Verhalten beziehen, sind sie sowohl in ethischer als auch in pädagogischer Hinsicht relevant. Denn aus ihnen lassen sich Erziehungs- und Bildungsziele herleiten, unter anderem das Globalziel der Mündigkeit im Sinne eines selbstbestimmten, sich selbst wie anderen gegenüber verantwortlichen Handelns. Solche „unbezahlbaren", ideellen Werte stehen im Gegensatz zu materialistischen Werten, wie z. B. dem Bedürfnis nach Sicherheit und umfassender Versorgung.

Normen schließlich sind unmittelbar auf das Verhalten von Menschen bezogen; sie legen formell oder auch informell fest, was in einer sozialen Situation angemessene oder erwartbare Verhaltensweisen der Beteiligten sind. In entsprechenden Handlungen aktualisieren sich Werte und werden uns als Wertungen zugänglich, die auf ihre Gültigkeit hin befragt werden können (Rath 2015a: 14).

Diese Handlungen sind in der Regel weder subjektiv noch situativ völlig beliebig, sondern – jeweils alters- und entwicklungsabhängig – Ausdruck eines relativ stabilen Sets von Werten, die eine Person für sich als stimmig bzw. erstrebenswert betrachtet. Diese individuelle Werte-Disposition wird auch als *Haltung* bzw. *Werthaltung* bezeichnet und bildet die Motivation des subjektiven Handelns in ethischer Hinsicht.

Eine traditionelle Ausprägung solcher Haltung ist die Gesinnungsethik, für die die Werte bei der Beurteilung einer Handlung entscheidend sind und nicht die Handlungsfolgen, beispielsweise bei religiösen Gruppen, die eine medizinische Behandlungen ablehnen, auch wenn es den Betroffenen dabei schlechter geht. Dem entgegen steht als andere Ausprägung die Verantwortungsethik, die jeweils die infrage stehende Handlung und deren Folgen betrachtet. Allerdings ist Verantwortung als Wert an sich inhaltlich leer; sie bedarf der Explikation, worauf sie zielt, das heißt wofür wir uns verantworten sollen. Damit wird Verantwortung zu einem Prinzip, „das wir ansetzen, wenn wir eine Handlung an einem Wert ausrichten" (Rath 2015b: 13).

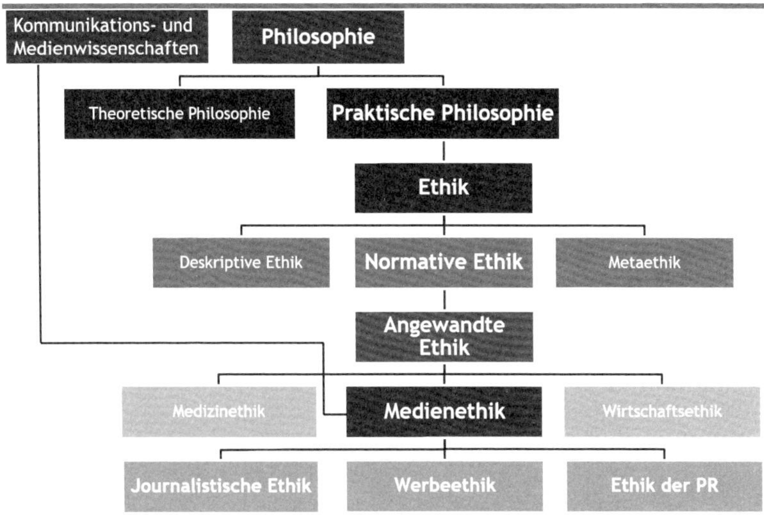

Abb. 1: Systematik der Medien-Ethik (eigene Grafik nach Köberer 2015)

Medienethik als praktische Philosophie

Medienethik ist eine vergleichsweise junge Disziplin, die sowohl hinsichtlich ihres Gegenstands als auch hinsichtlich ihrer wissenschaftstheoretischen Verortung sowie ihrer Institutionalisierung noch nicht endgültig festgelegt ist (vgl. z. B. Funiok 2007; Rath 2015b: 114; Köberer 2015). Systematisch ist sie als Teilgebiet der Praktischen Philosophie eine themenspezifische angewandte Ethik, die nach handlungsleitenden Prinzipien für das Handlungsfeld Medien fragt (vgl. Köberer 2015: 106–109), wobei insbesondere die Publizistik und Kommunikationswissenschaft als Fachdisziplin für die wissenschaftstheoretische Verortung wie für die praktischen Fragestellungen relevant sind. Das bedeutet im Umkehrschluss, dass pädagogische oder gar medienpädagogische Kontexte zunächst überhaupt keine Rolle spielen.

Inhaltlich entwickelt sich die Medienethik allerdings seit wenigen Jahren von einer spezifischen Professionsethik für Journalist*innen und Medienschaffende zu einer Disziplin, die alle Phänomene der Medienproduktion und -rezeption umfasst. Eigentlich müsste sie sich auf alle kommunikativen Vorgänge beziehen, da diese prinzipiell gar nicht mehr nicht-medial gedacht werden können (Rath 2015: 122).

> „Damit kommt ein Aspekt in den Blick, der in medienethischen Diskursen häufig übersehen wird: Um Praxis auch kritisch hinterfragen zu können, bedarf Medienhandeln – wie jedes Handeln – einer Kompetenz. Hier nun lässt sich der Anschluss an die Medienbildung konkretisieren. [...] Die Medienethik stellt Kriterien zur Verfügung, an denen man sich in Bezug auf die Rezeption und Produktion von Medieninhalten und -angeboten orientieren kann. In diesem Sinne sollte Medienethik auch im Hinblick auf Medienbildung ausgeweitet werden" (Köberer 2015: 111).

Ein spezifisches Problem des Diskurses ist, dass mit Blick auf Herausforderungen im Kontext der Digitalisierung immer wieder in Bildungskontexten – gerade auch kirchlicherseits – die Notwendigkeit von Medienethik behauptet wird. Dabei handelt es sich gemäß der o. g. Unterscheidung aber tatsächlich um einen Begriffsfehler: Wir brauchen zunächst einmal nicht mehr Medien*ethik*, sondern mehr Medien*ethos*, d. h. ein den Werten entsprechendes Handeln. Es geht vor allem darum, als Mediennutzer*in – in der spätestens seit Social Media üblichen Rolle als Prosument*in, also Konsument*in und Produzent*in gleichzeitig – eine Werthaltung gegenüber Medien bzw. ihren Formaten, Inhalten und Systemen zu entwickeln und diese in praktischem Handeln umzusetzen.

Wertekommunikation in Medien und Wertebildung durch Medien

Hinsichtlich der Frage, wie Werte eigentlich vermittelt werden, können vier verschiedene Modelle unterschieden werden (vgl. dazu ausführlich Büsch/Schreiber 2016: 62f.):

- Eine schlichte *Wertübertragung* (Wertevermittlung, Werteerziehung) als Tradition gesellschaftlich akzeptierter Sollens-Vorstellungen von einer auf die nachfolgende Generation kann höchstens noch auf jüngere Kinder hin Gültigkeit beanspruchen. Denn weder kann das Erziehungsziel Mündigkeit damit eingeholt werden noch wird das Konzept der faktischen Pluralität von Werten in modernen Gesellschaften gerecht.
- Quasi der Gegenentwurf, der beim Individuum ansetzt, ist das Konzept der *Werteerhellung*: Bereits internalisierte Werte und Normen sollen im pädagogischen Prozess reflexiv bewusst gemacht werden. Durch Einbezug der Gefühle, die damit verbunden sind, soll eine Einheit von Denken, Fühlen und Handeln gefunden werden, die Identität zu finden hilft.
- Stufenkonzepte der Wertentwicklung wie Lawrence Kohlbergs Stufen moralischer Urteile, die eine Entwicklung von der Heteronomie zur Auto-

nomie abbilden, laufen letztlich Gefahr, nur eine individuelle Perspektive abzubilden; Wertepluralität kommt damit nicht zur Sprache.
- Das angemessenste Modell der Vermittlung von Werten scheint daher ein diskursives Modell der *Wertekommunikation* zu sein, das „faktische Wertkonflikte zum Anlass [nimmt], um die ethische Wünschbarkeit der konfligierenden Wertvorstellungen argumentativ zu überprüfen" (Ziebertz 2012: 444).

Dieses diskursive Modell, das an Habermas' Theorie des kommunikativen Handelns anschließt, berücksichtigt sowohl die Wertorientierungen des Individuums als auch die „zwischen Einheitlichkeit (Konsens) und Pluralismus (Disparatheit) schwankenden Wertüberzeugungen der jeweiligen Gesellschaft" (Rath 2015a: 14). Dabei spielen auch Medien eine zentrale Rolle, da sie in modernen, westlichen Gesellschaften angesichts pluraler, normativer Orientierungen bei gleichzeitigem Funktionsverlust klassischer Sozialisationsinstanzen diese „zumindest funktional, wenn auch nicht notwendigerweise intentional, ausgleichen" (Rath 2015a: 15).

Denn Massenmedien fungieren als Sozialisationsinstanz, die Werte bzw. Wertvorstellungen und Werthaltungen auswählt und vermittelt – wenn auch meist in Auswahl, vielfältig gebrochen und stilisiert. Zudem werden die so präsentierten Werte „keineswegs in einem eindeutig vorherbestimmten Sinne von Mediennutzerinnen und -nutzern rezipiert" (Rath 2015a: 16). Vielmehr zeigen Studien von Hubbuch (2011) und anderen, „dass Rezipientinnen und Rezipienten in der kognitiven Bearbeitung der angebotenen medialen Dilemmata sogar auf Werte rekurrieren, die in dem Medientext gar nicht oder auf einer verhältnismäßig niedrigen Studie der moralischen Entwicklung thematisiert wurden" (Rath 2015a: 16). Das heißt, die Auseinandersetzung mit diesen Werten hängt stark von der individuellen Medien- und Wertkompetenz ab.

Ethische Kompetenz als medienbildnerische Aufgabe

Damit muss Medienbildung entschieden weiter konzipiert und durchgeführt werden, als dies mit der verbreiteten Vorstellung von „digitaler Bildung" im Sinne einer Vermittlung von technischer Kompetenz zur Nutzung und zum Verstehen von Geräten und Diensten üblicherweise diskutiert wird. Diese code literacy ist zweifelsfrei notwendige Voraussetzung; es braucht aber vor allem reflexive Kompetenz, die in der Tradition der Medienkritik die Implikationen von digitalen Medien als Träger und Erscheinungsform der Digitalisierung hinterfragt und diese auf Werte hin prüft. Diese reflexive, ethische Kompetenz ist nicht bloß eine Dimension neben anderen, sondern als „ethische Dimension konstitutiv für Medienkompetenz überhaupt" (Rath 2015a: 17). Sie durchzieht „als ein normativer Leitfaden die verschiedenen Dimensionen der Medienkompetenz" (Büsch 2014: 14).

Allerdings benötigen Medienpädagog*innen die Bereitschaft und Fähigkeit, diese Schnittstellen zur Wertebildung durch medienbezogene Wertediskurse identifizieren und entsprechende didaktische Methoden einsetzen zu können sowie bei Bedarf als Vorbild auskunftsfähig zu sein. Wenn dabei mehr als eine Normbegründung „aus dem Gefühl" oder „dem gesunden Menschenverstand" heraus geschehen soll, dann muss sich dies im klassischen Dreischritt von Sehen, Urteilen und Handeln vollziehen: Ethische Herausforderungen müssen situativ als solche identifiziert werden (Wahrnehmung), eigene und andere Standpunkte müssen argumentativ präzisiert und plausibel gemacht werden, was sowohl Wissen als auch Kommunikationsfähigkeit einschließt (Begründung), um schließlich an die eigenen Überzeugungen und das eigene Handeln rückgebunden zu werden (Haltung) (vgl. Kruip/Winkler 2007: 18f.).

Für die Subjekte der Medienbildung – Kinder, Jugendliche, Erwachsene und ältere Menschen – kann so Raum zum Austausch über Werte geschaffen werden, z. B. darüber, wie wir im Netz miteinander kommunizieren möchten, wie weit wir Algorithmen in unserem Alltag zulassen, wie weit wir unsere Privatheit einschränken lassen, welches Maß an Überwachung wir anstreben oder tolerieren etc. Voraussetzung dafür ist, dass Medienbildung nicht auf die Vermittlung technischer Kompetenz reduziert wird, sondern mit ästhetischen Freiräumen der Gestaltung, des Experimentierens und Spielens „Bastler-Subjekte statt Nutzer-Subjekte" (Jörissen 2016) bildet.

Neue Werte, neue Wertedebatten oder neue Wertevermittlung?

Rückbesinnung auf bestehende Werte oder Neuformulierung der Medienethik?

Probleme wie Hate Speech, Fake News etc. zeigen, dass Netzdiskurse an sich offensichtlich immer weniger in der Lage sind, Meinungsfreiheit und andere Werte zu regulieren. Notwendig ist daher eine Rückbesinnung auf Werte und Normen, die der Digitalisierung vorausliegen und (auch) durch Medienbildung diskursiv vermittelt werden müssen. Dabei braucht es sicherlich keine neuen, „digitalen" Werte, sondern vielmehr ein neues Wertebewusstsein, das die „analogen" Werte auf Digitalisierung hin und in der Kommunikation *durch* und *über* digitale Medien neu übersetzt und anwendet. Gerade angesichts der angesprochenen Phänomene dysfunktionaler

Kommunikation brauchen wir also eine Rekonstruktion klassischer Werte wie Menschenwürde, Nächstenliebe, Toleranz etc. in digitalen Kontexten. Die Liste der Werte ließe sich noch deutlich fortsetzen – wie weit, wäre noch zu klären (s. unten „Welcher Wert darf's denn sein?").

Allerdings bedarf es dazu in zunehmend kommerzialisierten Kontexten auch einer klaren Entscheidung für eine mit entsprechender Werthaltung gelebte Kultur der Digitalität im Sinne einer Entscheidung gegen die Besitz-Logik der Walled Gardens, der Überwachung und der Datenmaximierung und für eine Kultur der Commons, des Teilens und Vernetzens (vgl. Stalder 2016: 279–281).

Und es bedarf neben der individuellen Werthaltung und entsprechender Handlungen auch einer entsprechenden rechtlichen Rahmung. Nicht erst im Handlungsfeld Jugendschutz wird immer wieder deutlich, dass nationale Gesetze angesichts einer weltweiten Vernetzung und globalisierten Wirtschaft keinen bzw. nur sehr begrenzten Sinn haben. Damit kommt aber auch die individuelle Verantwortungsethik an ihre Grenzen.

Nun ließe sich eine Verantwortung von Institutionen, Trägern und Unternehmen diskutieren, um diesen Ansatz zu retten (und das ist ja auch ganz richtig und notwendig). Es wird aber zunehmend deutlich, dass nicht nur Individuen in der Wahrnehmung ihrer Verantwortung überfordert sind. So kann ich dank Big Data überhaupt nicht mehr bzw. nur mit einem extrem hohen Aufwand noch überblicken, wer etwas von mir weiß, also welche Daten erfasst, gespeichert, ausgewertet und vermarktet werden.

Eine Reihe weiterer Aspekte lassen das Konzept der letztlich individualistischen Verantwortungsethik fragwürdig erscheinen:

- Wenn mittlerweile nicht mehr Menschen Algorithmen erstellen, sondern komplexe Algorithmen von anderen Algorithmen programmiert und optimiert werden (Stalder 2016: 177–181) – wo bleibt da die Verantwortung? Die Frage wird umso dringender als zum einen viele Algorithmen schlicht handwerklich schlecht gemacht sind (vgl. Stalder 2017: 47) und zum anderen der Prozess der Modellierung von Alltagsproblemen zu mathematischen bzw. informatorischen Problemen zwangsläufig zu einer Abstraktion von sozialen Kontexten führt, die für eine ethische Beurteilung der von Algorithmen angebotenen Lösungen im Sinne der Verantwortungsethik (s. o. „Medienethik vs. Medienethos") notwendig wäre.
- Wenn ich dank KI und Big Data auf mich zugeschnittene (personalisierte) Informationen erhalte, wie kann dann überhaupt noch Meinungs- und Informationsfreiheit jenseits von – vermeintlich oder tatsächlich unvermeidlichen – Filterbubbles und Echokammern realisiert werden (vgl. Filipovic 2012)?

- Privatheit ist eine zentrale Voraussetzung von Autonomie; das zentrale Prinzip der Vernetzung, das nicht nur für Soziale Netzwerke, cloudworking etc. kennzeichnend, sondern ein Wesensmerkmal der Digitalität überhaupt ist, folgt aber genau einem gegenteiligen Prinzip. Und dabei sind die kommerziellen Interessen von Plattform-Betreibern noch nicht einmal mitgedacht.

Ohne jeglichen Anspruch auf Vollständigkeit zeigen schon diese drei zentralen Fragestellungen, dass die Grundlagen der Informatik – Algorithmizität, Big Data und KI – strukturell die Sphäre des Individuums und seiner Verantwortung übersteigen. Somit führt Digitalität zumindest tendenziell zu einem Verlust an Autonomie und Selbstbestimmung. Wenn dieses strukturelle Problem angegangen werden soll, braucht es tatsächlich eine Ethik der Digitalität, die den aktuellen Herausforderungen unseres Wertesystems begegnet und unserem Handeln als Medien-Prosumer bzw. als „vernetzte Subjekte und Objekte" (Cappuro 2017: 11) Rechnung tragen kann. Dies ist dann mehr als eine bloße Informations- oder Technikethik; diese Felder sind in einer umfassenden Ethik der Digitalität impliziert.

Wertedebatten – Theorie und Praxis

Damit ist aber weder die Notwendigkeit einer persönlichen Haltung für medienpädagogische Fachkräfte noch die Frage nach der pädagogischen Umsetzung von medienethischem Lernen im Zeitalter der Digitalisierung erledigt. Aber wo finden die notwendigen Grundlagendebatten statt und welche Reichweite haben sie? „Der endgültig entfesselte Prometheus, dem die Wissenschaft nie gekannte Kräfte und die Wirtschaft den rastlosen Antrieb gibt, ruft nach einer Ethik, die durch freiwillige Zügel seine Macht davor zurückhält, dem Menschen zum Unheil zu werden" – so leitet Hans Jonas bereits 1979 seinen „Versuch einer Ethik für die technologische Zivilisation" ein (Jonas 2003: 7). Aber ob dieser Ruf so umfassend gehört bzw. geteilt wird, darf bezweifelt werden, denn „der Ruf nach ethischen Prinzipien wird immer dann laut, wenn die Öffentlichkeit mit brutalen Bildern geschockt wird oder Maßstäbe ins Rutschen geraten" (Watzal 2006: 2).

Und in einem Interview für die Zeitschrift merz beschreibt Thomas Krüger, Präsident der Bundeszentrale für politische Bildung, ein grundsätzliches Problem von Wertdiskursen:

> „[...] die Schwierigkeit ist natürlich, dass die Wertedebatte immer dann aufgerufen wird, wenn Not am Mann ist und es an Orientierung fehlt. Aber ob

uns die Wertedebatte tatsächlich diese Orientierung geben kann in einer immer globaler werdenden Welt, sei dahingestellt" (Schorb 2015, 31).

Aber selbst, wenn diese ethischen Erörterungen auf Kongressen und Fachtagungen, in Fachpublikationen und Feuilletons geführt werden, bleibt immer noch die Frage, welche Relevanz sie für den medienpädagogischen Alltag haben? Liegen normative Fragen in der medienpädagogischen Praxis nicht tatsächlich weit abgeschlagen hinter Nutzungskompetenzen? Und sind sie nicht angesichts der zunehmend schwierigeren Ermöglichung von Medienbildung und Medienkompetenzvermittlung ein „Luxusproblem"?

Ein weiteres Problem besteht darin, dass die Herstellung von „Öffentlichkeit" im klassischen Sinne strukturell problematisch wird. Denn das gesamte Internet stellt ja keine riesige Gesamt-Öffentlichkeit dar, sondern ist vielmehr korrekt zu beschreiben als Ansammlung von untereinander abgegrenzten bzw. nebeneinander bestehenden Teilöffentlichkeiten oder individuellen Öffentlichkeiten (vgl. Heesen 2015: 91). Filterbubbles und Echokammern sind dabei nur ein Aspekt, der eine Deliberation im Sinne von Habermas problematisch macht, insofern an die Stelle des Austauschs eher Selbst-Verstärkung von Meinungen und Haltungen tritt. Die Idee, dass der Austausch von Argumenten zur Entscheidungsfindung unter Gleichberechtigten und nicht bloße Mehrheitsabstimmungen maßgeblich sind, wie Habermas es in seiner Theorie des kommunikativen Handelns (1981) beschreibt, kann so schwerlich umgesetzt werden.

Welcher Wert darf's denn sein?

Damit stellt sich noch mal verschärft das in offenen, pluralen Gesellschaften eh zwangsläufig gegebene Problem der Wertbegründung angesichts einer faktisch vorfindbaren Pluralität von Werten.

Dies gilt zunächst einmal auf *individueller Ebene*: Moralisches Verhalten (als System normativer Muster) ist nicht notwendig widerspruchsfrei (Leschke 2001: 9) – wir verhalten uns „mal so, mal so" und eben nicht immer völlig rational an übergeordneten Werten orientiert. Außerdem steht unser alltägliches Verhalten häufig unter widersprüchlichen normativen Anforderungen, so dass die resultierenden Handlungen hinsichtlich der realisierten Werte wiederum nicht widerspruchsfrei sein müssen. Letztlich hat dies einen sachlichen Grund in der Patchwork-Identität und prinzipiell unabgeschlossenen Identitäts-Arbeit (life-span-development), die uns alle zu je neuen Rekonstruktionen einer relativ stabilen Identität nötigt.

Ein weiterer Aspekt sind jugendliche Grenzüberschreitungen, die im Sozialisationsprozess notwendig sind, damit Heranwachsende zu einer eigenen Haltung gelangen können und nicht bloß vorgegebene Grenzen und die sie begründenden Werte übernehmen. Auch dies führt zwangsläufig zu zumindest temporären Wert-Widersprüchen.

Die „digitale Doppelmoral der Erwachsenenwelt" (Büsch/Schreiber 2016: 67) führt schließlich ebenfalls dazu, dass Werte nicht widerspruchsfrei nebeneinander bestehen, wenn Teile der Erwachsenen von Jugendlichen ein Verhalten entlang eines tradierten Wertekanons fordern, selbst aber wenig beispielhaft diesen Werten zuwider handeln – die Beispiele sind vielfältig und reichen von Paradise Papers bis zu Hasskommentaren im Netz und weit darüber hinaus.

Auch auf überindividueller, *gesellschaftlicher Ebene* sind Werte nicht unbedingt widerspruchsfrei zu rekonstruieren. Darauf verweist zunächst einmal die breite Debatte um Werteverfall bzw. Werteverlust, wie sie u. a. in den Jugendstudien der 80er- und 90er-Jahre des letzten Jahrhunderts geführt wurde. Dagegen ist zunächst einmal festzuhalten, dass es sich nicht um einen Werteverlust, sondern um einen Wertewandel handelt, in dem traditionelle Pflicht- und Ordnungswerten aufgegeben zu werden scheinen zugunsten von Selbstentfaltungswerten. Tatsächlich ist es sinnvoller, von einer neuen Wertsynthese im Sinne einer Koexistenz unterschiedlicher Wertsysteme zu sprechen (vgl. Ziebertz 2012: 438).

Gesamtgesellschaftlich sind allerdings ein deutlicher Wertepluralismus und eine „Aufweichung der Wertebasis" (Heesen 2015: 90) zu konstatieren. Dies erschwert die Wertbegründung ebenso wie die faktisch begrenzte Reichweite von Werten: Wahrhaftigkeit oder Meinungsfreiheit scheinen auf den ersten Blick absolute Gültigkeit beanspruchen zu können. Aber ist eine absolute Wahrhaftigkeit nicht tendenziell inhuman und damit sowohl ethisch wie auch politisch problematisch, wie z. B. die Debatte um Klarnamenzwang sowie um Post-Privacy zeigt? Dies lässt sich über die Konstruktion ethischer Dilemmata schnell aufweisen: Die Frage „Haben Sie Flüchtlinge bei sich versteckt?" z. B. ist kaum wahrheitsgemäß zu beantworten.

Und Meinungsfreiheit ist schon grundgesetzlich begrenzt durch die Würde anderer und die besonderen Gesetze zum Schutze der Jugend. Die aktuelle Diskussion um das Vorgehen von Gruppierungen und Parteien wie der AFD, die gezielt die Grenzen justiziabler Formulierungen ausloten, weist ebenso wie Hate Speech und andere Phänomene auf notwendige Grenzen der Meinungsfreiheit hin.

Schließlich existiert auch auf theoretischer Ebene ein Pluralismus der ethischen Begründungstheorien (vgl. Heesen 2015: 90), der dazu führt, dass einzelne Werte nicht eindeutig und widerspruchsfrei Gültigkeit beanspruchen können. Daher lässt die tatsächliche Pluralität von Werten in einer offenen, demokratischen Gesellschaft „Vorstellung und Begriff des Wertverlusts als interessengeleitet erscheinen im Sinne einer Bewahrungstendenz, die den Verlust klarer Normierungen durch gesellschaftliche Instanzen wie die Kirche betrauert. Andererseits scheint der Wunsch nach ‚Orientierung in Zeiten der Orientierungslosigkeit' (Martin Schulz) nachvollziehbar" (Büsch/Schreiber 2016: 61).

Es gibt scheinbar kein klares und völlig unbestrittenes Set von Werten, das unmittelbar als Maßstab für eine medienpädagogische Praxis herangezogen werden kann. Selbst die *Allgemeine Erklärung der Menschenrechte* kann keine universelle Gültigkeit beanspruchen; sie hat de facto den Stellenwert unverbindlicher Empfehlungen der Vereinten Nationen zu den allgemeinen Grundsätzen der Menschenrechte. Denn sie wurde schon bei ihrer Einführung 1948 nicht von allen Ländern anerkannt und gilt in etlichen Ländern bis heute nicht.

Pädagogische Konsequenzen: Was zu tun ist

Was heißt das nun für die medienpädagogische Umsetzung von Werteorientierung? Jegliche Pädagogik impliziert normative Elemente, die sich durchaus unterschiedlich und häufig unbewusst in Erziehungsstilen bzw. pädagogischen Haltungen ausdrücken. Dass z. B. milieubezogen ein permissiver oder laissez faire-Stil deutlich mehr Probleme für den Medienumgang und die Entwicklung von Kindern mit sich bringt als ein zugewandter und gegebenenfalls kontrollierender Stil, konnte u. a. die U9-Studie des DIVSI (2015) deutlich zeigen.

Eine völlige Abschirmung von Kindern und Jugendlichen vor medialen Einflüssen ist absurd und nicht durchführbar; ein regulatorischer Schutz nur begrenzt möglich und sinnvoll.

Zugleich sind Medien immer auch eine Instanz der Wertevermittlung, insofern Medienangebote – zumindest im Paradigma der Massenkommunikation – Werte auswählen, repräsentieren und an Rezipient*innen vermitteln. Dabei findet allerdings keine lineare Übernahme von angebotenen Werten statt. Vielmehr hängt diese stark von der individuellen Medien- und Wertkompetenz ab (vgl. Büsch/Schreiber 2016: 64) Social Media bieten Prosument*innen darüber hinaus produktive Möglichkeiten des Ausdrucks von Werten und der wertbezogenen Auseinandersetzung, die ein Beitrag zum Diskurs über und damit zur Vermittlung von Werten sein können.

Damit gibt die Frage, wie Werte vermittelt werden können, nochmal einen neuen Blick auf das Konzept der Medienkompetenz und ihrer Vermittlung: Leimgruber (2012) beschreibt aus religionspädagogischer Perspektive fünf Kompetenzfelder, die gefördert werden müssen, damit Wertekommunikation (vgl. oben „Wertekommunikation in Medien und Wertebildung durch Medien") gelingen kann. Diese weisen deutliche Bezüge zu Teilbereichen der Medienkompetenz (vgl. Büsch 2017) auf.

Wertkompetenz	**Medienkompetenz**	
Zu fördernde Kompetenzen	Ein komplexes Bündel medienbezogener Fähigkeiten und Wissensbestände	
	Kompetenzfeld	Ebene/Bildungsziel
A. Ästhetische Kompetenz	1. Ästhetische Kompetenz	Wahrnehmung
C. Inhaltliche und anamnetische Kompetenz	2. Sachkompetenz	Wissen
D. Frage- und Ausdrucksfähigkeit	3. Kritische Kompetenz	Reflexion
	4. Ethische Kompetenz	
E. Handlungsfähigkeit	5. Genusskompetenz	Handeln
	6. Gestalterische Kompetenz	
	7. Soziale Kompetenz	
B. Kommunikative Kompetenz	Bezugsrahmen: Kommunikative Kompetenz (Habermas)	
	Globalziel: Partizipation/Teilhabe (Communio)	

Tab. 1: Bezüge zwischen Wertkompetenz und Medienkompetenz (vgl. Büsch 2017)

Dadurch wird nochmal deutlicher, dass die Vermittlung von Medienkompetenz zumindest implizit immer auch die Chance der Wertevermittlung in sich trägt: Sowohl in Bezug auf Medien als auch durch die Beschäftigung mit Medien in gelingender Anschlusskommunikation und erst recht durch aktive Medienarbeit ist Wertebildung möglich!

Damit dies gelingen kann, bedarf es sicherlich einer Revision medienpädagogischer Konzepte für die Arbeit mit unterschiedlichen Zielgruppen, die diesen thematischen Fokus bisher nicht oder weniger deutlich gesetzt haben.

Vor allem aber bedarf es einer Reflexion der medienpädagogischen Professionals und Multiplikator*innen, welche Werte und Haltungen sie subjektiv und bestenfalls partiell bewusst in die praktische Arbeit mit einbringen. Eine zentrale Voraussetzung auf individueller Ebene für eine wertorientierte Medienbildung ist vor allem die Entwicklung einer kritisch-optimistischen Grundhaltung zu Medien und Digitalisierung (vgl. Büsch 2017: 61). Denn Megatrends wie Digitalisierung sind nicht aufzuhalten oder umzukehren; weder Kulturpessimismus noch Ignoranz helfen in der Auseinandersetzung weiter. Auch ein naiver Medien-Optimismus, der (digitalen) Technik immer die Wirkung zum Wohl der Menschen und damit zu Wohlstand, Bildung und Beteiligung unterstellt, ist unangemessen. Denn diese Position übersieht die grundsätzliche Ambivalenz aller Medien, die als kulturelle Artefakte von Menschen geschaffen und somit zum Guten wie zum Schlechten nutzbar sind. Ein kritischer Medienoptimismus sieht dagegen diese Ambivalenz aus Chancen einerseits und Herausforderungen, die kritisch diskutiert, ordnungspolitisch eingehegt und in medienbezogener Bildung vermittelt werden müssen.

Diese Forderung nach Haltung betrifft Jede*n und darf nicht nur Gegenstand fachöffentlicher Diskurse sein, sondern muss in der alltäglichen Praxis der Rezeption, Weitergabe und Produktion von Medien konkret werden. Damit können einerseits die oben skizzierten Folgen der Digitalisierung (vgl. oben „Wertedebatten – Theorie und Praxis") aus einer ethischen Kompetenz heraus „medien-gebildet" beurteilt werden. Andererseits kann damit ganz praktisch eine subjektive Entscheidung z. B. zum Umgang mit Trollen, Hatern und Mobbern in sozialen Netzen oder auch zur Nutzung bzw. Nicht-Nutzung von Diensten und Software, die datenschutzrechtlich bedenklich sind, getroffen werden.

Medienbildung muss die notwendigen reflexiven und kommunikativen Kompetenzen vermitteln, um sich auch in dieser Hinsicht kompetent am gesamtgesellschaftlichen Kurs beteiligen zu können. Ein Einsatz für Strukturen, die eine Beteiligung leichter möglich machen, ist immer auch ein Einsatz für Orte und Netzwerke für Wertebildung und -kommunikation – und damit für Medienethos.

Literatur

Büsch, Andreas (2014): Medienkompetenz und Schule?! In: RU Heute, 2/2014, 12–17.

Büsch, Andreas (2017): Digital Natives and Digital Immigrants. Medienwelten und Medienkompetenz heutiger Schüler-, Lehrer- und Elterngenerationen. In: Fischer,

Christian (Hrsg.): Pädagogischer Mehrwert? Digitale Medien in Schule und Unterricht (Münstersche Gespräche zur Pädagogik 33). Münster: Waxmann, 59–84.

Büsch, Andreas/Schreiber, Björn (2016): Let's talk about Werte. Ethische Herausforderungen für die Medienpädagogik in der digitalisierten Netzwerkgesellschaft. In: Brüggemann, Marion/Knaus, Thomas/Meister, Dorothee: Kommunikationskulturen in digitalen Welten. Konzepte und Strategien der Medienpädagogik und Medienbildung. München, 55–81

Capurro, Rafael (2017): Digitalisierung als ethische Herausforderung. In: Otto, Philipp/ Graf, Eike (Hrsg.): 3thi1cs. Die Ethik der digitalen Zeit. Berlin: iRights Media, 10–17.

DBK – Sekretariat der Deutschen Bischofskonferenz (2016): Medienbildung und Teilhabegerechtigkeit. Impulse der Publizistischen Kommission der Deutschen Bischofskonferenz zu den Herausforderungen der Digitalisierung (Arbeitshilfen, Nr. 288). Bonn. Abrufbar unter: dbk-shop.de/de/deutsche-bischofskonferenz/ arbeitshilfen/medienbildung-teilhabegerechtigkeit. [Stand: 15.03.2018].

DIVSI – Deutsches Institut für Vertrauen und Sicherheit im Internet (2015): DIVSI U9-Studie. Kinder in der digitalen Welt. Hamburg: o. V. Abrufbar unter: divsi.de/wp-content/uploads/2015/06/U9-Studie-DIVSI-web.pdf [Stand: 15.03.2018].

Funiok, Rüdiger (2007): Medienethik. Verantwortung in der Mediengesellschaft. Stuttgart: Kohlhammer.

Heesen, Jessica (2015): Ein Fels in der Brandung? Positionen der Medienethik zwischen verflüssigtem Medienbegriff und schwankender Wertebasis. In: Prinzing, Marlies et al. (Hrsg.): Neuvermessung der Medienethik. Bilanz, Themen und Herausforderungen seit 2000. Weinheim: Beltz Juventa, 86–98.

Heesen, Jessica (2016): Handbuch Medien- und Informationsethik. Stuttgart: J. B. Metzler.

Hubbuch, Sabrina (2011): Mediale Wertevermittlung in Daily Soaps. Eine Studie zu Potentialen und Rezeption von Werteangeboten am Beispiel der Soap „Verbotene Liebe". Saarbrücken: Südwestdeutscher Verlag für Hochschulschriften.

Initiative D21 (2015): D21-Digital-Index 2015. Abrufbar unter: initiatived21.de/app/uploads/2017/01/d21_digital-index2015_web2.pdf [Stand: 15.03.2018].

Jonas, Hans (2017): Das Prinzip Verantwortung: Versuch einer Ethik für die technologische Zivilisation. Frankfurt: Suhrkamp.

Jörissen, Benjamin (2016): Digitale Transformation: Auswirkungen auf Alltagskultur, Kulturgüter und sozialen Zusammenhalt. Vortrag bei der Herbsttagung des AK Bildung des Bundesverbandes Deutscher Stiftungen am 09.12.2016. Abrufbar unter: slideshare.net/joerissen/digitale-transformation-auswirkungen-auf-alltagskultur-kulturgter-und-sozialen-zusammenhalt) [Stand: 15.03.2018].

Köberer, Nina (2015): Medienethik als angewandte Ethik. Eine wissenschaftssystematische Verortung. In: Prinzing, Marlies et al. (Hrsg.): Neuvermessung der Me-

dienethik. Bilanz, Themen und Herausforderungen seit 2000. Weinheim: Beltz Juventa, 99–113.
Kruip, Gerhard/Winkler, Katja (2007): Ethisches Lernen in der allgemeinen Erwachsenenbildung. KEB-Basispapier. Abrufbar unter: uni-muenster.de/imperia/md/content/fb2/c-systematischetheologie/christlichesozialwissenschaften/publikationsversion_basispapier_7_9_07.pdf [Stand: 15.03.2018].
Leimgruber, Stephan (2012): Wie geht ethisches Lernen? Abrufbar unter: kaththeol.uni-muenchen.de/lehrstuehle/religionspaedagogik/personen/1leimgruber/materialienlg/materialien_sose12/spezialfragen/wie_geht_ethisches_lernen.pdf [Stand: 15.03.2018].
Leschke, Rainer (2001): Einführung in die Medienethik. München: Fink.
Pieper, Annemarie (2001): Art. „Wert. I. Philosophisch". In: LThK3, Bd. 10, Sp. 1105–1106.
Rath, Matthias (2015a): ‚Werte-volle' Medien? Medienpädagogik zwischen Wertevermittlung Werturteilskompetenz. In: merz, 59, H.3, 10–18.
Rath, Matthias (2015b): „The media, stupid!" Überlegungen zu einer Medienethik als Ethik des medialen Zeitalters. In: Prinzing, Marlies et al. (Hrsg.): Neuvermessung der Medienethik. Bilanz, Themen und Herausforderungen seit 2000. Weinheim: Beltz, 114–124.
Schorb, Bernd (2015): Ungewöhnliche Werte gehen. Wertevermittlung in der politischen Bildung? Ein Interview mit Thomas Krüger, bpb. In: merz, 59, H.3, 31–36.
Stalder, Felix (2016): Kultur der Digitalität. Berlin: Suhrkamp.
Stalder, Felix (2017): Algorithmen, die wir brauchen. Überlegungen zu neuen technopolitischen Bedingungen der Kooperation und des Kollektiven. In: Otto, Philipp/Graf, Eike (Hrsg.): 3thi1cs. Die Ethik der digitalen Zeit. Berlin: iRights Media, 44–54.
Watzal, Ludwig (2006): Editorial. In: Medienfreiheit (APuZ 38/2006), 2.
Ziebertz, Hans-Georg (2012): Ethisches Lernen. In: Hilger, Georg/Leimgruber, Stephan/Ziebertz, Hans-Georg (Hrsg.): Religionsdidaktik. Ein Leitfaden für Studium, Ausbildung und Beruf. München: Kösel, 434–452.

2. Zugänge zur Handlungspraxis

Jörg Kratzsch

Aller guten Dinge sind 3: Medienpädagogische Aufträge in der Kita

Überlegungen entlang allgemeiner Grundsätze früher (Entwicklungs-)Förderung

„Digitale Medienbildungskompetenz"?

> „Die Medienpädagogik ist und war hierzulande ein ungeliebtes Kind [...]. Von den Programmprofis verspottet, von den Journalisten gemieden, von Lehrern widerwillig in den Unterricht genommen und von den Medienpädagogen selber schamhaft versteckt, umbenannt oder entschuldigend verbrämt (‚... eigentlich weiß ich ja auch nicht, was Medienpädagogik ist ...')" (de Haen 1984: 9).

Dieses Zitat stammt aus der Dokumentation des ersten Forums Kommunikationskultur und datiert auf das Jahr 1984. Es lässt aus heutiger Sicht die Frage aufwerfen, wo wir denn stehen und welche Parallelen sich 34 Jahre später noch immer aufzeigen lassen.

Medienpädagogik in frühpädagogische Betätigungsfelder einzubinden ist, entsprechend der lebensweltlichen Bezüge von Kindern, naheliegend. Was das aber im Konkreten für die Kita heißt, ist nicht nur für die pädagogischen Fachkräfte in der Praxis zuweilen diffus und teilweise noch immer ziemlich abstrakt. In regelmäßigen Abständen gibt es diesbezüglich neue „Wordings" und in Reaktion auf neue gesellschaftliche Herausforderungen und Medienphänomene werden stets (vermeintlich) neue Handlungsaufträge ausgemacht. Nicht selten stehen dabei auch die jeweils technischen Innovationen im Fokus der Betrachtung statt einer am Subjekt orientierten Förderung auf der Basis kindlicher Bedarfe, gesetzlicher Grundlagen, wissenschaftlicher Erkenntnisse und praktischer Bezüge der pädagogischen Arbeit.

Schon Imme de Haen mildert die Aussage des „ungeliebten Kindes" Medienpädagogik ab, indem sie konstatiert, dass es auch derzeit ein breites Problemverständnis darum gäbe, dass „etwas" getan werden müsse (vgl. de Haen). Bezugnehmend auf einen Vortrag von Wolfgang Wunden prophezeit sie jedoch, dass „das Gerede von der Notwendigkeit der Medienpädagogik" wieder abflauen würde, wenn „erst einmal die neuen Technologien installiert" wären (Wunden 1980: 9).

Beobachten lassen sich heute in diesem Zusammenhang Forderungen nach Digitalkompetenz oder *digital skills* junger Menschen, wobei insbesondere technische Aspekte und informatische Bildung oft in den Mittelpunkt gestellt werden – schließlich, so heißt es, ist Coding die „vierte Kulturtechnik" (vgl. Wanka 2017/Code your Life 2018). Damit einher gehen aktuell Postulate nach digitalem Lernen, digitaler Medienbildung von früh an und dem vermehrten Einsatz von digitalen Medien in allen Lebensbereichen (vgl. Presse- und Informationsamt der Bundesregierung 2018/Vereinigung der Bayerischen Wirtschaft e.V. 2018: 87ff.). Fachkräften wird demnach eine Medienbildungskompetenz abverlangt, die den neuen Anforderungen gerecht werden soll (vgl. Hessischer Bildungsserver 2017).

Viele dieser Schlagworte finden derzeit Eingang in aktuelle bildungspolitische Debatten und werden dabei nur selten den Bedarfen für die pädagogische Praxis gerecht. Nur allzu oft werden in diesem Feld Ausrüstungsinitiativen als Ultima Ratio gesehen, die den neuen Anforderungen zur Genüge Rechnung tragen mögen.

Das soll gar nicht heißen, dass die aufgezeigten Ansätze nicht durchaus auch ihre Berechtigung, der Zielgruppe entsprechend, hätten. Vielmehr wirbt dieser Artikel aber für ein umfänglicheres und ganzheitliches Verständnis der medienbezogenen pädagogischen Arbeit insbesondere in der Kita.

Hinsichtlich der von Zeit zu Zeit vorangetriebenen bildungspolitischen Debatten scheint es angebracht, breiter angelegte Forderungen auf die Tagesordnung zu setzen, statt in regelmäßiger Hysterie aktuellen Phänomenen hinterher zu eifern, die häufig einer genaueren inhaltlichen Betrachtung (hinsichtlich ihrer Praxisbezüge und Zieldimensionen) bedürften. Qualität und dem voraus fachlich fundierte Standards für eine umfassende, subjekt- und lebensweltorientierte Medienpädagogik in der Kita benötigen in erster Linie einer genauen Verortung der damit einhergehenden Aufträge entlang der Rahmenrichtlinien und Grundlagen frühpädagogischer Arbeit im Allgemeinen.

Gedanken darüber anzustellen, was denn genau medienbezogene pädagogische Aufgaben in der Kita sind, braucht also zuvorderst eine klare begriffliche und inhaltliche Verortung von Handlungsaufträgen für Fachkräfte der Frühpädagogik. Gerade in diesem Feld herrscht jedoch nach wie vor eine große Verunsicherung. Diese findet sich zuteilen eben auch in der großen Begriffsvielfalt begründet, mit der dargestellt werden soll, wie der medial geprägten Lebenswelt von Kindern Rechnung zu tragen ist und wo damit verbundene Arbeitsschwerpunkte liegen. Diese liegen in einem äußerst breiten Spannungsfeld u. a. aus Medienbildung, Mediendidaktik, Mediensozialisation, informatischer Bildung, Medienschutz, Medienerziehung, Media Literacy.

Oft werden Begriffe vom tagesaktuellen und bildungspolitischen Agenda-setting getragen, jedoch immer noch nicht hinreichend inhaltlich durchdacht oder ganzheitlich verortet. So finden sich auch derzeit wieder (zum Beispiel im Zusammenhang mit der Digitalen Agenda) vermehrt Forderungen nach (digitaler) Medienkompetenz, die aber ihrer Intention nach nur auf Teilbereiche medienpädagogischer Wirkungsfelder verweisen (vgl. Presse- und Informationsamt der Bundesregierung 2018). Häufig wird auch einzig (und mit Blick auf Human Resources) auf mediendidaktische oder -bildnerische Bestrebungen abgestellt, die vermeintlich im Zuge der Digitalisierung von Arbeitswelten benötigt werden, um die Wettbewerbsfähigkeit im internationalen Vergleich zu sichern.

Dem entgegen orientieren sich ganzheitliche und der Zielgruppe entsprechende Ansätze eben nicht an den „Interessen von Lobbygruppen", sondern an den „Grundbedürfnissen der Kinder und ihren altersbedingten Fähigkeiten" als auch an den „pädagogischen Prinzipien" frühpädagogischer Einrichtungen (vgl. Anfang/Demmler 2018: 20).

Jedoch nicht einzig hinsichtlich einer dezidiert *medien*pädagogischen Verortung gibt es Bedarfe einer genauen Einordnung der Aufträge, die sich an Kindertagesstätten richten. Bereits Anfang der 2000er fand eine starke Umgewichtung der allgemeinen pädagogischen Aufträge statt, die mit dem „PISA-Schock" einherging und in einer Überstrapazierung des Bildungsbegriffs – auch für die Kita – mündete (vgl. Bensel/Haug-Schnabel 2012: 4). Ganz unabhängig von medienbezogener pädagogischer Arbeit stand für Kita (und Schule) fortan zumeist die Bildung im Mittelpunkt, um ein weiteres peinliches Abschneiden in der PISA-Studie zu vermeiden.

Im Rahmen dieser Debatte wuchs die Erwartungshaltung gegenüber den Kitas hin zu Einrichtungen einer formalisierten und verzweckten frühen Bildung mit zum Teil stark curricularem und verschultem Charakter.

Es scheint somit von Zeit zu Zeit geboten, sich (einmal mehr) die Grundlagen der Frühpädagogik zu vergegenwärtigen, um einer unreflektierten und einseitigen Ausrichtung (medien-)pädagogischer Aufträge und Zieldimensionen entgegenzuwirken. In der Folge soll hierzu in aller Kürze aufgezeigt werden, dass das Aufgabenspektrum dessen, was Kita zu leisten hat, weit größer als Bildungsarbeit ist und somit auch einen gelungenen Rahmen und Anknüpfungsmöglichkeiten für passgenaue und vielschichtige *medien*pädagogische Konzepte böte, die letztlich mehr sein müssen als Ausstattung,

„Medieneinsatz" oder gar Medien-„Unterricht" in der Kita und zu alledem auch stärker den Arbeitsgrundlagen pädagogischer Fachkräfte entsprächen.

Erziehung – Bildung – Betreuung

> „Am Ende wissen wir, dass zwar Bildung ohne Erziehung ebenso gedacht werden kann wie Erziehung ohne Bildung, dass damit aber zugleich der eine Begriff stets Defizite notiert, die dort entstehen, wo die Reflexion sich auf den anderen allein bezieht. Oder etwas platt formuliert: Erziehung ohne Bildung geht ebenso wenig wie Bildung ohne Erziehung – und das gilt begrifflich wie auf der mit Begriffen abgebildeten Ebene der Probleme und der damit gemeinten Sachverhalte" (Koerrenz/Winkler 2013: 72).

Das gesetzliche Rahmenwerk für die Förderung von Kindern in Tageseinrichtungen und in Kindertagespflege sieht den Förderauftrag der Fachkräfte in einer Trias aus Erziehung, Bildung und Betreuung (vgl. SGB VIII § 22 (3)). In dieser Triangulation pädagogischer Intentionen finden sich also gleichermaßen (und zum Teil gleichrangig) hierarchisch-normative als auch grundlegend-nichthierarchische und auf (Selbst-)Bildung ausgerichtete Elemente. Darüber hinaus sind in diesem Dreigespann auch Schutzaufträge, Bindungsaufbau und entwicklungsförderliche Umgebungen mitgedacht, die die Voraussetzung für gelingende Erziehungs- und Bildungsarbeit ermöglichen und maßgeblich mittragen.

In Bezug auf pädagogische Fachkräfte, ein pädagogisches Grundverständnis und daraus abgeleitet, in der Folge auch medienpädagogische Aufgaben- und Themenfelder, sollten dem Oberbegriff Pädagogik demnach stets alle drei Kategorien (*Bildung, Erziehung und Betreuung*) beigemessen werden. Dabei sind die drei Begriffe eng miteinander verknüpft. Im Sinne der Kindesförderung und in Anbetracht der „Gesamtheit und Unteilbarkeit kindlicher Entwicklung" sind „die Bedarfe [...] des Kindes insgesamt zum Ziel der Arbeit zu machen" (MBJS 2006: 6). Dieser Grundlage folgend gäbe es ebenso wenig eine „bildungsfreie Betreuungssituation" wie es ein „erziehungsfreies Bildungsarrangement" geben kann, da die drei Teilbereiche „lediglich als unterschiedliche Dimensionen bei der Förderung von Kindern und Jugendlichen betrachtet werden, nicht etwa als voneinander zu trennende Prozessfaktoren" (Diskowski 2006: 78).

Die Grundzüge der drei Teilbereiche sollen in der Folge, ohne Anspruch auf Vollständigkeit, kurz umrissen dargestellt werden.

Erziehung

Dem Erziehungsbegriff liegt eine überwiegend hierarchische Konnotation zugrunde, einhergehend mit einer „Asymmetrie der pädagogischen Beziehungen"; einhergehend auch mit „Abhängigkeit und Fremdbestimmtheit" (Reichenbach 2006: 2). Dies äußert sich „zum Beispiel in Form von Vorgaben, Handlungsanweisungen und Graden der Intervention, Disziplinierung und Sanktionierung" (Iske 2012: 683). Benner beschreibt in seiner *Theorie der Erziehung* (ergänzend zur *Theorie der Bildung*) zwei Prinzipien: Die „Aufforderung zur Selbsttätigkeit" und die „Pädagogische Transformation gesellschaftlicher Einflüsse und Anforderungen", als regulatives Prinzip (Benner 2001: 128ff.).

Innerhalb des Erziehungsbegriffs soll auf der Grundlage bestimmter Erziehungsziele (Normen und Werte, die aus dem gesellschaftlich, historisch und sozial gesteckten Rahmen abgeleitet sind) durch intendiertes und methodisches Handeln des Erziehenden auf kognitive, affektive und psychomotorische Fähigkeiten des Zu-Erziehenden hingewirkt werden. Hierbei stehen beide Parteien in Interaktion zueinander (vgl. Gudjons 2012: 204).

Dem Erziehungsbegriff schwingen dabei stets die eigene professionelle pädagogische Haltung und die Vorbildwirkung der Erziehenden mit. Deren Auftrag liegt hier insbesondere in der Vermittlung von Grundlagen des Zusammenlebens und zwischenmenschlicher Beziehungen.

Bildung

> „[...] this child of the future must have an open mind. [...] The children must be taught how to think, not what to think. [...] They must be taught that many ways are open to them, no one sanctioned above its alternative, and that upon them and upon them alone lies the burden of choice" (Mead 1928: 196).

Verglichen mit dem Erziehungsbegriff ist der Bildungsbegriff weit weniger hierarchisch und auf Selbstbildungsprozesse ausgerichtet. Somit liegen Aufträge eher in der Anregung, Bereitstellung, Begleitung und Förderung von Bildungsprozessen und im Aufzeigen von möglichen Lösungswegen für (mitunter noch gar nicht bekannte) Problemstellungen.

Jörissen zielt mit dem („öffentlich-politisch-administrativen") Bildungsbegriff auf die „organisierte Bereitstellung von Optionen für Individuen im Interesse des Erwerbs von Wissen, Kompetenzen, Qualifikationen, Zertifikaten etc. durch entsprechende gesellschaftliche Angebote" ab (Jörissen 2011: 212).

Dabei steht in Bildungszusammenhängen weniger die Werte- und Weltvermittlung, denn vielmehr die Weltaneignung im Vordergrund, zu der es aber durchaus auch Impulse und Anreize bedarf. Vergleichbar dem Erziehungsbegriff hat Bildung die Autonomie des Menschen zum Ziel, wobei auch hier Sozialverantwortung und Solidaritätsfähigkeit wichtige Zieldimensionen sind, die somit das Individuum auch in einen weiter gefassten und gesellschaftlichen Kontext einbinden. Bildungsebenen sind hierbei insbesondere: moralische Bildung, kognitive Bildung, ästhetische Bildung und praktische Bildung (vgl. Gudjons 2012: 208).

Betreuung

Nicht zuletzt die Charta der Grundrechte der Europäischen Union verbürgt das Recht des Kindes auf Schutz, Fürsorge, Meinungsfreiheit und allgemeines Wohlergehen (vgl. Bundeszentrale für politische Bildung 2005: Art. II–84). Insbesondere der Betreuungsbegriff wird jedoch hinsichtlich pädagogischer Aufträge oft vernachlässigt oder einzig auf logistische Aspekte oder das Aufbewahren der Kinder reduziert (vgl. Bensel/Haug-Schnabel 2012: 7). Dem entgegen steht, dass Betreuung nicht allein den Betreuungsschlüssel oder die Beaufsichtigung der Kinder beinhaltet, sondern auch ein wichtiges Element im Sinne des Bindungsaufbaus darstellt, wenn pädagogische Fachkräfte als Vertrauenspersonen und Ansprechpartner*innen für die Belange der Kinder wahrgenommen werden. In ihrer Funktion sind die pädagogischen Fachkräfte auch ein wesentlicher Anker für die Regulation kindlicher Emotionen (ebd.: 8). Betreuung stellt ferner sogar einen wesentlichen Rahmen für gelingende Bildungs- und Erziehungsprozesse dar, indem eine förderliche, anregende, gefahrenfreie und fürsorgende Umgebung geschaffen wird. Dies beinhaltet neben Aufsichtspflicht, Gewaltfreiheit und Beziehung auch räumliche und materielle Voraussetzungen und Konzepte für geeignete Erziehungs- und Bildungssettings.

(Auch) der Kinderschutz ist dem Betreuungsbegriff inhärent und deutet insbesondere in dessen struktureller Dimension auf die bereits angedeutete Gestaltung einer positiven und kinderfreundlichen Umgebung hin. Dass die räumliche Gestaltung der Lebensumgebung durchaus eine wichtige und pädagogisch intendierte Handlung ist, zeigt sich unter anderem auch schon in den Ansätzen der Reggio-Pädagogik, in der der Raum als „Dritter Erzieher" fungiert und neben physischen Einrichtungsgegenständen auch Aspekte wie Schutz und Geborgenheit einschließt (vgl. Schäfer/Schäfer 2009: 240).

Medienerziehung – Medienbildung – Medienbezogene Betreuung und Fürsorge

Die nähere Betrachtung aller Teilbereiche pädagogischen Handelns entlang der Trias, bestehend aus Erziehung, Bildung und Betreuung, zeigt die Bedeutung eben jener auf und macht klar, dass nur im Zusammenspiel aller Einzelkomponenten die Entwicklung zu gebildeten, gesunden, gemeinschaftsfähigen, eigenständigen und eigenverantwortlichen Menschen erfolgen kann.

Die drei Teilaspekte des Förderauftrages finden dabei mit Blick auf alle Fachrichtungen der Früh- und Kleinkindpädagogik Anwendung (vgl. Lenzen 2005: 1114f.). Je nach Bundesland sind diese Fachrichtungen unterschiedlich umfänglich aufgeführt und beinhalten beispielsweise die Bereiche Sprache, MINT, (bildende) Kunst, Umwelt, Körper/Gesundheit, Motorik, (Inter-)Kulturalität, Religion und (bestenfalls) Medien. In den „Bildungs"-Plänen des Elementarbereiches finden sich demnach bestenfalls auch die Grundlagen der Förderaufträge entlang der Trias gleichermaßen in der Sprachförderung, im Bereich Umwelt, Technik, Kunst etc. Hierzu gehören dann (exemplarisch) Ansätze der Spracherziehung als eben auch der Sprachaneignung und -förderung oder etwa der Kunsterziehung als auch der ästhetischen Bildung oder der Ausprägung eigener Ausdrucksformen und eines eigenen Kunstverständnisses. Bei alledem spielt die Ausgestaltung anregender Räume mit kindgerechten und zeitgemäßen Materialien beziehungsweise einer entwicklungsförderlichen und sicheren Lernumgebung eine nicht zu vernachlässigende Rolle.

In der Folge soll dieses Verständnis, auf den Bereich Medien bezogen, näher erläutert werden. Dabei weicht das vorliegende Modell auf der Grundlage des beschriebenen allgemeinen pädagogischen Verständnisses von Ansätzen ab, die Medienerziehung als Grundlage von Medienbildung beziehungsweise Medienbildung als Erweiterung medienerzieherischer Bestrebungen begreifen. Die Teildisziplinen beschreiben gleichwertige, gleichberechtigte und zum Teil auch gleichzeitige Bereiche pädagogischen Handelns. Medienkompetenz sei hierbei Zieldimension allem pädagogisch intendierten Handelns.

Medienerziehung

Die „Medienerziehung als Praxisfeld" beinhaltet „konkrete medienerzieherische Aktivitäten" (Iske 2012: 682). In ihrer normativen, reglementierenden und hierarchischen Dimension ist die Medienerziehung der Kinder hin zu sozialer Verantwortung, gesunder physischer wie auch psychischer

Entwicklung und „Gesellschaftsfähigkeit" zu verstehen. Im Fokus stehen dabei zum Beispiel Nutzungszeiten, die Vermittlung einer kritischen Sicht auf (mitunter bedenkliche) Inhalte, ein sensibler und sozialverantwortlicher Umgang mit Medien, Normen und Werten.

Spanhel beschreibt „eine an Wertorientierungen gebundene Medienerziehung", die er jedoch als Voraussetzung gelingender Medienbildung betrachtet (Spanhel 2014: 139). Wenngleich das von einer gleichrangigen und gleichzeitigen Betrachtung der Begriffe Medienbildung, Medienerziehung und medienbezogener Betreuung und Fürsorge abweichend ist, scheint die inhaltliche Deutung der Medienerziehung Spanhels interessant:

> „Wenn sich Medienpädagogik als Handlungswissenschaft versteht, darf und kann sie sich um diese Wertfrage und den daraus folgenden Konsequenzen für pädagogische Handlungsprogramme, die stets auf Wertentscheidungen beruhen, nicht drücken" (ebd.).

Handlungsaufträge Medienerziehung

Pädagogische Fachkräfte sind Vorbilder. Sie gehen mit gutem Beispiel voran und regulieren den Medieneinsatz, indem sie Grenzen aufzeigen, Nutzungszeiten festlegen (bzw. bestenfalls aushandeln) oder deviante Verhaltensmuster korrigieren. Sie vermitteln Haltungen und Normen, die den Kindern Grundlagen eines fairen und sozialverantwortlichen Miteinanders auf der Basis eines weitestgehend konsensualen Wertekanons aufzeigen.
Weitere Aspekte der Medienerziehung sind beispielsweise die Themenfelder medial vermittelter Konsum(-zwänge) oder ein verantwortungsvoller, nachhaltiger beziehungsweise ressourcenbewusster Umgang mit (technischen) Geräten und Medienangeboten.

Medienbildung

Im Bereich der Medienbildung vergegenwärtigen Rückschlüsse aus dem allgemeinen Bildungsbegriff einen Vorgang der Weltaneignung und des Kompetenzerwerbs, des Transfers und der Anwendbarkeit. Eingeschlossen sind hier neben klassischen „Wissensgütern" auch ästhetische, politische, emanzipatorische und moralische Bildungsaspekte. Der Erziehung gleichend steht das Ziel der Autonomie des Menschen im Mittelpunkt, wobei der Begriff in Erziehungszusammenhängen immer gewisse normative Tendenzen mitschwingen lässt – eine „Hinerziehung" zur Gesellschaftsfähigkeit. Dem Bildungsverständnis nach liegt hier hingegen eine Tendenz zur Anregung eigener gesellschaftskritischer und gesellschaftsverantwortlicher Haltungen vor. Dabei steht, verglichen mit der Erziehung, jedoch der intrinsische Charakter von Bildung im Vordergrund, also die Tatsache, dass „Bildungsprozesse grundsätzlich selbstmotiviert und selbstgesteuert sind" (Niesyto 2011: 50).

Medienbildung ist ferner im Sinne ganz allgemeiner Bildungsansprüche ein Prozess, „Erkenntnisse zu gewinnen [...], Handlungsmöglichkeiten zu erweitern, mit anderen Beziehungen aufzubauen und zu gestalten und seine Persönlichkeit zu stärken – also grundlegende Kompetenzen auszubauen, sich derer zunehmend bewusst zu werden und diese als Schlüssel zur Weiterentwicklung seiner Potentiale und Ressourcen zu nutzen" (Rabe-Kleberg et al. 2013: 19).

Somit münden die Zielstellungen medienbildnerischer Ansätze ebenso in der Ausprägung von Medienkompetenz, in dezidierten Fähigkeiten, Medienangebote zu nutzen, sie zweckdienlich einzusetzen, aber auch Transferdenken zu entwickeln, um neuen Herausforderungen und neuen Erscheinungen in Zusammenhang mit Medien(-welten) gewachsen zu sein.

Handlungsaufträge Medienbildung

Pädagogische Fachkräfte schaffen Anreize, die es den Kindern ermöglichen, Medienangebote zu verstehen und zu durchschauen, sie (partizipativ und kreativ) zu nutzen, sich durch diese auszudrücken und sich selbst (aber auch gesamtgesellschaftliche Zusammenhänge) mithilfe dieser zu hinterfragen.
Pädagogische Fachkräfte unterbreiten handlungsorientierte Angebote und geben Impulse, die eine Auseinandersetzung mit Medien(-welten) anregen und zu einem kompetenten Umgang mit Medien befähigen.
Medienbildung ist somit eine wesentliche Grundlage von Identitätsarbeit und Emanzipation in einer mediatisierten und vernetzten Welt.

Medienbezogene Betreuung und Fürsorge

Gemeint sei hier der Auftrag nach Betreuung und Fürsorge in einer mediatisierten Lebenswelt, (ebenfalls) mit dem Ziel, Medienkompetenz zu fördern und entwicklungsförderliche Umgebungen zu gestalten. Bezogen auf das Feld der Medienpädagogik ist der Betreuungsauftrag keineswegs zu vernachlässigen, da der Schutz vor möglichen Gefährdungen oder Beeinträchtigungen und ein fürsorgendes, sicheres, behütetes Umfeld erst den Grundstein legen für gelingende Bildungs- und Erziehungsprozesse und diese permanent begleiten. Leider wird dem wichtigen Bereich der Betreuung allgemein meist ein recht niedriger Stellenwert zuteil, da mit ihm häufig eine Reduzierung auf die „Aufbewahrung", Aufsicht oder die Pflege des Kindes verbunden ist. Dem entgegen sind Schutz und Fürsorge wichtige Eckpfeiler innerhalb gesetzlicher Grundlagen des Betreuungsauftrags. Innerhalb dieses Bereiches gilt es, Problemlagen und Förderbedarfe zu (er)kennen, die Medieninteressen der Kinder ernst- und wahrzunehmen, ein fundiertes Raum- und Ausstattungskonzept vorzuweisen, das den lebensweltlichen und zukunftsweisenden Anforderungen entspricht, altersgerechte Medienangebote vorhält, eine (kritische und kreative) Auseinandersetzung mit diesen ermöglicht und eine gefahrenfreie und entwicklungsförderliche Atmosphäre schafft. Diese bietet Kindern nicht nur die Möglichkeit freier Entfaltung und (selbst-)sozialisatorischer Prozesse, sondern liefert, im Rahmen einer vertrauensvollen und wertschätzenden Atmosphäre, auch überhaupt erst die Möglichkeit für Kinder, die pädagogischen Fachkräfte als Ansprechpartner*innen für ihre Belange zu identifizieren und sich diesen mit Sorgen und Ängsten anzuvertrauen. Dem ist nicht zuletzt auch der Bindungsaufbau und eine wertschätzende Beziehung zwischen Fachkraft und Kind inhärent.

Handlungsaufträge medienbezogene Betreuung und Fürsorge

Eine moderne Ausstattung der Einrichtungen, die der Lebenswelt der Kinder entspricht, aber ebenso auch Alternativen und medienfreie Räume vorhält, ist diesem Bereich anhaftend. Kita darf nicht die Parallelwelt zur elterlichen Lebensumgebung der Kinder sein. Auch hier sollten Möglichkeiten bereitgestellt werden, sich kritisch, reflexiv, kreativ und in einem geschützten Rahmen mit Medienangeboten auseinanderzusetzen. Dabei müssen die Angebote kindgerecht sein; dürfen weder über- noch unterfordern und sollen ausgewogen und gewaltfrei sein. Gerade in der frühen Kindheit sollte die Mediennutzung begleitet werden, um Bedarfe und Sorgen der Kinder wahrzunehmen. Auch aus dem Rollenspiel oder aus Kinderzeichnungen lassen sich wichtige Erkenntnisse gewinnen, was Kinder hinsichtlich eigener Medienerlebnisse beschäftigt (vgl. Neuß 1999). Pädagogische Fachkräfte kennen ihre Zielgruppe und (aktuelle) Medienangebote, die diese beschäftigen, und begegnen ihr mit Wertschätzung und Verständnis. Sie werden dadurch als Ansprechpartner*innen anerkannt, mit denen auch ängstigende oder verstörende Medienerlebnisse besprochen werden können und sie erfüllen darüber hinaus eine wichtige Mittler*innenfunktion im Rahmen erziehungs- und bildungspartnerschaftlichen Engagements.

Fazit

Den Bogen zurückspannend auf das Eingangszitat dieses Artikels und (medien-)pädagogische Grundverständnisse in der öffentlichen Wahrnehmung, zeigt sich nach wie vor Unklarheit und eine starke Vereinzelung hinsichtlich der Aufträge, die an die Elementarpädagogik gerichtet werden. Wenngleich Medienpädagogik nicht oder nicht mehr zwingend das „ungeliebte Kind" zu sein scheint, so scheint sie dennoch vielmehr auch ein gern herbeizitiertes Schlagwort und „Erfüllungsgehilfe" zu sein, um Antworten auf technische Transformationen (des Arbeitsmarktes) oder gesellschaftliche Wandlungen in einer digitalisierten Welt zu finden. Dem entgegen muss es immer noch stärker gelingen, Medienpädagogik in gesamtgesellschaftlichen, zukunftsorientierten und am Subjekt orientierten Zusammenhängen zu begreifen und die Zieldimension weiter zu fassen als im Rahmen ökonomischer Interessen und technischer Anforderungen an die Zielgruppe.

Standards und Qualität für umfängliche medienbezogene Arbeit in der Frühpädagogik zu gewährleisten, setzt letztlich ein Grundverständnis voraus, was mit medienpädagogischen Aufträgen für die Kita verbunden ist. Dabei geht es weder um einen (fach-)didaktischen Einsatz von Medien alleine, noch um die spezifischen Fachqualifikationen der Zielgruppe hinsichtlich einzelner Medienangebote.

Immer noch zeigt sich in (einigen) Kita-Konzepten und Bildungsplänen oder in so manchen bildungspolitischen Diskursen, dass zum Teil ein falsches Bild davon vorherrscht, was Medienpädagogik will – was sie soll oder beinhaltet. Immer noch sind Konzepte und pädagogische Grundhaltungen, die medienbezogene pädagogische Arbeit kategorisch ausschließen, allein auf bewahrpädagogischen Einstellungen oder regulierenden Ansätzen basieren, bei weitem keine Seltenheit. Ebenfalls immer noch bestehen bildungspolitische Reflexe, die gesellschaftliche oder technische Transformationen und medienpädagogische Bedarfe mit Ausrüstungsinitiativen zu beantworten versuchen oder auf verschulte Lern- und Bildungsansätze abstellen.

Letztlich muss für ein breites Verständnis geworben werden, was Medienpädagogik will, wie dieses Anliegen strukturell verankert werden kann und wie dementsprechend passgenaue Rahmenbedingungen dafür geschaffen werden können, die praxisnah und machbar sind. Dabei braucht es nicht die Überbetonung einzelner Teilaspekte oder tagesaktueller Phänomene, sondern Ausgewogenheit und einen Blick auf das große Ganze.

Dass Medienpädagogik im Zeitalter digitaler Medien ganz selbstverständlich auch digitale Medien in den Fokus rückt, ist unabhängig von Zusätzen wie „digitaler Medienkompetenz" oder „digitaler Medienbildung" unbenommen. Es ist einer zeitgemäßen und zielgruppenorientierten Medienpädagogik stets zueigen, sich auch an den lebensweltlichen Bezügen und zukünftigen Anforderungen der Zielgruppe auszurichten. Ob es der Diskussion um Qualität einer umfassenden Medienpädagogik jedoch dienlich ist, sich unentwegt und einzig entlang aktueller Phänomene neu zu erfinden, ist zu bezweifeln – zumindest dann, wenn tagesaktuelle Trends den Diskurs um einen ausdifferenzierten und ganzheitlichen medienpädagogischen Ansatz überlagern.

Bezogen auf die Aufträge Bildung, Erziehung und Betreuung ergeben sich ganz unterschiedliche Handlungsansätze unter dem Dachbegriff der Pädagogik. Nicht die Verengung und Vereinzelung, sondern das Zusammenwirken aller drei Bestandteile schafft Mehrwerte und pädagogische Handlungsdimensionen, die gesamtheitlich die kindliche Entwicklung und ganzheitlich Maßnahmen der Entwicklungsförderung im Blick haben. Auch hinsichtlich des medienpädagogischen Auftrages für die Kita ist eine Betrachtung entlang der Trias zielführend, um klare und breit angelegte Handlungsaufträge zu formulieren. Hierbei weisen die drei Dimensionen Medienerziehung, Medienbildung und medienbezogene Betreuung sowie Fürsorge durchaus auch Schnittmengen auf und verfolgen teils gleichlautende oder vergleichbare Zieldimensionen. In der Wahl der Methoden und hinsichtlich der Ausgestaltung der pädagogischen und personellen Beziehungsgefüge bestehen hingegen grundverschiedene Ansätze der (Inter-)Aktion und ganz unterschiedlich intendierte und ausgestaltete Prozesse.

Literatur

Anfang, Günther/Demmler, Kathrin (2018): Medienkompetenzförderung in der Kita – Grundlagen und Erfahrungen aus einem Modellprojekt. In: merz, 2018/2, 62. Jahrgang, 12–20.

Benner, Dietrich (2001) Allgemeine Pädagogik. Weinheim und Basel: Beltz Juventa.

Bensel, Joachim/Haug-Schnabel, Gabriele (2012): Sind Erziehung, Bildung und Betreuung gleichwertig – oder zählt nur noch Bildung?" In: Kindergarten heute. Das Leitungsheft, 5. Jahrgang, Ausgabe 4, 4–9.

Bundeszentrale für politische Bildung (2005): Die Charta der Grundrechte der Union. Abrufbar unter: bpb.de/nachschlagen/lexika/pocket-europa/16665/charta-der-grundrechte [Stand: 02.07.2018].

Code your Life – 21st Century Competence Center (2018): Bundesweiter Auftakt. Abrufbar unter: code-your-life.org/Blog/Neuigkeiten_aus_der_Initiative/1222_Bundesweiter_Launch.htm [Stand: 02.07.2018].

de Haen, Imme (1984): Medienpädagogik und Kommunikationskultur. Frankfurt/Main: Gemeinschaftswerk der Evangelischen Publizistik e. V.

Diskowski, Detlef (2006): Begriffe bedenken: Erziehung, Bildung und Betreuung – die Trias. In: von Hehl, Susanne (2011): Bildung, Betreuung und Erziehung als neue Aufgabe der Politik. Steuerungsaktivitäten in drei Bundesländern. Wiesbaden: VS.

Gudjons, Herbert (2012): Pädagogisches Grundwissen. Bad Heilbrunn: Julius Klinkhardt.

Hessischer Bildungsserver (2017): Das Portfolio Medienbildungskompetenz als Bestandteil der Lehrerbildung in Hessen. Abrufbar unter: medien.bildung.hessen.de/pomebiko/index.html [Stand: 02.07.2018].

Iske, Stefan (2012) Medienerziehung. In: Sandfuchs, Uwe/Melzer, Wolfgang/Dühlmeier, Bernd/Rausch, Adly (Hrsg.) Handbuch Erziehung. Bad Heilbrunn: Julius Klinkhardt.

Jörissen, Benjamin (2011): Medienbildung. Begriffsverständnisse und -reichweiten. In: Moser, Heinz/Grell, Petra/Niesyto, Horst (Hrsg.): Medienbildung und Medienkompetenz. Beiträge zu Schlüsselbegriffen der Medienpädagogik. München: kopaed.

Koerrenz, Ralf/ Winkler, Michael (2013): Pädagogik – Eine Einführung in Stichworten. Paderborn: Ferdinand Schöningh.

Lenzen, Dieter (2005): Pädagogische Grundbegriffe: Band 2 – Jugend bis Zeugnis. Reinbek: Rowohlt Verlag.

Mead, Margaret (1928): Coming of Age in Samoa. London: Penguin Books Lmt.

MBJS – Ministerium für Bildung, Jugend und Sport des Landes Brandenburg (2006): Qualität brandenburgischer Kindertagesbetreuung. Abrufbar unter: mbjs.

brandenburg.de/media/lbm1.a.1231.de/Qualitaetsbericht%20Internet.pdf [Stand: 02.07.2018]

Neuß, Norbert (1999): Symbolische Verarbeitung von Fernseherlebnissen in Kinderzeichnungen: Eine empirische Studie mit Vorschulkindern. München: kopaed.

Niesyto, Horst (2011): Keine Bildung ohne Medien! Positionen, Personen, Programm und Perspektiven. München: kopaed.

Presse- und Informationsamt der Bundesregierung (2018): Digitale Medienkompetenz für alle Generationen. Abrufbar unter: digitale-agenda.de/Webs/DA/DE/Handlungsfelder/4_DigitaleLebenswelten/4-2_DigitaleMedienkompetenz/digitale-medienkompetenz_node.html [Stand: 02.07.2018].

Rabe-Kleberg, Ursula/Jaschinsky, Franziska/Czech, Katja/Meissner-Trautwein, Antje/Voltz, Kristin/Warmbrunn, Nadin (2013): Bildung: elementar – Bildung von Anfang an. Weimar, Berlin: verlag das netz.

Reichenbach, Roland (2006): Die Zumutung des Erziehens und der Mut zur Pädagogik. Abrufbar unter: docplayer.org/21865740-Die-zumutung-des-erziehens-und-der-mut-zur-paedagogik.html [Stand: 02.07.2018].

Schäfer, Gerd E./Schäfer Lena (2009): Der Raum als dritter Erzieher. In: Böhme, Jeanette (2009): Schularchitektur im interdisziplinären Diskurs. Wiesbaden: VS.

SGB VIII § 22 SGB VIII (3) Stand: Neugefasst durch Bek. v. 11.9.2012 I 2022; zuletzt geändert durch Art. 10 Abs. 10 G v. 30.10.2017 I 3618. Abrufbar unter: sozialgesetzbuch-sgb.de/sgbviii/22.html [Stand: 02.07.2018].

Spanhel, Dieter (2014): Der Prozess der Medienbildung. In: Marotzki, Winfried/Meder, Norbert (Hrsg.): Perspektiven der Medienbildung. Wiesbaden: Springer VS.

Vereinigung der Bayerischen Wirtschaft e. V. (2018): Digitale Souveränität und Bildung. Gutachten. Münster: Waxmann.

Wanka, Johanna (2017): Digitale Kompetenz ist eine Kulturtechnik. Abrufbar unter: bmbf.de/de/digitale-kompetenz-ist-eine-kulturtechnik-4265.html [Stand: 02.07.2018].

Wunden, Wolfgang (1980): Aus einem Vortrag auf den Stuttgarter Tagen der Medienpädagogik. In: de Haen, Imme (1984): Medienpädagogik und Kommunikationskultur. Frankfurt/Main: Gemeinschaftswerk der Evangelischen Publizistik e. V.

Katja Friedrich

Qualitätsentwicklung und Professionalisierung gehen nur systemisch

Der lange Weg der Medienpädagogik in rheinland-pfälzischen Kitas

Die GMK hat sich im Jahr 2017 vertieft mit dem Thema Qualitätsentwicklung, Professionalisierung und Standards in der Medienpädagogik auseinandergesetzt und dazu verschiedene Thesen- und Positionspapiere veröffentlicht. Darin wird aufgezeigt, an welchen Hebeln im Bildungssystem anzusetzen ist, um Medienpädagogik im Bildungsalltag zu verankern. Für den – hier in diesem Text ausgeleuchteten – Bereich der frühkindlichen Bildung werden die spezifischen Anforderungen dazu in dem Positionspapier der GMK-Fachgruppe Kita ausformuliert (GMK-Fachgruppe Kita 2017). Darin wird deutlicher als in anderen Positionspapieren, dass medienpädagogische Unterstützung von Bildungsprozessen und Institutionen im Grunde nur systemisch zu denken und zielführend umzusetzen ist.

Der folgende Beitrag will diese Theorie mit Praxiserfahrungen unterfüttern und den Weg aufzeigen, den medien+bildung.com (m+b.com) in den letzten zehn Jahren im Bereich der frühkindlichen Bildung in Rheinland-Pfalz ging. Dabei sei darauf hingewiesen, dass die beschriebenen Entwicklungen mit besserer finanzieller Ausstattung nicht sehr viel schneller vonstattengegangen wären. Die lange Zeitdauer des beschriebenen Weges ist eher der Sensibilität der Thematik im frühkindlichen Bereich geschuldet und sie berücksichtigt auch die anfangs noch sehr stark, später sich abschwächende Angst „des politischen Systems" vor der Ausstattungsfrage, die man bei Trägern und in Ministerien am Horizont aufscheinen sah. Medienbildung in Kindertagesstätten war und ist auch heute noch ein sehr emotional diskutiertes, von wissenschaftlichen, aber auch populistischen und Angst besetzten Debatten begleitetes Thema. Deshalb sind alle Akteur*innen in diesem Bereich gut beraten, eine behutsame, auf Überzeugung angelegte und Erfahrung sammelnde Vorgehensweise zu wählen.

Eine wichtige Voraussetzung für die Arbeit mit jüngeren Kindern ist, dass dem eigenen pädagogischen Handeln der Organisation bzw. des Projektteams eine Vorstellung davon zugrunde liegt, was „gute Medienbildung" ist. m+b.com hat als LQW (Lernerorientierte Qualitätstestierung in der Weiterbildung, vgl. qualitaets-portal.de) testierte Organisation für sich

„gelingendes Lernen" definiert und im Leitbild ebenso wie Aussagen zu den Grundwerten des eigenen Handels niedergelegt:

> „Das Leben in einer sich mit hoher Geschwindigkeit wandelnden Informations- und Kommunikationsgesellschaft verlangt nach Orientierung. Wir engagieren uns für eine umfassende Medienkompetenz und gehen dabei von einem weiten Bildungsbegriff aus. Wir sehen die grundlegende Aufgabe der Medienbildung in der Vermittlung der Fähigkeiten, die zu einem sinnvollen, kritischen, selbstbestimmten und kreativen Umgang mit den Medien und zu sozialer Kompetenz führen.
> Wir orientieren uns an den Interessen und Fähigkeiten unserer Teilnehmer/innen und thematisieren Aspekte ihrer Lebenswelt. Wir stehen für handlungsorientierte Bildungsangebote, die prozess- und produktorientiert sind. Wir vertreten ein Konzept von Medienbildung, das die Teilnehmer/innen zur aktiven und verantwortlichen Teilhabe am kulturellen, gesellschaftlichen, politischen, beruflichen und wirtschaftlichen Leben befähigt.
> Das Reflektieren eigenen medialen Handelns ist der Ausgangspunkt, die Ermöglichung von Selbstaufklärung der Rezipient/innen ein Ziel. Wir nehmen die medialen Erfahrungen unserer Teilnehmer/-innen ernst, die Unterschiedlichkeit ihrer Biografien und ihrer Mediennutzungsinteressen geben unserer pädagogischen Arbeit Impulse. Medien dienen nicht nur der Information und Zerstreuung, sie bieten auch Materialien zur Identitätsbildung und zur gesellschaftlichen Integration an. Wir sind uns bewusst, dass wir in einer Gesellschaft mit großer Vielfalt leben, und unser Konzept der Medienbildung berücksichtigt die unterschiedlichen Bedürfnisse von Menschen. Es zielt auf Inklusion, auf Ermutigung und Stärkung unserer Teilnehmer/innen, sich aktiv „einzuschalten", sich auszudrücken, die eigene Meinung öffentlich zu äußern, die Chancen der demokratischen Mediengesellschaft selbstbewusst zu ergreifen und für den eigenen Bildungsweg, die berufliche und persönliche Entwicklung zu nutzen. Medienbildung ist für uns auch ästhetische Bildung; sie fördert Kreativität und Selbstausdruck. Medienkompetenz ist eine notwendige Voraussetzung und eine wichtige Grundlage, sich in der Informationsgesellschaft und am Ausbildungs- und Arbeitsmarkt zu behaupten" (medienundbildung.com/ueber-uns/unser-leitbild).

Grundlage für jede Qualitätsentwicklung von pädagogischer Arbeit ist die Orientierung an einer Idee dessen, was man mit seiner Arbeit erreichen will. So orientiert sich m+b.com in der Entwicklung seiner medienpädagogischen Programme an diesen Werten und bemüht sich, sie adressatengerecht umzusetzen, indem es diesen Ansatz weiter herunterbricht in Zielbeschreibungen zum Lernen der Kinder, zum Lernen der Erzieher*innen, zum Lernen der Eltern und zum Lernen der Organisationen. Zur Operationalisierung des pädagogischen Ansatzes hat die Lernwerkstatt Kita von m+b.com den *Medienpädagogischen Erzieher/innen Club* (mec) ins Leben gerufen. Der mec wurde 2007 bis 2010 von Stiftung Lesen und m+b.com gemeinsam als Pilotprojekt entwickelt und von der Landeszentrale für Medien und Kommunikation in diesem Zeitraum gefördert. Seit 2013 ist m+b.com alleiniger Träger des mec.

Der mec: Dachmarke einer systemischen Strategie

Der mec versteht sich als medienpädagogische Servicestelle, die vom Engagement der Mitglieder und der Initiator*innen lebt. Ziel ist es, die Entwicklung von Medienkompetenz in Kitas mit der Förderung von Sprach- und Lesekompetenz zu verknüpfen, die unterschiedlichen Akteur*innen untereinander zu vernetzten und kontinuierlich zu informieren sowie verschiedene Qualifizierungsformate zu erproben. Zum 31. Dezember 2017 hatte der mec 1.505 Mitglieder, die regelmäßig den Newsletter beziehen sowie an Fortbildungen und Netzwerkaustauschtreffen teilnehmen.

Die Handlungsfelder des mec wurden seit seiner Gründung sukzessive ausgeweitet und weiterentwickelt. Sie sind jetzt in fünf Säulen strukturiert, die im Verlauf der letzten zehn Jahre mit unterschiedlichen und wechselnden Priorisierungen umgesetzt wurden (vgl. Abb 1). Adressaten sind die Erzieher*innen, die Kita-Leitungen und Kita-Teams, die Eltern, die Fachberatungen, die Träger, die Fachabteilungen der jeweiligen Ministerien, die Ausbildungseinrichtungen und verschiedene Kooperationspartner*innen. Nur im Handlungsfeld 3 „best-practice-Modell" werden Kinder direkt von m+b.com angesprochen, aber auch hier immer unter Einbeziehung der Erzieher*innen.

Die Sensibilisierung, Beratung, Vernetzung und Qualifizierung der Systempartner*innen erfolgt über vielfältige Instrumente: in Gesprächen und Telefonaten, auf Fachkonferenzen durch Vorträge und Workshops oder über Ausstellungen, durch vielfältige Fortbildungsmaßnahmen, Praxisprojekte sowie über diverse Materialien (mec-Box, mec-Broschüren) und Newsletter.

medien + bildung.com Lernwerkstatt Kita: **mec** - Medienpädagogischer Erzieher/innen Club RLP

Zielgruppen	Handlungsfelder 1 Sensibilisierung / Beratung	2 Vernetzung	3 best-practice-Modelle	4 Qualifizierung I: Fortbildung	5 Qualifizierung II: Ausbildung
Kinder			x		
Erzieher/innen	x	x	x	x	
Kita-Leitungen / Kita-Teams	x	x	x	x	
Eltern	x	x			
Erzieher/innen i.Ausbildung	x	x	(x)		x
Ausbildungseinrichtungen	x	x			x
Fachberatungen	x	x		(x)	
Fachabteilungen Ministeriuen	x	x		(x)	
Träger	x	x			
Kooperationspartner	x	x	x	x	
Instrumente	Gespräche Netzwerktreffen Teamschulungen Telefonate Newsletter Webseite Kooperationen Materialien	Gespräche Netzwerktreffen Tagungen Telefonate Newsletter Webseite Kooperationen Materialien	EMMA 1 EMMA 2 KiTab.rlp Emma + Cubetto	Fortbildungen Workshops Vorträge Netzwerktreffen Teamschulungen Tagungen Praxisprojekte Materialien	Fachtage Lehraufträge Pilotprojekt Fachschulen RLP

Abb. 1: Der mec

Im Mittelpunkt: Das Lernen der Kinder

Kinderwelten sind Medienwelten – Kinder wachsen heute von klein auf in Medienwelten auf. In den Familien haben sie ihre ersten Kontakte zu den sie umgebenden Medien. Besonders wichtig ist daher eine altersgerechte und kontinuierliche Begleitung der Kinder bei ihrem Aufwachsen in der digitalen Welt und der Entdeckung der verschiedenen Medien. Somit kommt neben den Familien besonders den Kindertagesstätten und anderen Orten der frühkindlichen Bildung – z. B. Ausbildungsstätten für Erzieher*innen – eine besondere Aufgabe in der Medienerziehung zu.

Kinder kennen Medien vor allem als Rezeptionsmittel und hören, sehen, spielen mit Angeboten von professionellen Medienproduzenten. Die eigenständige kreative Medienproduktion der Kinder kommt immer noch nicht in allen Einrichtungen vor und wird i. d. R. nicht systematisch gefördert. Dass dies ein großes pädagogisches Manko ist, konnte Friederike Tilemann in ihrer Keynote bei der Abschlusstagung von mec 1 für hundert anwesende Fachkräfte sehr überzeugend darstellen:

„Es ist Aufgabe der Kita, Kindern zu ermöglichen, die Medien als Werkzeuge zu entdecken, mithilfe derer sie sich mit ihren Themen auseinandersetzen können. Die selbst gestalteten Medienprodukte sind zudem geeignet, sich auch bei Erwachsenen Gehör für kindliche Belange zu verschaffen" (Tilemann 2011).

m+b.com versucht über viele Kanäle und Formate immer wieder auf diese (u. a.) Lernchancen für Kinder im Umgang mit kreativer Medienarbeit hinzuweisen: Medien durchschauen, sich mit Medien ausdrücken, Identitätsarbeit mithilfe der Medien, Handlungsleitende Themen mithilfe der Medien bearbeiten, den eigenen Medienumgang reflektieren und Emotionen verstehen lernen, Verarbeitung von (Medien-)Erlebnissen, Medien als Speicher und Informationsquelle, Sprachkompetenz erhöhen, mit Medien die eigene Welt (und die der anderen) erkunden und verstehen.

Aufgabe des mec und seiner Handlungsfelder ist es, diese Botschaften anschlussfähig zu den Akteur*innen zu transportieren und Umsetzungsvorschläge für die Praxis zu erarbeiten.

Die Partner: Das Lernen der Eltern

Der mec bietet medienpädagogische Elternabende an, wenn die Kitas dies nachfragen. Alle Praxisprojekte des mec werden immer auch begleitet von Maßnahmen, die die Eltern mit einbeziehen, mit dem Ziel, das Anliegen frühkindlicher Medienbildung und -erziehung zu erläutern. Eltern lernen, welche Rolle Medien in der kindlichen Entwicklung spielen, wie Medienerziehung sinnvoll und zielführend gestaltet werden kann und wie sich Medien zur Unterstützung der frühkindlichen Bildung einsetzen lassen. Darüber hinaus wird die Vorbildfunktion der Eltern in der Mediennutzung thematisiert. Wenn Eltern aber nicht möchten, dass Kinder in einem bestimmten Alter in der Kita mit Tablets oder ähnlichem konfrontiert werden, wird diese Haltung immer respektiert. Das hat im Projekt *KiTab.rlp* dazu geführt, dass das Projekt in einer Kita, in der Leitung, Fachberatung und Jugendamt für die Teilnahme am Projekt plädierten und nur die Eltern sich dagegen aussprachen, nicht realisiert wurde.

Verschiedene Maßnahmen zur Einbeziehung der Eltern kommen unter dem Dach des mec zur Anwendung: Informationsveranstaltungen, Elternabende und Elternbriefe; Einzelgespräche „medienkompetenter" Erzieher*innen mit Eltern; Tage der Offenen Tür in den Kitas, mit Präsentation der Medienproduktionen der Kinder; Tablets als Kommunikationsbrücke zwischen Kita und Elternhaus; Webseite, Blog und mec-Newsletter.

*Die Befähiger: Das Lernen der Erzieher*innen*

Von Anfang an waren Fortbildungsangebote für Erzieher*innen das Herzstück des mec. Dazu bediente er sich der Möglichkeit, Fördermittel des jeweils für die frühkindliche Bildung zuständigen Fachministeriums (aktuell: Bildungsministerium) zu beantragen und damit über die Jahre hinweg ein kontinuierliches Fortbildungsprogramm für alle pädagogischen Fachkräfte in rheinland-pfälzischen Kitas anzubieten. Die Fortbildungen werden anerkannt und gefördert im Rahmen der Landesinitiativen *Kita!Plus* und *Zukunftschance Kinder – Bildung von Anfang an* des Fachministeriums. Seit 2008 haben über 240 solche Drittmittel finanzierten Fortbildungen stattgefunden, ca. 4.300 Fachkräfte wurden damit erreicht. Hinzu kommen die Praxisprojekte mit Transferpotential, in denen Erzieher*innen projektbezogen thematische Grundlagen in Theorie und Praxis vermittelt werden (s. u.). Fachtagungen bieten weitere Fortbildungsmöglichkeiten an und die mec-Netzwerktreffen sind ein wichtiges Forum zum Erfahrungsaustausch und zur Vertiefung von Gelerntem. Die Netzwerktreffen melden aber auch aktuelle Fortbildungsbedarfe an m+b.com zurück, diese werden im Fortbildungsprogramm berücksichtigt.

Die Fachkräfte lernen in allen Angebotsformaten, warum aktive Medienerziehung eine Querschnittsaufgabe ist, die für alle Bereiche der frühkindlichen Bildung bedeutsam ist. Aktuell lernen sie häufig mediengestalterische Arbeitstechniken für die Nutzung von Tablets als Repräsentant „der digitalen Medien" im pädagogischen Alltag kennen, bekommen u. a. einen Überblick über kindgerechte Apps und lernen deren Bildungspotentiale einzuschätzen. Sie erwerben Gestaltungskompetenzen, um die einzelnen Anwendungsbereiche von Medien sinnvoll in ihre pädagogische Alltagsarbeit zu integrieren. Sie entwickeln Konzepte zur Medienerziehung und zur Verankerung medial-kreativer Anwendungen in der Zusammenarbeit mit Eltern und im Sozialraum, z. B. einer benachbarten Grundschule o. ä. Sie werden sensibilisiert für die Thematik Medienerziehung und die Bedeutung aktiven reflektierten erzieherischen Handelns. Vor allem erarbeiten sich die Erzieher*innen aber eine eigene Haltung zur Thematik, die sie im Diskurs mit anderen fachlich fundiert vertreten und kontrovers diskutieren können.

Die Materialien und Methodenhandreichungen ermöglichen den Teilnehmenden der Qualifizierungen auch nach den Fortbildungen, die Methoden in einfachen Schritten und sehr praxisnah im eigenen pädagogischen Alltag umzusetzen.

Der Rahmen: Das Lernen der Organisationen

Aufwendigere Praxisprojekte wie *EMMA auf Reisen*, *KiTab.rlp* oder *EMMA und Cubetto* beginnen mit einem Dialog und der Überzeugung der Kita-Leitung und des gesamten Kita-Teams, warum praktische Medienarbeit auch in der frühkindlichen Bildung sinnvoll ist und welche Entwicklungschancen für die Kinder darin enthalten sind. Diesen Dialog gestaltet die interessierte Erzieher*in allein oder in Kooperation mit dem mec-Team, mitunter unter Hinzuziehung der jeweiligen Fachberatung oder eines/einer wissenschaftlichen Expert*in. Im Idealfall entwickelt das pädagogische Team ein Kommunikationskonzept für die Einrichtung und ihre Akteur*innen im Umfeld (Träger, Eltern, Finanziers für mögliche Technikausstattung), um alle über Verlauf und Ziele des Projekts zu informieren und „mitzunehmen". Die Einrichtungen lernen, welche Hard- und Software für ihre Belange angemessen sind, wie technische Probleme mit eigener oder externer Kompetenz gelöst werden können, für welche Prozesse in der Organisation man Medien auch noch nutzen kann (Dokumentation der Arbeit oder der individuellen Bildungsprozesse der Kinder; Kommunikation mit nicht-muttersprachlichen Eltern). Die bisherigen Erfahrungen von Bildungsorganisationen aller Bereiche haben deutlich werden lassen, dass es kein allgemeingültiges Standardkonzept zur Implementierung von digitalen Technologien und zur Verankerung von Medienbildungskonzepten im Bildungsalltag gibt. Jede Organisation muss individuell die eigene Situation analysieren und ein dazu passendes Entwicklungskonzept ausarbeiten. Allerdings gibt es im technischen oder rechtlichen Bereich viele Themen, die für alle Einrichtungen sehr ähnlich sind. Für den schulischen Bereich hat das Pädagogische Landesinstitut Rheinland-Pfalz (PL) seine Organisationsentwicklungserfahrungen bereits 2014 systematisch aufbereitet: „Es gibt jedoch Elemente, über die jedes Medienkonzept verfügen sollte und Wege zu seiner Erarbeitung" (Pädagogisches Landesinstitut 2014: 5), die für alle Organisationen gleichermaßen zu empfehlen sind. Für den Kita-Bereich steht ein vergleichbarer Leitfaden dieser Art noch aus. Viele Erfahrungen aus dem schulischen Bereich wären hier aber leicht übertragbar.

Ein erster wichtiger Schritt ist es auch, Rechtssicherheit durch Information und Hintergrundwissen zu schaffen. Dazu hat der Praxisleitfaden zum Datenschutz in Kitas, den der Landesdatenschutzbeauftragte und das Bildungsministerium unter Beratung von m+b.com veröffentlichten, einen wichtigen Beitrag geleistet (vgl. LfDI/BM 2018).

Lernende Politik

Grundlage für die pädagogische Arbeit in der Kita sind die Bildungs- und Erziehungsempfehlungen für Kindertagesstätten des Landes Rheinland-Pfalz (2008). Sie benennen Medien nicht nur als Bildungsbereich, sondern als eigenständigen Bestandteil frühkindlicher Bildung. Unterstützt wird die Umsetzung der Bildungs- und Erziehungsempfehlungen durch die Einrichtung sogenannter Konsultationskindertagesstätten, so auch für das Thema Sprachförderung. Für das Thema Medienbildung sind Konsultations-Kitas zurzeit in Vorbereitung. Noch vor vier Jahren sah man hier keine Notwendigkeit dazu. Deshalb war es für die Auswahl von Projekt-Kitas für das Praxisprojekt *KiTab.rlp* 2015 von Bedeutung, eine Schwerpunkt-Kita aus dem Bereich Sprachförderung mit dabei zu haben (Städtische Kita am Goetheplatz, Mainz). Die Erfahrungen des Projekts spielen interessante Impulse für die mediengestützte kreative Sprachförderung für Kinder mit deutscher oder anderen Muttersprachen in den Bildungsbereich Kita zurück.

Während der Kommunikation im Vorfeld des *KiTab.rlp*-Projekts wurden zahlreiche konstruktive und offene Gespräche mit den beteiligten Kommunen (Oberbürgermeister, Jugendabteilungen bzw. -ämter, IT-Abteilungen), mit dem Bischöflichen Ordinariat in Mainz (Träger der St. Emmeran Kita), mit der Fachabteilung des Kinder- und Jugendministeriums unter Einbeziehung der damaligen Ministerin, mit Kita-Leitungen und Fachberatungen geführt. In diesem Kommunikationsprozess konnten die Ziele der frühkindlichen Medienbildung in Kitas präzisiert und weiterverbreitet werden. Dennoch berichten Erzieher*innen in den Fortbildungen und Netzwerkaustauschtreffen immer wieder auch von Widerständen in ihren Kommunen, bei ihren Trägern oder auch ihren Leitungen.

Praxisprojekte: Learning by Doing

Erst nachdem der mec schon vier Jahre lang aufklärend und qualifizierend unterwegs war, hat m+b.com das erste größere Praxisprojekt in Kitas selbst auf den Weg gebracht: *Emma auf Reisen*. Vorher hatten Erzieher*innen Methoden in Fortbildungen gelernt und sie dann in kleinen Häppchen in ihrem Kita-Alltag ausprobiert. Entstanden ist die Konzeption für EMMA in den Netzwerkaustauschtreffen des mec und in den Fortbildungen.

Abb. 2: Webseite von EMMA

EMMA

EMMA ist die Abkürzung für *Erzieher/innen machen Medienangebote*. Emma ist aber auch ein echtes Schaf aus Pappmaché, das zweimal auf Entdeckungsreise in rheinland-pfälzische Kitas und andere Einrichtungen der frühkindlichen Bildung gegangen ist. Das Projekt basiert auf einem adaptierten Konzept des prämierten Projekts *Ein Plüschtier auf Reisen* von BITS 21 | fjs e. V. Gemeinsam mit den Kindern lernte EMMA in den „Lernrouten" die Kita kennen und nahm teil am Alltag und bei Aktivitäten vor Ort. Die Ergebnisse wurden mit unterschiedlichen Medien kreativ gestaltet und dargestellt. Das nackte Pappschaf wurde in jeder Kita liebevoll und individuell verschönert.

Die neun Lernrouten des Projekts brachte Emma auf einem USB-Stick mit, z. B. „Zeige Emma Deine Kita"; „Emma findet Freunde" oder „Emma schreibt eine Karte". Im Gepäck von EMMA befand sich zur Unterstützung der Erzieher*innen auch eine Anleitung zum Bloggen. So dokumentierten die Erzieher*innen gemeinsam mit den Kindern die Erlebnisse im Emma-Online-Reisetagebuch (vgl. emma.wordpress-und-bildung.de), so dass diese während des Besuchs „ihrer" Emma nachvollziehen konnten, was Emma an anderen Orten erlebte. Die Erzieher*innen waren stark motiviert, das ihnen bis dato nicht bekannte Werkzeug Blog zu benutzen und erwarben spielerisch eine neue Kompetenz.

Von März bis Juni 2012 wurde *Emma auf Reisen 1* in Kooperation mit 24 Kitas, einer Fachschule für Erzieher*innen und einer Kinder- und Jugendbibliothek durchgeführt. Das Projekt erreichte rund 500 Teilnehmende. Es wurde im Herbst 2012 mit dem Sonderpreis *Medienbildung* des rheinland-pfälzischen Weiterbildungspreises ausgezeichnet. Auf Grund der hohen Nachfrage wurde *Emma 2* 2014 mit vierzehn Kitas in Rheinland-Pfalz, einer Kita im Saarland, einer BBS, einem Mehrgenerationenhaus und einer Stadtbibliothek im Ausland wiederholt.

Die Methoden aus dem Projekt fließen in die Fort- und Ausbildung von Fachkräften der frühkindlichen Bildung ein und stehen zum Download auf der Webseite bereit.

KiTab.rlp

Auf Wunsch der Kinder- und Jugendministerin des Landes RLP entwickelte medien+bildung.com 2015 ein Projekt, das den Tablet-Einsatz in Kitas erprobte. Gemeinsam mit der Mainzer IT-Ausstatter-Firma REDNET AG und unter fachlicher Beratung des Ministeriums für Integration, Familie, Kinder, Jugend und Frauen startete m+b.com im Oktober 2015 das einjährige Modellprojekt *KiTab.rlp*. Gefördert wurde das Projekt von der Stadt Mainz und dem Landkreis Mainz-Bingen. Zwei Kitas aus Mainz und eine Kita aus Nackenheim (Landkreis Mainz-Bingen) nahmen an dem Projekt teil. Jede Kita entsandte im Projektverlauf ein Erzieher*innen-Team zu einer fünfteiligen Fortbildungsreihe, die von medien+bildung.com realisiert wurde. Die Evaluation des Projekts lag bei dem Team Medienpädagogik der Universität Mainz (unter der Leitung von Prof. Dr. Stefan Aufenanger). An der Abschlusstagung am 15. September 2016 in der Universität Mainz nahmen über 100 Personen teil, die alle ein hohes Interesse signalisierten, die vorgestellten Methoden und Konzepte anzuwenden. Das Projekt erzeugt seitdem bundesweite Aufmerksamkeit und hat zu Kooperationsanfragen aus anderen Landkreisen geführt.

Das Projekt wollte anhand exemplarischer Erfahrungen in einigen ausgewählten Kitas Wege aufzeigen, wie medienpädagogische Basiskompetenzen in Kitas verankert werden können. Hier bot sich das Tablet als Medium an, da es zunehmend Einzug auch in Familien mit jüngeren Kindern hält und weil es als Multifunktionsgerät mit leicht verfügbaren Anwendungen eine Vielzahl an kreativen Werkzeugen in sich vereint. Gleichzeitig wurde ein Basiskonzept zur technischen Ausstattung in Kitas entwickelt. Das Projekt ist ausführlich beschrieben im merz-Heft Nr. 2/2018 (vgl. Aufenanger/Bastian/Daumann 2018).

Aus dem Projekt hat sich die Fortbildungsreihe *Auf dem Tablet serviert: Medienpädagogischer Einsatz von Tablets und Apps in der Kita für Dokumentation, (e-)Portfolio-Arbeit und altersgerechte Medienprojekte zur Sprachförderung* entwickelt. Die Nachfrage steigt kontinuierlich an und kann nicht voll befriedigt werden.

EMMA + Cubetto

Noch in Entwicklung und Erprobung befindet sich seit 2017 das neue Projekt *EMMA + Cubetto*. Hier kommt ein kleineres Pappschaf zum Einsatz, dass auf dem kleinen Holzroboter Cubetto Platz hat und gemeinsam mit diesem über einen altersgerecht gestalteten Spielplan geführt werden muss, um Aufgaben und Probleme zu lösen. Das Konzept wurde gemeinsam mit Erzieher*innen erarbeitet, die für dieses Lernszenario sehr viel schneller zu begeistern waren, als für Tablet-Anwendungen in der Kita. Der kleine Holzroboter mit seinem einfachen Steuerboard erlaubt es schon sehr jungen Kindern, sich mit logischem Denken und „wenn-dann-Handelssequenzen" – also den Grundlagen von algorithmischem Denken – auseinanderzusetzen. *EMMA + Cubetto* ist im Sommer 2018 als Projekt an den Start gegangen.

Alle in Praxisprojekten enthaltenen Methoden fließen in Fort- und Ausbildungskonzepte ein. Sie dienen als Best-Practice-Beispiele auch dazu, Ängste und Vorurteile in positive Haltungen zu verwandeln.

*Der Kreis schließt sich: Das Lernen der Ausbilder*innen*

Das Team von medien+bildung.com macht seit vielen Jahren immer wieder im Dialog mit Kita-Leitungen, Erzieher*innen und Ausbildungsstätten die Erfahrung, dass Medienerziehung – insbesondere kreative medienpädagogische Projektarbeit – keine feste Rolle im Ausbildungsplan der Fachschulen einnimmt. Manchmal beschäftigen sich die Auszubildenden „nur" mit einem Text von Manfred Spitzer, damit ist dann nicht selten das Soll an Medienerziehung in der Ausbildung erschöpft. Meist folgen daraus die Einstellungen „Medien in der Kita sind schädlich für Kinder", „Mit Medien haben die Kinder zu Hause schon genug zu tun, das brauchen sie nicht auch noch in der Kita", „Mit Medien kommen die Kinder in der Schule noch früh

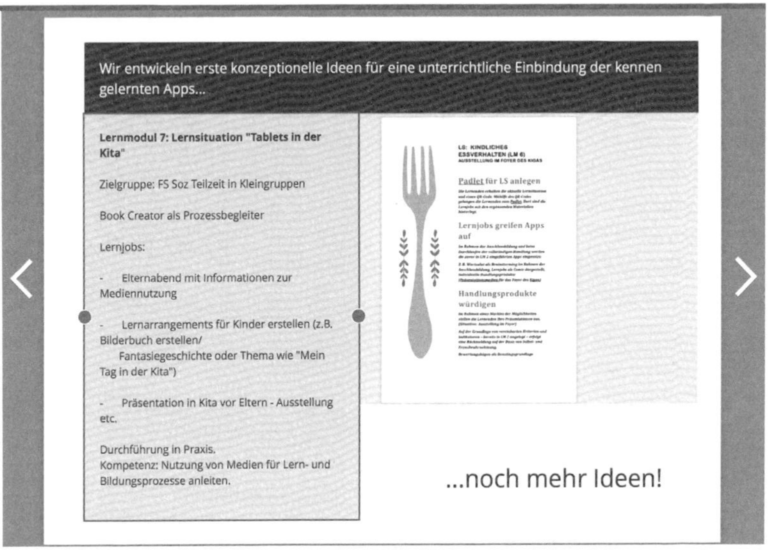

*Abb. 3: Lernszenario aus Fortbildungsmodul für Erzieher*innen in Ausbildung*

genug in Kontakt – in der Kita sollen sie lieber spielen". Diese Einstellungen ignorieren die Lern- und Bildungschancen, die Medien bei altersgerechtem Einsatz und pädagogischer Begleitung für Kinder – und Erzieher*innen – bieten. Deshalb muss Medienbildung Gegenstand der Ausbildung sein, damit Fachkräfte sich aufgrund wissenschaftlich fundierter Auseinandersetzung mit dem Thema eine eigene pädagogische Haltung und eine eigene Vorstellung von einem „guten Lernen in Kitas" erarbeiten können.

Unter dem Titel „Fachtag Medien: Wer, wie, was warum? Kreative Medienbildung in der Kita" bot medien+bildung.com bis 2014 über viele Jahre eintägige Qualifikationen für Erzieher*innen in der Ausbildung (am Ende des 2. Ausbildungsjahres oder zu Beginn des Berufspraktikums) an. Sie fanden in Kooperation mit verschiedenen Ausbildungsstätten für Erzieher*innen in Bad Marienberg/Westerwald, Landstuhl, Linz, Ludwigshafen, Mainz, Trier und Westerburg statt. An diese Erfahrungen anknüpfend hat das Bildungsministerium RLP im Januar 2017 m+b.com damit beauftragt, ein Ausbildungskonzept *Medienerziehung in Fachschulen für Erzieher/-innen* zu entwickeln, das aus Mitteln des Landesprogramms *Medienkompetenz macht Schule* (MmS) finanziert wird. Gemeinsam mit dem Ministerium und dem Pädagogischen Landesinstitut erarbeitete m+b.com das Curriculum. Das zehnmonatige Projekt startete im März 2018 und kann dabei von den Erfahrungen von MmS profitieren.

Im ersten Fortbildungsmodul für die Ausbilder*innen werden Grundlagen und Theorien der Medienerziehung, Mediendidaktik und Medienpädagogik erläutert. Hier arbeiten die Teilnehmenden vorwiegend mit Grundlagentexten, aber auch aktuellen Artikeln aus der Fachpresse. Fachlicher Diskurs und die Herausbildung einer individuellen Position zur aktiven Medienarbeit stehen in diesem Teil an erster Stelle.

Die weiteren Fortbildungsmodule nehmen jeweils ein Medium in den Fokus, darunter fallen: Fotografie, Video, TV, Hörmedien, Computerspiele, Comics, Internet, Tablet. Alle Module vermitteln durch praktische Übungen direkten Einblick in die Medienarbeit und ermöglichen es den Ausbilder*innen, ihre Kompetenzen im Umgang mit Medien zu erweitern. Fragestellungen, die den Einsatz von Medien im pädagogischen Alltag beleuchten, gehören ebenfalls zu den Inhalten.

In die Unterrichtsinhalte fließen die Erfahrungen und Lernszenarien aus *KiTab.rlp* und EMMA ein. Für alle Medien liegen Handreichungen mit medienpädagogischen Methoden gedruckt und digital vor, z. B. mec 2014 und das eBook *Medienbildung in der Jugendarbeit* (2016). Sie sind über die Webseite abrufbar (medienundbildung.com/shop).

Die Inhalte dieser medienpädagogischen Module lassen sich gut mit mehreren Lernmodulen des Lehrplans der Fachschule für Sozialwesen in Rheinland-Pfalz in Bezug setzen; darunter z. B. im Lernmodul 7 „Bildungsprozesse anregen und unterstützen", hier gehört zu den zu erwerbenden Kompetenzen, die Nutzung von Medien für Lern- und Bildungsprozesse anleiten zu können. Im Lernmodul 4 „Erziehungs- und Bildungsauftrag im gesellschaftspolitischen Kontext umsetzen" sollen Kompetenzen erworben werden, die u. a. die Auszubildenden dazu befähigen, Chancen und Risiken neuer Medien zu erfassen und zur konstruktiven Nutzung anzuleiten. Das Lernmodul 2 „Kommunikation, Lern- und Arbeitstechniken" sieht den kompetenten und effektiven Einsatz verschiedener Formen der Datenverarbeitung und moderner Kommunikationssysteme sowie die Nutzung von Medien für Präsentationen vor. Gerade diese Sichtbarmachung der Bezüge zum Ausbildungscurriculum hat die Fachabteilung im Bildungsministerium davon überzeugt, das Pilotprojekt zu starten.

Im zweiten Teil des Pilotprojekts wenden die Ausbilder*innen das Gelernte mit Schüler*innen im zweiten Ausbildungsjahr an und befähigen diese dazu, eigene Praxisprojekte während der Praktikumsphasen anzuwenden. Neun von 22 Fachschulen können sich dafür bewerben und erhalten ab Sommer 2018 für die Praxisphase in ihren Einrichtungen jeweils einen Tablet-Koffer vom Pädagogischen Landesinstitut, dessen Konzeption auf den Erfahrungen von MmS basiert.

Fazit

Mit dem mec hat m+b.com in fast allen vom GMK-Positionspapier 2018 veröffentlichten Handlungsfeldern agiert und kann erfolgversprechende Ansätze zur Umsetzung dieser Ziele beisteuern. Lediglich zu These 5 (Professionalisierungsmöglichkeiten für Fachfremde ausbauen) liegen eher keine Praxiserfahrungen vor. Die sukzessiven Überzeugungsarbeit und die passgenauen Adaptionen von Inhalten, Kommunikationsform und Rahmenbedingungen an die Erfordernisse der jeweiligen Akteur*innen in der Praxis waren der Schlüssel zum Erfolg.

Das letzte Modul „Ausbildung im Handlungsfeld frühkindliche Medienbildung" steht am Ende einer zehnjährigen Sensibilisierungs-, Aufklärungs- und Qualifizierungsarbeit im gesamten Feld. Erst jetzt scheint die Zeit dafür gekommen, denn jetzt wird der Bedarf auch von den Ausbildungsschulen selbst artikuliert. Vor fünf oder gar zehn Jahren war dies noch nicht möglich. Die Querverbindung des Ausbildungsprojekts an Fachschulen für Erzieher*innen zur schulischen Landesstrategie *Medienkompetenz macht Schule* macht aber auch deutlich, dass nicht jedes Bildungssystem bei null anfangen muss, sondern von den Erfahrungen der Nachbarbereiche profitieren und so wiederum schneller voranschreiten kann. Wenn auch nicht schnell genug angesichts der Herausforderung einer durch Digitalisierung geprägten und sich stetig wandelnden Welt. Es bleibt noch viel zu tun, aber ein möglicher Fahrplan liegt vor. Man kann ihn nutzen.

Literatur

Aufenanger, Stefan/Bastian, Jasmin/Daumann, Hans-Uwe (2018): KiTab.rlp – Medienbildung mit Tablets in der Kita. In: merz, 2/2018, 2–27.

BM und LfDI RLP (2018): Datenschutz für Kitas. Ein Praxisleitfaden für Kitas in öffentlicher Trägerschaft. Abrufbar unter: kita.rlp.de/fileadmin/kita/04_Service/02_Datenschutz/Kitafyler_Januar2018.pdf [Stand: 29.03.2018].

GMK – Gesellschaft für Medienpädagogik und Kommunikationskultur (2018): Positionspapier der GMK – Digitalisierung erfordert professionelle medienpädagogische Unterstützung. Abrufbar unter: gmk-net.de/fileadmin/pdf/GMK-Positionspapier_Qualitaet-Standards-Profession.pdf [Stand: 29.03.18].

GMK-Fachgruppe Kita (2017): Positionspapier Kinder im Mittelpunkt: Frühe Bildung und Medien gehören zusammen. Abrufbar unter: gmk-net.de/fileadmin/pdf/gmk_medienbildung_kita_positionspapier.pdf [Stand: 29.03.18].

medien+bildung.com (2014): mec-Methoden für die kreative Medienbildung in der Kita. Abrufbar unter: medienundbildung.com/uploads/tx_ttproducts/datasheet/mec_Broschue_re_2014.pdf [Stand: 29.03.18].

medien+bildung.com (2016): eBook „Medienbildung in der Jugendarbeit". Abrufbar unter: medienundbildung.com/uploads/tx_ttproducts/datasheet/eBook_PDF_VERSION-FINAL.pdf [Stand: 29.03.18].

Pädagogisches Landesinstitut (2014): Medien.Konzept.Kompetenz – Handreichung zur Medienkompetenzentwicklung für die schulische Praxis. Koblenz. Abrufbar unter: static.bildung-rp.de/pl-materialien/HR_Medienkompetenz_WEB.pdf [Stand: 29.03.18].

Tilemann, Friederike (2011): Vortrag bei der Abschlusstagung der 1. Projektphase des „Medienpädagogischen Erzieher/innen-Clubs RLP" (mec): „Von Anfang an: Medienerziehung in der frühkindlichen Bildung", FH Koblenz, 20.06.2011; interne Powerpoint-Präsentation.

Paul Bartsch/Horst Sulewski

Medienbildung *goes* Lehrerbildung

Qualifizierung der Lehrenden als zentrale Stellschraube bei der Etablierung der Medienbildung in der Schule

Ausgangslage

Während es – angeregt durch die KMK-Erklärung *Medienbildung in der Schule* aus dem Jahre 2012 (KMK 2012) – zuvor nur in einzelnen Bundesländern gelungen war, Impulse zu setzen, so scheinen mit der KMK-Strategie *Bildung in der digitalen Welt* (KMK 2016) weitgehend flächendeckend quer durch die gesamte Republik Aktivitäten im Bereich der Medienbildung vorangetrieben zu werden. Inwieweit die in der letzten Zeit veröffentlichten bzw. geplanten Landeskonzepte die verschiedenen Themenfelder der Medienbildung tatsächlich abdecken und ob die darin angestrebte Medienkompetenzförderung in der Schule erreichbar ist, müssen genauere Untersuchungen über die konkrete Umsetzung im Unterricht klären.

Nachdenklich stimmt in diesem Kontext die Tatsache, dass die öffentliche Debatte um die schulische Medienbildung in vielen Fällen (noch immer) auf die Frage der *Ausstattung* der Schulen mit neuester Technik reduziert wird. Die Veränderungen im Hinblick auf den Unterricht werden folglich primär im Einsatz digitaler Medien und Geräte im Unterricht gesehen – erinnert sei nur an die aktuellen Buzzwords „Digitalpakt" oder „Digitale Bildung". Die seit über drei Jahren intensiv geführte öffentliche Debatte um die Digitalisierung hat diese Schieflage noch verstärkt. Sowohl in den bildungspolitischen Statements als auch in den Veröffentlichungen der Massenmedien stößt man immer wieder auf die gleiche, die Form eines Mantra annehmende Argumentationsfigur: Schule *muss endlich* auf den Medienwandel reagieren und digitale Medien in den Unterricht integrieren. Würden Schulen dieser Forderung nachkommen, wären besserer Unterricht und schulischer Lernerfolg garantiert. Dass ein so intensiv geführter gesellschaftlicher Diskurs Auswirkungen auf die Aus- und Fortbildung von Lehrpersonen hat, bedarf sicherlich keiner größeren Begründung (vgl. Schiefner-Rohs/Hofhues 2018: 59).

Fragen zur Schul- und Unterrichtsentwicklung oder zur angestrebten Medienkompetenz der Schüler*innen werden vielfach an den Rand gedrängt. Besonders problematisch erscheint die Tatsache, dass die Frage nach möglichen Inhalten und den Strukturen der Qualifizierung der Lehrenden bisher nicht zu zufriedenstellenden Antworten geführt hat. Zwar werden auf unterschiedlicher Ebene (Land, Kommune, Einzelschule) bereits Konzepte entwickelt, doch sind diese oft nur auf einzelne Phasen konzentriert oder leiden – vielfach aufgrund unterschiedlicher Zuständigkeiten – unter einer mangelnden Kompatibilität zwischen den Phasen. Die praktische Umsetzung ist noch weit von einem akzeptablen Zustand entfernt, was zumeist der unzureichenden Abstimmung der Fortbildungsinhalte, der fehlenden Verbindlichkeit sowie der mangelnden Prüfungsrelevanz geschuldet sein dürfte.

Allgemeine Zielsetzungen und Erfordernisse

Bevor Überlegungen zur Qualifizierung der Lehrenden weiter vorangetrieben werden, sollte zunächst der Blick auf die eigentliche Zielsetzung der Schule in diesem Kontext gerichtet werden: die Förderung der Medienkompetenz der Schüler*innen. Dieser Begriff verweist zunächst auf allgemeine Kompetenzmodelle, die den Erwerb von Kenntnissen, Fähigkeiten und Fertigkeiten anstreben sowie auf Einstellungen und aktives situationsangemessenes Handeln abzielen. Neben klar beschriebenen Kompetenzprofilen für einzelne Schulabschlüsse oder Übergangssituationen benötigen Schulen deutliche Hinweise auf konkrete medienpädagogische Inhalte direkt in den Lehrplänen der Fächer. Dieses in seiner allgemeinen Intention *fächerübergreifende*, in seiner praktischen Umsetzung *fächerintegrative* Vorgehen (vgl. KMK 2016) findet seinen Ausdruck dann in einem Mediencurriculum, das sich schuljahrgangsbezogen aus den genannten Medienbildungsanteilen der Fachlehrpläne sowie den spezifischen Schulangeboten zusammensetzt und das damit selbst den zentralen Baustein eines schulischen Medienbildungskonzepts darstellt.

Zielsetzungen und Erfordernisse hinsichtlich der Kompetenzen

Neben den oben benannten Aspekten bedarf es vor allem einer entsprechenden Professionalität der Lehrenden, die durch gezielte Qualifizierungsmaßnahmen sicherzustellen ist. Unterschieden werden muss an dieser Stelle zwischen den bereits unterrichtenden Lehrer*innen sowie den Personen, die sich noch vor oder in der Ausbildung befinden. Während für den ersten und quantitativ größeren Teil die Verantwortung bei der Lehrer*innenfortbildung liegt, sind für die zweite Gruppe primär die Universitäten und die Studienseminare zuständig. Die KMK hat die Relevanz erkannt und vor allem verbindliche fachspezifische Kompetenzen für alle

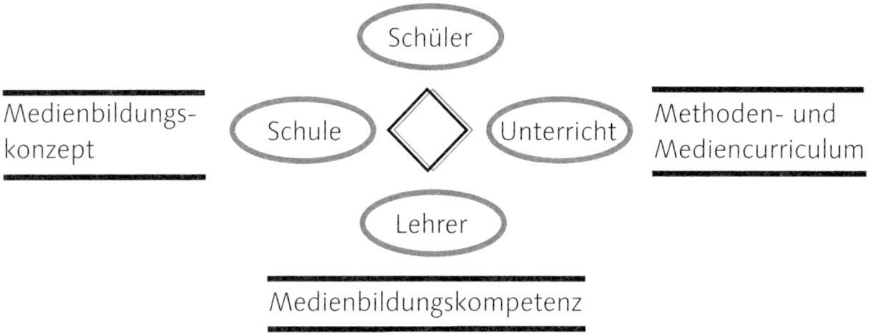

Abb. 1: Zentrale Dimensionen der schulischen Medienbildung (eigene Darstellung)

Lehrämter gefordert (vgl. KMK 2016). Die in dem Strategiepapier der Kultusminister formulierten Eckpunkte bilden eine solide Basis für die Lehrerbildung, weshalb sie an dieser Stelle ungekürzt vorgestellt werden sollen:

> „Wenn sich in der ‚digitalen Welt' die Anforderungen an Schule und damit an alle Lehrkräfte nachhaltig verändern, dann wird perspektivisch Medienbildung integraler Bestandteil aller Unterrichtsfächer sein und nicht mehr nur schulische Querschnittsaufgabe. Alle Lehrkräfte müssen selbst über allgemeine Medienkompetenz verfügen und in ihren fachlichen Zuständigkeiten zugleich ‚Medienexperten' werden. Der bereits in der KMK-Empfehlung ‚Medienbildung in der Schule' von 2012 formulierte Qualifizierungsanspruch gilt daher für alle Lehrkräfte. Konkret heißt dies, dass Lehrkräfte digitale Medien in ihrem jeweiligen Fachunterricht professionell und didaktisch sinnvoll nutzen sowie gemäß dem Bildungs- und Erziehungsauftrag inhaltlich reflektieren können. Dabei setzen sie sich mit der jeweiligen Fachspezifik sowie mit der von Digitalisierung und Mediatisierung gekennzeichneten Lebenswelt und den daraus resultierenden Lernvoraussetzungen ihrer Schülerinnen und Schüler auseinander. Das Ziel aller Schularten, die Schülerinnen und Schüler zu befähigen, die eigene Medienanwendung kritisch zu reflektieren und Medien aller Art zielgerichtet, sozial verantwortlich und gewinnbringend zu nutzen, gehört damit perspektivisch in jedes fachliche Curriculum" (KMK 2016: 24f.).

Die Gesellschaft für Medienpädagogik und Kommunikationskultur (GMK) hat in dem von Thomas Knaus, Dorothee M. Meister und Gerhard Tulodziecki (vgl. Knaus/Meister/Tulodziecki 2017 und in diesem Band: 23ff.) für das Forum Kommunikationskultur 2017 verfassten Thesenpapier die Notwendigkeit und den Inhalt einer solchen Maßnahme zu der folgende These verdichtet:

> „Die erhöhten und erweiterten Anforderungen an Medienkompetenz (als Zielperspektive) und Medienbildung (als Prozess) bedürfen – im Zusammenhang mit einer Weiterentwicklung von Konzepten für medienpädagogisches Handeln in der Praxis – besonderer Anstrengungen für die Entwicklung medienpädagogischer Kompetenz in Ausbildung, Studium, Fort- und Weiterbildung für alle pädagogischen Berufe" (Knaus/Meister/Tulodziecki 2017: 5 und in diesem Band: 29).

Bei den Versuchen, die Bereiche der *medienpädagogischen Kompetenz*[1] zu konkretisieren, wird immer wieder deutlich, dass diese in einem engen Bezug zur eigenen Medienkompetenz der bzw. des Lehrenden sowie ihren bzw. seinen medienbezogenen Einstellungen stehen, die wiederum Voraussetzung und wichtiger Bestandteil jeglichen medienpädagogischen Handelns sind. Die hier erforderlichen Kompetenzen gehen weit über die Fähigkeiten des Bedienens und Anwendens digitaler Technik hinaus. Es geht hier um Kompetenzen, die den Einzelnen in die Lage versetzen, Medienangebote (sowie die entsprechende Technik) im Hinblick auf den geplanten Zweck zu vergleichen, auszuwählen und unter Beachtung gesellschaftlicher Rahmenbedingungen zu nutzen. Des Weiteren ist es erforderlich, die Gestaltungsmöglichkeiten von Medien erläutern und Kriterien geleitet bewerten zu können. Der Blick auf die gesellschaftliche Bedingtheit der Medieneinflüsse, ein analytisches Wissen über die Produktion, Distribution und die Wirkungsweise sollte keineswegs vernachlässigt werden (vgl. Tulodziecki 2012).

Über diese Grundlage hinaus benötigen pädagogisch Handelnde weitere Kompetenzen, die sich auf die Felder Medientheorie und -geschichte, die Mediendidaktik und die Fähigkeit, sich an konzeptionellen und organisatorischen Weiterentwicklungen der Schule sowie des Lernens zu beteiligen, beziehen. Zusätzlich sollten Kenntnisse über die Mediensozialisation heutiger Heranwachsender vorhanden sein. Nicht zuletzt sind analytische Kenntnisse und ein Reflexionspotential erforderlich, um über die durch Verwendung von Medien im Lernprozess veränderte Lehrerrolle nachzudenken und sie entsprechend modifizieren zu können.

Zielsetzungen und Erfordernisse im Bereich der Organisation von Schule und Lehrendenbildung

Wie schon an anderer Stelle angemerkt, erfordert unser Thema immer den geteilten Blick, zum einen auf jene, die sich noch in einer der beiden Ausbildungsphasen befinden, und zum anderen auf die bereits in der Schule Lehrenden. Da zu den Details der organisatorischen Rahmungen in den einzelnen Phasen der Lehrerbildung in den folgenden Kapiteln noch Überlegungen angestellt werden, soll hier lediglich auf phasenübergreifende relevante Aspekte Bezug genommen werden.

> „Da die Medienpädagogik in den pädagogischen Ausbildungsgängen sowie in der Lehrendenbildung bisher nur eine geringe systematische Einbindung erfährt, wird große Hoffnung in die Fort- und Weiterbildung gesetzt. Realität ist allerdings, [...] vorhandene Angebote sind aber bei Weitem noch nicht flächen- und bedarfsdeckend" (Knaus/Meister/Tulodziecki 2017: 7 und in diesem Band: 31).

Wenn dieser Befund richtig ist[2] – und die praktischen Erfahrungen aus verschiedenen Bundesländern bestätigen dies –, so geht es im Kern um nichts Geringeres als die Entwicklung eines phasenübergreifenden verbindlichen Curriculums, wie es in der KMK-Strategie explizit gefordert wird. Erfahrungswissenschaftliche Erkenntnisse betonen in diesem Kontext die Wichtigkeit der Entwicklung von phasenübergreifenden Konzepten, die verpflichtende Anteile in allen Ausbildungsphasen enthalten. Wünschenswert wäre die Dokumentation der Lernprozesse und ihrer Ergebnisse beispielsweise in einem (E-)Portfolio, das sowohl die Ausbildungs- als auch die Arbeitsphase begleitet.

Dass ein solches Vorhaben im Hinblick auf eine bundesweite einheitliche Regelung rasch an Grenzen stoßen dürfte, bedarf in Anbetracht des Bildungsföderalismus und der Universitätsautonomie keiner ausführlichen Begründung. In Hessen wurde mit dem *Portfolio Medienbildungskompetenz* (2017) der Versuch unternommen, unter konsequenter Beteiligung aller drei Phasen ein solches Konzept auf den Weg zu bringen. Abgesehen von der mehr als fünf Jahre dauernden Vorlaufzeit, entstand am Ende eine in verschiedene Felder unterteilte Kompetenzbeschreibung. Leider bleibt die Konzeptentwicklung an dieser Stelle stehen.[3] Verbindlichkeiten oder Überlegungen zur Verteilung der Aufgaben auf die drei Phasen finden nicht statt. Trotz Veröffentlichung im Amtsblatt des Hessischen Kulturministeriums ist es letztlich nicht mehr als eine gut gemeinte Empfehlung.

Um die Medienbildungskompetenz bzw. medienpädagogische Kompetenz sichtbar und nachhaltig zu verbessern, bedarf es einer entwickelten Fortbildungsbereitschaft bei gleichzeitiger Wertschätzung durch Schulleitung und Kollegium. Des Weiteren müssen Formen des kollegialen Coachings und der gegenseitigen Unterstützung im pädagogischen Team entwickelt werden; beispielsweise wäre eine stärkere Mitwirkungsmöglichkeit von ausgebildeten Medienpädagog*innen im Unterrichtsprozess sowie der schulischen Medienbildung insgesamt wünschenswert und vorstellbar. Dass diese Zielbeschreibung in der praktischen Umsetzung immer wieder Probleme aufwirft, soll an dieser Stelle nicht verschwiegen werden. Lehrer*innen *aller* Fächer sind gefordert, den selbstbestimmten Umgang mit allen Medien zu vermitteln und ihre Schüler*innen auf die Anforderungen vorzubereiten, mit denen sie im Alltag und im späteren Beruf konfrontiert werden. Eine solche Förderung von Medienkompetenz setzt eine Medienbildungskompetenz bei den Lehrkräften voraus, die sowohl die eigene Medienkompetenz als auch die Vermittlungskompetenz in diesem Themenfeld umfasst. Neben den beschriebenen Qualifizierungsnotwendigkeiten besteht eine weitere darin, dass Lehrer*innen lernen müssen, im unterrichtlichen Einsatz der verschiedenen Medien den notwendigen Wechsel von der traditionellen Lehrendenrolle zu der Position einer Moderatorin oder eines Moderators und der damit verbundenen Möglichkeit, dass Schüler*innen Kenntnisse und Fertigkeiten in den Unterricht einbringen, die der Lehrperson bis dahin nicht verfügbar waren, zu akzeptieren. Die Angst der Lehrkräfte, sie könnten überflüssig werden, ist an dieser Stelle völlig unbegründet.

Dass viele Lehrpersonen diese Erfordernisse längst erkannt haben, zeigt die (nicht repräsentative) Online-Studie *MeKoLSA* der Hochschule Merseburg (vgl. Hochschule Merseburg 2016: 74–80) zur „Erfassung medienpädagogischer Kompetenzen von Lehrkräften in Sachsen-Anhalt", an der 2015/16 landesweit 524 Lehrkräfte aller Schulformen teilgenommen haben. Der Fragenspiegel umfasste 90 Items, die sich an dem von Sigrid Blömeke (vgl. Blömeke 2009) entwickelten Konzept medienpädagogischer Kompetenz orientierten. Die hier ausgewählten Ergebnisbeispiele zeigen eine ganz überwiegende Zustimmung zu einer entsprechenden Schwerpunktsetzung in der Qualifizierung von Lehrenden über alle Schulformen hinweg.

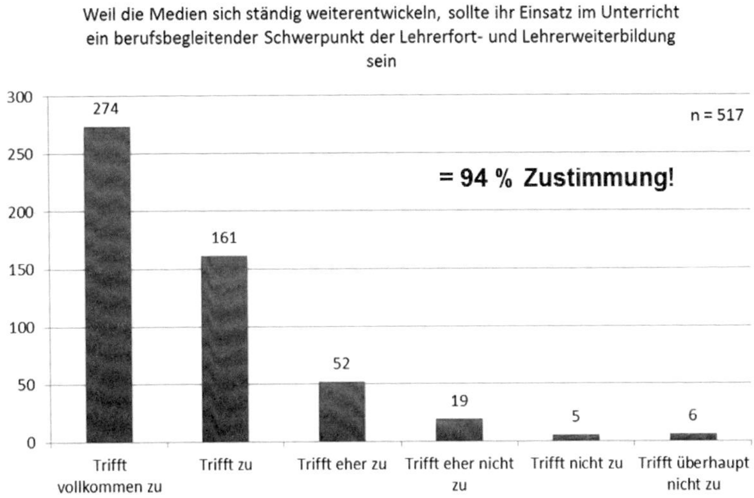

Abb. 2: Aussagen von Lehrkräften in Sachsen-Anhalt zur Notwendigkeit eines Fortbildungsschwerpunktes zum Medieneinsatz (didaktischer Aspekt) aus der Untersuchung MeKoLSA der Hochschule Merseburg 2015/16 [Hochschule Merseburg 2016b]

Dabei waren in dieser Untersuchung keine Unterschiede zwischen den Schulformen feststellbar – die Notwendigkeit eines medienpädagogischen Qualifizierungsschwerpunktes wird offensichtlich übergreifend anerkannt.

Die nachfolgende Darstellung zeigt zudem anhand einer sechsstufigen Likert-Skala (1 = trifft vollkommen zu | 6 = trifft überhaupt nicht zu), dass der vielbeschworene Generationsunterschied in den Einstellungen gegenüber Medien und Medienbildung keineswegs so gravierend ist wie angenommen. Aufschlussreich ist auch die Meinung der teilnehmenden Lehrkräfte, dass Schüler*innen keineswegs Medienkompetenz quasi im „Selbstlauf" durch Mediensozialisation erwerben und dass die Verantwortung der Eltern stärker bewusst gemacht werden sollte.

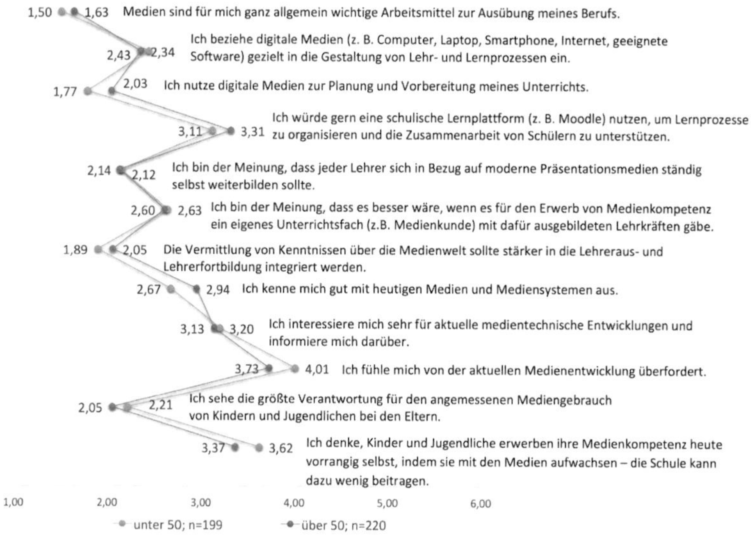

Abb. 3: Ausgewählte Antworten zur MeKoLSA-Umfrage der unter bzw. über 50-jährigen Lehrkräfte im Vergleich (Hochschule Merseburg 2016a: 77)

Orte der Vermittlung und ihre Aufgaben in der Zukunft

Anknüpfend an ein Konzept des Ministeriums für Schule und Weiterbildung, Wissenschaft und Forschung des Landes Nordrhein-Westfalen aus dem Jahre 2000 hat Gerhard Tulodziecki (2012) die folgende Aufgabenverteilung vorgeschlagen:

„• In der ersten Phase der Lehrerbildung an Hochschulen und Universitäten sollten der Erwerb wissenschaftlicher Grundlagen für die weiteren medienpädagogischen Zielbereiche sowie Analysen und erste eigene Entwürfe und Erprobungen zum Lernen und Lehren mit Medien sowie von Projekten oder Unterrichtseinheiten mit ausdrücklichen medienbezogenen Zielen und Inhalten im Mittelpunkt stehen.
- Im Referendariat an Studienseminaren können die in der ersten Phase erworbenen Kenntnisse und Fähigkeiten konsequent in den Kontext beruflichen Handelns gestellt werden. Das bedeutet insbesondere, dass Unterricht mit Medienverwendung und Aktivitäten mit expliziten medien-

bezogenen Zielen und Inhalten unter Beachtung mediensozialisatorischer Voraussetzungen geplant, durchgeführt und evaluiert werden sollten. Zudem geht es um die Beteiligung an Bestandsaufnahmen zu medienpädagogischen Aktivitäten sowie an der (Weiter-)Entwicklung medienpädagogischer Konzepte in der Schule.

- In der Lehrerfortbildung kommt es darauf an, angesichts der informations- und kommunikationstechnologischen Entwicklungen gegebenenfalls notwendige Aktualisierungen vorzunehmen und die schulspezifisch-medienpädagogische Konzeptentwicklung und Umsetzung durch bedarfsgerechte Qualifizierungsmaßnahmen zu fördern. Beide Aspekte können auch miteinander verbunden werden" (Tulodziecki 2012).

Auch wenn der Schwerpunkt unserer folgenden Betrachtung auf der zweiten und dritten Phase der Lehrerbildung liegt, sei zunächst ein kursorischer Blick auf die Situation an den Universitäten geworfen.

Universitäten als Vermittler einer medienpädagogischen Grundlagenqualifizierung

In welchem Umfang die Universitäten überhaupt in der Lage sind, die Grundlagen einer für eine erfolgreiche Implementierung der Medienbildung notwendigen Basisqualifizierung zu leisten, kann hier nicht im Detail dargestellt werden. Sicherlich gibt es an einzelnen Universitäten[10] interessante Ansätze, doch von einer systematischen Einbindung in die fachwissenschaftlichen Didaktiken oder die allgemeinen erziehungswissenschaftlichen Studienangebote ist man zumeist noch weit entfernt. Gleiches gilt für die Prüfungsrelevanz und die phasenübergreifende Abstimmung.

> „Insgesamt muss konstatiert werden, dass die akademische Qualifizierung von Medienpädagoginnen und Medienpädagogen in den meisten pädagogischen Studiengängen ein freiwilliges Angebot darstellt, [...]. Insofern muss man davon ausgehen, dass im Studium der Erziehungs- oder Bildungswissenschaften, der Sozialpädagogik oder des Lehramts in der Regel keine hinreichenden medienpädagogischen Kenntnisse erworben werden können" (Knaus/Meister/Tulodziecki 2017: 6 und in diesem Band: 30f.).

Wie eine Alternative aussehen könnte, zeigt zum Beispiel die Martin-Luther-Universität Halle-Wittenberg – die einzige lehrerbildende Hochschule in Sachsen-Anhalt. Dort wird die Einführung eines Ergänzungsstudiengangs zum Erwerb medienpädagogischer Kompetenz geplant, den alle Lehramtsstudierenden neben ihrem Fachstudium belegen können. Das

Konzept ist modular aufgebaut und berücksichtigt vor allem reflektierende und analytische Kompetenzen im Umgang mit Medien sowie in Bezug auf die Mediensozialisation im Kindes- und Jugendalter, aber auch allgemeindidaktische Aspekte des Lehrens mit und über Medien. Die Pilotphase soll im Wintersemester 2018/19 starten.

Zukünftige Lehrende benötigen bereits in der Universität ein grundlegendes Verständnis der Medienbildung und ihrer Umsetzungsmöglichkeiten im schulischen Kontext. Worin die Aufgabe der Universitäten bestehen müsste, hat die Sektion Medienpädagogik der Deutsche Gesellschaft für Erziehungswissenschaften (DGfE) in Form eines *Orientierungsrahmens zur Entwicklung von Curricula für medienpädagogische Studiengänge und Studienanteile* (DGfE 2017 und in diesem Band: 201ff.) dargelegt. Die nächsten Jahre werden zeigen, inwieweit die Konzepte in der Lehre und den entsprechenden Prüfungsordnungen Eingang finden.

Aufgabe der Studienseminare als Schaltstelle zwischen didaktischer Theorie und unterrichtspraktischer Umsetzung

Derzeit dienen pädagogische Angebote der Studienseminare häufig dazu, die nach dem Lehramtsstudium kaum oder ausgesprochen disparat vorhandene medienpädagogische Kompetenz der Lehrkräfte im Vorbereitungsdienst in praxisorientierten „Crashkursen" zu verbessern. Zumeist sind diese Angebote auf das „Lernen *mit* Medien" fokussiert, also mediendidaktisch ausgerichtet, und dienen anwendungsbezogen dem Erwerb von Fertigkeiten im Umgang mit digitalen Technologien, Werkzeugen und Tools im jeweiligen Fachbezug. Dies ist für die tägliche Unterrichtsarbeit zweifellos hilfreich, ersetzt aber keinesfalls das angestrebte umfassende Verständnis für Bildungsprozesse in der digitalen Welt. Hier zeigt sich, wie wichtig die Abstimmung zwischen der universitären Lehrendenbildung und der Fort- und Weiterbildung ist. Dabei muss Erstere die systemische Basis legen, während die berufsbegleitende Qualifizierung zeitgemäße Aktualisierungsmöglichkeiten (sowohl bezogen auf fachdidaktische Entwicklungen und Erfordernisse, vor allem aber auch auf Kenntnis und Analyse der Medienentwicklung und ihrer vielfältigen Auswirkungen auf die Gesellschaft) gewährleisten sollte. Um dieses Bewusstsein bereits bei den angehenden Lehrkräften zu stärken, sind entsprechende Angebote auch während des Vorbereitungsdienstes erforderlich.

Ein unvollständiger, wohl aber exemplarischer Blick auf die Situation in vier Bundesländern mag zur Veranschaulichung der Situation in der zweiten Phase der Lehrerbildung dienen.

In Sachsen-Anhalt werden durch das Pädagogische Landesinstitut (LISA) seit 2015 verpflichtende „Mediendidaktische Tage" angeboten, die informative Vorträge zu übergreifenden Medienaspekten (Mediengebrauch von Kindern und Jugendlichen, aktuelle Entwicklungen im Medienbereich, rechtliche Grundlagen für den schulischen Umgang mit Medien) mit fachlich bzw. fachübergreifend angelegten Werkstätten verbinden. Zudem wird die stärkere Integration einer medienkritischen bzw. -analytischen Perspektive in die Ausbildungsinhalte der Fachseminare erwartet.

Ein ähnlicher Ansatz wird in Mecklenburg-Vorpommern verfolgt, wo ein Modul zur Medienbildung/Medienerziehung in der Referendarausbildung (Medienpädagogisches Zentrum des IQ Mecklenburg 2017) verpflichtend gemacht wurde. Die zentralen Thesen

- *Medienbildung als integrale Aufgabe aller Phasen der Medienbildung;*
- *Lernen und Lehren in der digitalen Welt sollte grundsätzlich dem „Primat des Pädagogischen" folgen;*
- *Medienkompetenz als Lebenskompetenz sollte durch entsprechend definierte Kompetenzen fächerintegrativ umgesetzt werden*;

klingen vielversprechend – finden ihre Umsetzung jedoch in einer lediglich zweitägigen Veranstaltung, die überdies stark vortragsorientiert angelegt erscheint.

In Niedersachsen wurden – bereits zwei Jahre vor dem parallel zur KMK-Erklärung von 2012 entstandenen Landeskonzept *Medienkompetenz in Niedersachsen* (Presse- und Informationsstelle der Niedersächsischen Landesregierung 2012) – die Anforderungen an die zweite Phase der Lehrendenbildung formuliert. Die Aneignung der für die Medienbildung wichtigen Kompetenzen soll sowohl in den fachdidaktischen und pädagogischen Seminarveranstaltungen als auch in der Unterrichtsplanung und -durchführung erfolgen. Dass man hiermit nicht „am Ende des Weges" angekommen ist, verdeutlicht eine Formulierung des aktualisierten Landeskonzeptes aus dem Jahre 2016. Dort wird darauf hingewiesen, dass die Medienbildung perspektivisch in die Ausbildungs- und Prüfungsordnungen für die erste und zweite Phase der Lehrendenbildung verbindlich integriert werden soll. Die Studienseminare sollen hierzu entsprechende Medienkonzepte für die Ausbildung der Referendar*innen entwickeln (vgl. Presse- und Informationsstelle der Niedersächsischen Landesregierung 2016: 33).

In Hessen soll sich die zweite Phase der Lehrendenbildung an den Vorgaben des *Portfolios Medienbildungskompetenz* (HKM 2017) orientieren. Doch das zuvor in genereller Hinsicht Gesagte hat natürlich auch seine Gültigkeit für die zweite Phase: Die geringe Verbindlichkeit in Theorie und

Praxis der Ausbildung sowie die in der Regel nicht vorhandene Prüfungsrelevanz im zweiten Staatsexamen.

Konterkariert werden diese Ansätze zusätzlich durch die Verkürzung des Referendariats aufgrund des zunehmenden Mangels an Lehrer*innen und der dadurch entstehenden Defizite in der Unterrichtsversorgung. Ein Argument gegen den Erwerb vertiefter medienpädagogischer Kompetenz in der zweiten Phase der Lehrerbildung kann das allerdings nicht sein.

Die doppelte Aufgabe der dritten Phase: (Nachholende) Grundlagenqualifizierung und unterrichtsbegleitende Unterstützung

In der dritten Phase der Qualifizierung – also für die bereits aktiven Lehrpersonen, müssen Fortbildungskonzepte entwickelt werden, die (medien-) wissenschaftlichen Erkenntnissen standhalten. Immer wieder wird hervorgehoben, dass langfristige, schulbezogene und entwicklungsbegleitende Maßnahmen den größten Erfolg versprechen. Wie bereits in den einleitenden Bemerkungen angesprochen, kommt der dritten Phase der Lehrerbildung – der Fortbildung der bereits länger Unterrichtenden – allein quantitativ die größte Bedeutung zu. Die Zahl der in Deutschland beschäftigten Lehrkräfte an allgemeinbildenden und beruflichen Schule beläuft sich aktuell auf über 800.000 Personen (vgl. Statistisches Bundesamt o. J.). Auch wenn man davon ausgehen kann, dass zu einem gewissen Anteil bereits Kompetenzen in den hier diskutierten Bereichen vorhanden sind, so sind die Aufgaben, die auf die Fortbildungsbildungsinstitute der Länder und ihre Kooperationspartner zukommen, immens.

Eine Gelingensbedingung von Fortbildung ist sicherlich, dass sich Anbieter- und Abnehmerseite über den Gegenstand, seine Bedeutung im System des Lernens und damit auch im Hinblick auf die Zielsetzungen des Lernens sowohl auf der Ebene des Unterrichts als auch auf der Ebene der Fortbildung einig sind. Für die Gestaltung von Fortbildungsangeboten ist also erforderlich, die Ausgangslage und das sich daraus ergebende Anforderungsprofil der Schule und der dort Tätigen genau zu kennen. Hier ist neben der Kenntnis und Nutzung entsprechender Evaluationsinstrumente eine regionaltätige Fachberatung für Medienbildung und Schulentwicklung unverzichtbar. Bei letzterer sollten einerseits medienpädagogische und medientechnische Kompetenzen und andererseits Fähigkeiten in den Bereichen der Schulberatung und Organisationsentwicklung zusammenlaufen.

Aus diesen Vorüberlegungen ergibt sich, dass ein wichtiger Strang der Lehrendenfortbildung an den unmittelbaren Bedürfnissen der Fachschaften der Einzelschulen anknüpfen muss, da dort auf der Basis der curricularen

Rahmenvorgaben des jeweiligen Bundeslandes die wesentlichen Entscheidungen für konkrete Unterrichtsprojekte fallen bzw. fallen müssten. Fortbildung in diesem Segment bedeutet inhaltlich ausgehend von der Reflexion der bestehenden Unterrichtspraxis, sich ein Wissen über innovative Formen des Unterrichtshandelns (z. B. selbstständiges Arbeiten mit Lernaufträgen) anzueignen, um dann die so gewonnenen Kenntnisse, Fähigkeiten und Fertigkeiten in konkreten Unterrichtssituationen zu erproben. Aus diesem Szenarium ergibt sich die Notwendigkeit von kontinuierlicher, praxisnaher und in der Regel schulinterner Qualifizierungsangebote.

Der anstehende bzw. bereits stattfindende Generationswechsel innerhalb der Schulkollegien löst das Grundproblem nicht, akzentuiert es aber dahingehend, dass die jüngere Generation (zumindest in der Regel) eine höhere Affinität für den Gebrauch digitaler Medien und Technologien besitzt. Anstelle grundsätzlicher Überzeugungsarbeit können konkrete, anwendungsorientierte Angebote treten, die jedoch stets die übergreifende, kritisch reflektierende Perspektive beinhalten sollten. Zeitgemäße Medien(bildungs)kompetenz entsteht auch und gerade bei den so genannten „Digital Natives" nicht von selbst.

Auch im Hinblick auf die Weiterentwicklung von Schule, Lernen und Unterricht erscheinen Angebote vor allem dann erfolgversprechend zu sein, wenn Fachschaften oder ganze Kollegien unter ihren konkreten Arbeitsbedingungen erreicht werden und neben dem jeweiligen inhaltlichen Schwerpunkt immer auch die qualitative Schulentwicklung in den Blick nehmen. Dies kann z. B. durch die gemeinsame Arbeit an einem fortzuschreibenden schulischen Medienbildungskonzept, das als unverzichtbaren Bestandteil ein Kompetenz- und Qualifizierungsportfolio des Kollegiums beinhalten sollte, geschehen. Dass es bei dem Erwerb von Medien(bildungs)kompetenz nicht um ein statisches Ziel gehen kann, bringen Mandy Schiefner-Rohs und Sandra Hofhues auf die folgende eingängige Formel:

> „Umso zentraler ist für uns, Dialoge, Vernetzungs- und Kooperationsaktivitäten und das Prinzip des 'constant beta' für Routinehandlungen zu etablieren – ganz gleich, welches neue Medium in Kürze auf die bildungspolitische Agenda (nicht nur) in der Aus- und Weiterbildung von Lehrpersonen rückt" (Schiefner-Rohs/Hofhues 2018: 74).

Wie sollte ein konkretes Fortbildungsangebot aussehen? Fortbildungsangebote sollten modular aufgebaut sein, sodass beispielsweise einer niederschwelligen Einführung in bestimmte Themen eine Erweiterung und Vertiefung folgt. Eine Unterteilung in Angebote, die sich den fachübergreifenden

Kompetenzen (Umgang mit Informationen, mediengestütztes Kommunizieren und Kooperieren, Arbeit mit Lernumgebungen, mediale Aufbereitung und Präsentation von Arbeitsergebnissen) widmen, sowie Angebote, die den konkreten fachdidaktischen Bezug betonen, erscheint möglich. Dabei sollten neben landesweiten und regionalen Angeboten stets auch Abrufangebote, die von Schulen „gebucht" werden können, vorgehalten werden. Und auch hier sind wiederum ergänzende Angebote, die über Medien und ihren Einfluss auf gesellschaftliche Entwicklungen sowie den pädagogischen Umgang mit Risiken des Mediengebrauchs informieren, dringend nötig.

Beispielhaft sei das im Vorjahr veröffentlichte modulare Fortbildungskonzept[5] des Landes Sachsen-Anhalt erwähnt, das dreistufig aufgebaut ist: Im *Modul A* werden *ausschließlich Grundkenntnisse* für die souveräne Bedienung von Computern, mobilen Endgeräten und sonstiger digitaler Medientechnik, die in der Schule zum Einsatz kommt, vermittelt. Zudem sollen Office-Anwendungen (Textverarbeitung, Tabellenkalkulation, Präsentation) in ihren schulrelevanten Grundfunktionen beherrscht und anwendungsbezogene Grundkenntnisse über Betriebssystem, Software, Browser usw. erworben werden. *Modul B* nimmt *fachübergreifende Medienkompetenzen*, die sich allgemein auf Lehr- und Lernprozesse in allen Fächern und den dafür erforderlichen Einsatz digitaler Medien, Technologien und Werkzeuge sowie auf das Leben in der digitalen Welt beziehen, in den Fokus. Dazu zählen Mediennutzung und Mediensozialisation im Kindes- und Jugendalter, medienrechtliche Grundlagen, Informationsgewinnung und -verarbeitung, mediengestützte Kommunikation, Präsentation und Publikation, die Herstellung und Bearbeitung von Medienprodukten sowie die Nutzung von Lernplattformen, Speichern und Archiven. Diese Themen sollen vornehmlich direkt an der Einzelschule unter Beteiligung des gesamten Kollegiums bearbeitet werden. Die Angebote des *Moduls C* widmen sich konkret den aus den Lehrplanvorgaben erwachsenden *fachdidaktischen Anwendungen und Szenarien* zum Einsatz digitaler Medien, Technologien und Werkzeuge sowie den fachbezogenen Aspekten des Lebens in der digitalen Welt. Dabei geht es vor allem um den reflektierten Medieneinsatz im methodisch-didaktischen Zusammenhang, um spezielle Hard- und Software im Fächerbezug oder den Gebrauch digitaler Medien und Werkzeuge in Tests und Prüfungssituationen. Aber auch die Beschäftigung mit einzelnen Phänomenen der aktuellen Medienwelt aus der Perspektive des jeweiligen Faches soll durch die Angebote des Moduls C unterstützt werden.

Statt eines Fazits: Orientierungspunkte

- Die Aneignung von Medien und Bildung als „tätige Auseinandersetzung von Subjekten mit ihrer Umwelt über aktives reflektiertes Handeln" (Deinert/Reutlinger, zitiert nach Schiefner-Rohs/Hofhues 2018: 65) sehen;
- Medienbildung umfassend als Lernen *mit* und *über* Medien verstehen, was sowohl die Fähigkeiten zur kritischen Distanz zu technologischen Entwicklungen und medialen Hypes als auch – bezogen auf die Lehrenden – die Nutzung des jeweils adäquaten Mediums zur kreativen, selbstbestimmten Gestaltung des eigenen Lebensentwurfs umfasst;
- Lehrenden in allen Phasen der Ausbildung eine kritische Reflexion der eigenen Sozialisations- und Habilitierungsprozesse im Hinblick auf Medien und die eigene Biografie (vgl. Schiefner-Rohs/Hofhues 2018: 73) ermöglichen und sie in die Lage versetzen, dies in den Unterricht einzubringen;
- ein an den zeitgemäßen Erfordernissen orientiertes systemisches Verständnis medienpädagogischer Kompetenz unter stärkerer Berücksichtigung des allgemeinen und berufsbezogenen Wissens über Medien entwickeln und fortschreiben;
- ein schulisches Medienbildungskonzept erarbeiten, das die vorhandenen Kompetenzen und Qualifizierungsbedarfe innerhalb des Kollegiums transparent erfasst;
- die inhaltliche und strukturelle Abstimmung zwischen den Phasen der Lehrerbildung herbeiführen, um passfähige Angebote zu kreieren;
- die verbindliche/verpflichtende Teilnahme an Qualifizierungsangeboten (bei inhaltlichen Wahlmöglichkeiten) verankern;
- Nachweismöglichkeiten für erworbene medienpädagogische Kompetenz (in einem entsprechenden Portfolio als Bestandteil des schulischen Medienbildungskonzeptes) schaffen;
- die medienpädagogische Kompetenz als Qualitätskriterium bei der Einstellung von Lehrenden einbeziehen;
- das in mehreren Bundesländern bereits etablierte System medienpädagogischer Beratung für Schulen und Lehrkräfte weiter ausbauen und stetig weiterqualifizieren;
- und nicht zuletzt: die finanzielle und immaterielle Wertschätzung der Akteur*innen sicherstellen.

Anmerkungen

1 Dieser Begriff wird synonym mit dem der Medienbildungskompetenz verwendet (vgl. z. B. KMK 2012; HKM 2017).

2 Natürlich gibt es vielfältige Ansätze auf allen Ebenen und quer durch die Bundesrepublik. Aber es handelt sich um „Leuchttürme", die sicherlich wichtig sind als Wegmarken, die jedoch – wie es Leuchttürmen nun einmal eigentümlich ist – die Fläche immer nur kurz erhellen. Ziel muss es jedoch sein, um in diesem Bild zu bleiben, dass alles in der Breite und kontinuierlich in eine gewisse Helligkeit getaucht wird.

3 Wird der Prozess der Entstehung betrachtet, so muss man feststellen, dass das Endprodukt deutlich hinter einen erreichten Zwischenstand, bei dem die qualitativ und quantitativ zu erbringenden Leistungen festgelegt worden waren, zurückfällt.

4 An weniger als 15 Prozent der deutschen Hochschulen gibt es überhaupt Lehrstühle, die potentiell eine akademische medienpädagogische Qualifizierung ermöglichen (vgl. DGfE 2017; Knaus/Meister/Tulodziecki 2017 und in diesem Band: 23ff.). Wie viele Lehramtsstudierende in welchem Umfang und mit welchen thematischen Schwerpunkten Angebote wahrnehmen (können), wäre sicherlich eine wichtige, empirisch zu untersuchende Fragestellung.

5 Vgl. bildung-lsa.de/pool/publikationen/pdf/LISA_Information_092017_Web.pdf [Stand 02.05.2018].

Literatur

Blömeke, Sigrid (2000): Medienpädagogische Kompetenz – Theoretische und empirische Fundierung eines zentralen Elements der Lehrerbildung, München: kopaed.

Deutsche Gesellschaft für Erziehungswissenschaften, Sektion Medienpädagogik (2017): Studiengänge für Medienpädagogik und Erziehungswissenschaft. Abrufbar unter: gmk-net.de/fileadmin/pdf/studiengaenge_medienpaedagogik_medienwissenschaften_erziehungswissenschaften.pdf [Stand: 02.05.2018].

HKM – Hessisches Kultusministerium (2017): Hessisches Portfolio Medienbildungskompetenz. In: Amtsblatt des Hessischen Kultusministeriums 2017/03, 118ff. Abrufbar unter: hessisches-amtsblatt.de/wp-content/plugins/pdf-viewer/stable/web/viewer.html?file=/wp-content/uploads/online_pdf/pdf_2017/03_2017.pdf [Stand: 02.05.2018].

Hochschule Merseburg (2016a): Forschungsbericht 2016 – Forschung und Transfer an der Hochschule Merseburg. Abrufbar unter: hs-merseburg.de/fileadmin/redaktion/Forschen/Dateien/Forschungsbericht_2016.pdf [Stand: 02.05.2018].

Hochschule Merseburg (2016b): MeKoLSA – ein studentisches Forschungsprojekt im Wintersemester 2015/16 (unveröffentlicht, zitiert aus dem Manuskript des Verfassers).

KMK – Kultusministerkonferenz (2012): Medienbildung in der Schule. Abrufbar unter: kmk.org/fileadmin/Dateien/veroeffentlichungen_beschluesse/2012/2012_03_08_Medienbildung.pdf [Stand: 02.05.2018].

KMK– Kultusministerkonferenz (2016): Bildung in der digitalen Welt. Strategie der Kultusministerkonferenz. Abrufbar unter: kmk.org/fileadmin/Dateien/veroeffentlichungen_beschluesse/2018/Strategie_Bildung_in_der_digitalen_Welt_idF._vom_07.12.2017.pdf [Stand: 02.05.2018].

Knaus, Thomas/Meister, Dorothee M./Tulodziecki, Gerhard (2017): Futurelab Medienpädagogik. Qualitätsentwicklung – Professionalisierung – Standards. Thesenpapier zum Forum Kommunikationskultur 2017. In diesem Band (23ff.) und abrufbar unter: medienpaed.com/article/view/597 [Stand: 21.10.2018].

Medienpädagogisches Zentrum des IQ Mecklenburg-Vorpommern (2017): Modul Medienbildung/Medienerziehung in der Referendarausbildung im M-V.

Presse- und Informationsstelle der Niedersächsischen Landesregierung (2012): Medienkompetenz in Niedersachsen. Meilensteine zum Ziel. Hannover. Abrufbar unter: medienkompetenz-niedersachsen.de/fileadmin/bilder/allg/Medienkompetenz_in_Niedersachsen_Landeskonzept.pdf [Stand: 02.05.2018].

Presse- und Informationsstelle der Niedersächsischen Landesregierung (2016): Medienkompetenz in Niedersachsen. Ziellinie 2020, Hannover. Abrufbar unter: medienkompetenz-niedersachsen.de/fileadmin/bilder/allg/Konzept_Medien kompetenz_Niedersachsen_2016_06_24_.pdf [Stand: 02.05.2018].

Statistisches Bundesamt (o. J.): Lehrkräfte nach Schularten und Beschäftigungsumfang, Schuljahr 2016/17. Abrufbar unter: destatis.de/DE/ZahlenFakten/GesellschaftStaat/BildungForschungKultur/Schulen/Tabellen/AllgemeinBildendeBeruflicheSchulenLehrkraefte.html [Stand: 02.05.2018].

Schiefner-Rohs, Mandy/Hofhues, Sandra (2018): Zurück in die Zukunft. Anforderungen an die Medienbildung in der Aus- und Weiterbildung von Lehrpersonen am Beispiel eines Praxis- und Entwicklungsprojektes. In: MedienPädagogik, 31, 58–77. Abrufbar unter: dx.doi.org/10.21240/mpaed/31.X [Stand: 02.05.2018].

Tulodziecki, Gerhard (2012): Medienpädagogische Kompetenz und Standards in der Lehrerbildung. In: Schulz-Zander, Renate/Eickelmann, Birgit/Moser, Heinz/Niesyto, Horst/Grell, Petra (Hrsg.): Jahrbuch Medienpädagogik 9. Wiesbaden. 271–297.

Guido Bröckling/Niels Brüggen

Wie verändert die zunehmende Zusammenarbeit mit Schule die außerschulische Medienpädagogik?

Selbstverständnis und Ziele in Bildungspartnerschaften zur Medienbildung

Medienpädagogik in der Zusammenarbeit von Schule und außerschulischer Medienpädagogik

Die Zusammenarbeit von Schule und außerschulischer Medienpädagogik im Bereich der Medienbildung gewinnt in der praktischen Arbeit zunehmend an Bedeutung. Mit dem Ausbau von Ganztagsangeboten an Schulen wird die Schule als Ort für außerschulische Träger unverzichtbar – nicht zuletzt auch, um Jugendliche überhaupt zu erreichen. Zugleich fragen Schulen aktiv die medienpädagogische Expertise externer Partner nach, gerade um Medien im Sinne der Medienbildung nicht nur für Lehr- und Lernzwecke zu nutzen, sondern auch zum Gegenstand des Lernens zu machen. Häufig – so die Einschätzung aus der Praxis – werden die außerschulischen Partner dabei aber problembezogen als „Feuerlöscher" angefragt, wenn es akute Probleme mit dem Medienumgang von Schüler*innen gibt. Typische Anfragen sind solche zum Cybermobbing oder zum „richtigen" Umgang mit Daten oder dem Smartphone. Mit derartigen Anfragen sind ein Auftrag und eine Erwartungshaltung an die Medienpädagogik verbunden, die mit Grundprinzipien medienpädagogischer Ansätze häufig in einem Spannungsverhältnis stehen. So stellt sich die Frage, wie die Zusammenarbeit mit Schule die außerschulische Medienpädagogik verändert.

Auch auf bildungspolitischer Ebene ist die Zusammenarbeit von Schule und außerschulischen Akteur*innen der Medienbildung aktuell virulent. So hat das Strategiepapier der Kultusministerkonferenz *Bildung in der digitalen Welt* (KMK 2016) die Diskussion um die Bedeutung von Medienbildung an Schulen wieder neu angefacht. In den sechs Kompetenzbereichen finden sich so auch verschiedene Bezugspunkte zu Schwerpunkten der außerschulischen, handlungsorientiert ausgerichteten Medienpädagogik. Insbesondere in den Kompetenzbereichen *Produzieren und Präsentieren* sowie *Analysieren und Reflektieren* finden sich hier Ansatzpunkte für eine konstruktive Zusammenarbeit. Das Konzept Medienbildung hätte in der Ausarbeitung der Kompetenzbereiche allerdings einen größeren Raum verdient (vgl. KBoM 2016 mit Verweis auf KMK 2012).

Zugleich finden sich in den Kompetenzbereichen – zum Beispiel im Bereich 4 *Schützen und sicher Agieren* – auch solche Schwerpunktsetzungen, die eine Einbindung außerschulischer Partner gerade als Feuerlöscher argumentierbar machen. Auffällig ist jedoch, dass in dem Strategiepapier die Zusammenarbeit mit externen Partnern zwar abstrakt benannt wird, konkret jedoch nur *Public-Private-Partnerships* (PPP) angesprochen werden und außerschulische Medienpädagogik und Jugendbildungsangebote sowie deren Träger gar nicht thematisiert werden.

Eine kontrastierende Perspektive dazu bringt der *15. Kinder- und Jugendbericht* (BMFSFJ 2017) ein, in dem die Expert*innen auch ausführlich die Ganztagsschule im institutionellen Gefüge des Aufwachsens und dabei die Kooperation zwischen Schule und außerschulischen Akteur*innen – hier der Kinder- und Jugendhilfe – thematisieren. Aus einer jugendorientierten Sicht wird Schule in Anlehnung an Werner Helsper als ein „ambivalenter Jugendraum" (BMFSF 2017: 332) besprochen, in dem Heranwachsende mögliche Spannungsfelder zwischen Schul- und Jugendkultur auflösen müssen. In der Schule werden Jugendliche vorrangig in ihrer Rolle als Schüler*innen angesprochen, an die bestimmte Leistungs- und Integrationserwartungen gestellt werden. Expansive Selbsterfahrungen, wie sie für jugendkulturelle Praktiken typisch sind, erhalten dann angesichts der Ausweitung der Schulzeiten einen eher nachrangigen Stellenwert (vgl. BMFSF 2017: 332). Dabei stellen die Sachverständigen deren Relevanz insbesondere für Heranwachsende aus benachteiligenden Lebens- und Bildungssituationen heraus, die oft als „Schulversager" betrachtet werden. Für diese Zielgruppe weist die Literatur zugleich auf entsprechende Potentiale der außerschulischen medienpädagogischen Arbeit hin, die in Projekten der Aktiven Medienarbeit zum Tragen kommen können (vgl. Niesyto 2000; Wagner 2008). Zu fragen ist mithin, inwiefern diese Potentiale in der Zusammenarbeit weiterhin eingelöst werden können und welche Organisationsform der Zusammenarbeit dafür hilfreich oder Voraussetzung wäre. Mit Blick auf die Organisation der Zusammenarbeit zwischen Schule und Jugendhilfe weisen die Sachverständigen darauf hin, dass die Schulentwicklungsprozesse im Zusammenhang mit der Ganztagsschule meist ohne Verbindung mit der Jugendhilfe stattfinden. Eine Zusammenarbeit auf der konzeptionellen Ebene finde demnach nur in Ausnahmefällen statt.

Neben der inhaltlichen Dimension, die mit dem KMK-Strategiepapier (KMK 2016) vorbereitet wird, ist demnach auch die organisationale Ebene der Zusammenarbeit bedeutsam dafür, wie sich die außerschulische Medienpädagogik strukturell verändert und weiterentwickelt, wenn sie verstärkt in die Zusammenarbeit mit Schule geht. Eine Reflexion darüber, welche inhaltlichen Schwerpunktsetzungen in der Zusammenarbeit (nicht) möglich sind und welche Bedeutung die organisatorische Rahmung für die medienpädagogische Arbeit hat, kann mithin als ein wesentlicher Baustein im Zuge der Professionalisierung medienpädagogisch Handelnder betrachtet werden (vgl. Knaus/Meister/Tulodziecki 2017 und in diesem Band: 23ff.).

Im vorliegenden Artikel wird ein Beitrag zu dieser Entwicklung geleistet, indem einzelne Ergebnisse einer empirischen Studie zur Zusammenarbeit von Schule und außerschulischen Akteur*innen der Medienbildung dargestellt und unter diesem Fokus diskutiert werden. Grundlage ist die von der Freiwilligen Selbstkontrolle der Multimedia-Diensteanbieter e. V. – FSM herausgegebene Studie *Bildungspartnerschaften zwischen Schule und außerschulischen Akteuren der Medienbildung*, die online zur Verfügung steht (Brüggen/Bröckling/Wagner 2017; medien-in-die-schule.de/bildungspartnerschaften). Als empirische Basis der Studie dienen eine teilstandardisierte Online-Befragung (n = 164) und qualitative Interviews mit 35 Expert*innen (ausführlich zur Methodik siehe Brüggen/Bröckling/Wagner 2017: 21ff.).

Die Bildungspartnerschaft im Spektrum an Formen der Zusammenarbeit

Wie eingangs bereits angesprochen, findet die Zusammenarbeit zwischen Schule und außerschulischer Medienpädagogik in ganz unterschiedlichen Formen statt: Dies reicht von einer Unterrichtseinheit von externen Partnern zu spezifischen Problem- oder Fragestellungen über gemeinsam veranstaltete Projektwochen bis hin zu langfristig angelegten Partnerschaften, die auch in entsprechenden Schulentwicklungsplänen verankert sind. Die letzte Form kommt dabei einer Bildungspartnerschaft am Nächsten, die in der Studie als normative Grundlage gesetzt wurde. Die Idee dabei ist, dass in einer Bildungspartnerschaft beide Partner gleichberechtigt ihre professionellen Ansprüche, Zielvorgaben und Arbeitsprinzipien einbringen können und ein konzeptioneller Austausch über die tatsächlich realisierten Bildungsangebote stattfindet. Dieses normative Ideal wurde genutzt, um unterschiedliche Formen der Zusammenarbeit zu differenzieren und zu diesem Ideal in Beziehung zu setzen.

Für die Entwicklung von Kriterien zur Bestimmung einer idealen Bildungspartnerschaft wurden u. a. konstituierende Elemente von Leitfäden und Zieldefinitionen für Bildungspartnerschaften zwischen Schulen und Unternehmen (vgl. Audick et al. 2012), Martin Textors Überlegungen zu Bildungs- und Erziehungspartnerschaften zwischen Schule und Familie (vgl. Textor 2009) sowie die Grundsätze der Bündnisse für Bildung im BMBF-Förderprogramm *Kultur macht stark! Bündnisse für Bildung* (buendnisse-fuer-bildung.de) herangezogen.

Eine Bildungspartnerschaft besteht demnach aus mindestens zwei Partnern, von denen mindestens einer ein formaler Bildungsort (Schule oder Förderzentrum) ist. Außerschulische Partner können Partner aus der Wirtschaft, Bildungseinrichtungen, freie Medienpädagog*innen, Künstler*innen, kommunale Einrichtungen sowie gemeinnützige Vereine, Einrichtungen und Initiativen sein, wenn sie (zumindest teilweise) auf kommunaler oder Landesebene im Bereich Medienbildung tätig sind.

Bildungspartnerschaften sind durch ein dialogisches und kooperatives Verhältnis bestimmt, welches langfristig angelegt und in einer Kooperationsvereinbarung geregelt ist (dies schließt einseitige Auftragsarbeiten aus). Die Partner arbeiten auf Augenhöhe und tragen gemeinsam Verantwortung für die Erreichung der Ziele, die Interessenswahrung der Zielgruppe und ein transparentes Vorgehen.

Die Zusammenarbeit in der Praxis

Die aus dem Ideal der Bildungspartnerschaft abgeleiteten Kriterien wurden für die Befragung der Akteur*innen operationalisiert. Bei der Online-Befragung liegen Daten zu 164 Fällen der Zusammenarbeit von Schulen und außerschulischen Akteur*innen vor. Mit 80 Prozent wurden die Fragen deutlich häufiger von den außerschulischen Partnern von öffentlichen bzw. frei-gemeinnützigen Trägern beantwortet. Nur 10 Prozent der Rückläufe stammen von Lehrer*innen. Die restlichen Fälle wurden von Unternehmen bzw. ohne Angabe zur Institution abgegeben. Bei der Expertenbefragung wurden Medienpädagog*innen von freien/öffentlichen Trägern (21), Lehrkräfte (7), Personen aus der Bildungsadministration und -politik (4) und Vertreter*innen von Unternehmen und Unternehmensverbänden (3) eingebunden.

Typische Konstellationen in der Zusammenarbeit

In den Ergebnissen der Online-Befragung zeichnen sich drei typische Konstellationen der Zusammenarbeit ab: Kleingruppen, Stern-Konstellation und Netzwerke. Diese Konstellationen haben Einfluss auf die Ausgestaltung der Zusammenarbeit.

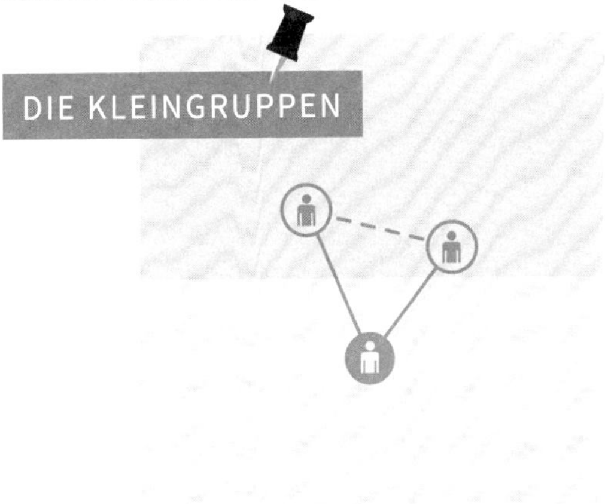

Abb. 1: Die Kleingruppe – Visualisierung der Konstellationen

Die Kleingruppen

Als Kleingruppen werden solche Konstellationen bezeichnet, bei denen ein Partner mit bis zu zwei anderen Partnern zusammenarbeitet. Die Kleingruppen bestehen also aus zwei oder drei Partnereinrichtungen. Diese Konstellation findet sich bei insgesamt 53 Fällen. Etwas häufiger arbeitet dabei eine Schule mit einer oder zwei außerschulischen Partnereinrichtung(en) zusammen. Mit Blick auf die beteiligten Schulformen stechen dabei die Grundschule und das Gymnasium hervor, die in diesen Kleingruppen häufiger vertreten sind als die anderen Schulformen.

Die Stern-Konstellation

Mit Stern-Konstellation werden solche Formen der Zusammenarbeit bezeichnet, in denen ein Partner mit mehr als fünf anderen Partnern zusammenarbeitet. In den Befragungsergebnissen kommt diese Konstellation in 22 Fällen in der Kombination von einem außerschulischen Partner mit vielen Schulen vor. Nur in einem Fall ist die Konstellation umgekehrt (insgesamt 23 Fälle). Dabei sind alle Schulformen als Partner vertreten. In den Daten finden sich verschiedene Hinweise, dass dies typischerweise Angebote von außerschulischen Einrichtungen sind, die von Schulen gebucht oder an sie herangetragen werden.

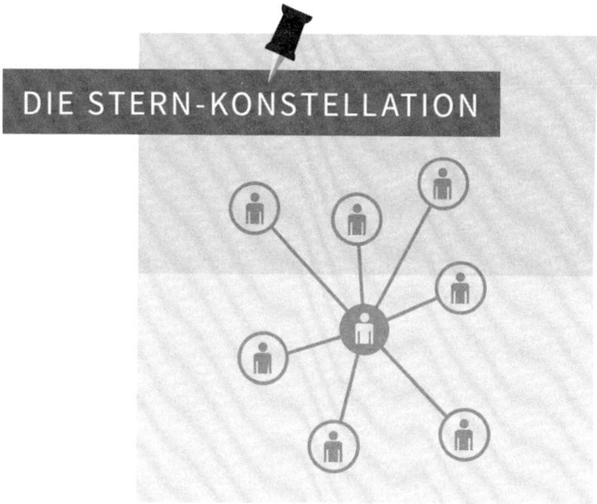

Abb. 2: Die Stern-Konstellation – Visualisierung der Konstellationen

Die Netzwerke

Konstellationen von mehr als fünf Partnereinrichtungen sowohl auf der schulischen als auch auf der außerschulischen Seite werden als Netzwerke bezeichnet. Sie finden sich in der teilstandardisierten Befragung in insgesamt 34 Fällen. In Netzwerken sind alle Schulformen und auch die unterschiedlichen außerschulischen Partner vertreten.

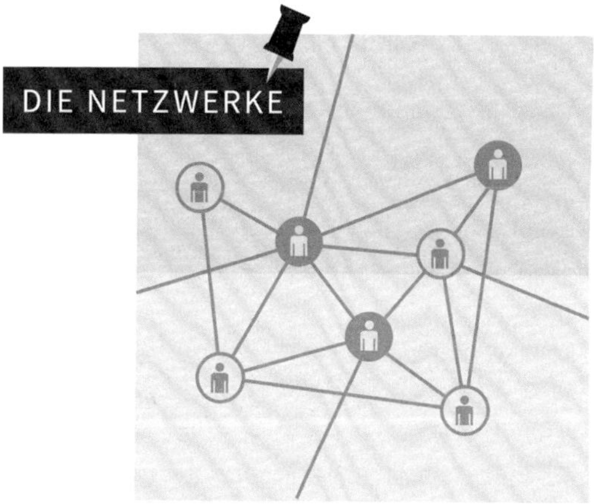

Abb. 3: Das Netzwerk – Visualisierung der Konstellationen

Bei der Ergebnisdarstellung wird nachfolgend – wenn sinnvoll – auf diese Konstellationen Bezug genommen. Denn offenbar gestaltet sich die Zusammenarbeit je nach Konstellation durchaus unterschiedlich.

Entstehung und Formalisierungsgrad der Zusammenarbeit

Mit Blick auf das Zustandekommen einer Zusammenarbeit wird die große Bedeutung persönlicher Kontakte sichtbar. So wurde bei der Frage, wie die Zusammenarbeit zustande kam, am häufigsten die Antwortmöglichkeit „Über persönliche Kontakte" gewählt (67 % der Befragten). An zweiter Stelle folgen lokale Arbeitskreise (27 %) und im Weiteren die Ausschreibung eines Partners (23 %) oder eine gemeinsame Bewerbung auf Fördermittel (21 %). In ergänzenden Freitextantworten wird mehrfach die Schulsozialarbeit als Bindeglied zwischen außerschulischen Akteur*innen und der Institution Schule angesprochen. Bei den Netzwerken nehmen nach den persönlichen Kontakten lokale Arbeitskreise erwartungsgemäß eine im Vergleich zu den anderen Konstellationen markant größere Bedeutung ein.

Auch wenn die persönlichen Kontakte bei allen Konstellationen an erster Stelle stehen, wird deutlich, dass mit den Konstellationen auch unterschiedliche Ressourcen für den Aufbau einer Zusammenarbeit verfügbar sind. Bei den Kleingruppen scheinen diese Ressourcen auffällig stark an die Personen gebunden und damit auch fragiler zu sein, wenn Personenwechsel stattfinden. Hier scheinen die mit lokalen Arbeitskreisen verbundenen (und möglicherweise aus diesen hervorgehenden) Netzwerke über deutlich mehr Ressourcen zu verfügen, mit denen eine Zusammenarbeit aufgebaut werden kann. Hilfreich wäre es entsprechend, solche Ressourcen bei der Förderung gezielt aufzubauen.

In neun von zehn Fällen wird eine dauerhafte Zusammenarbeit gewünscht. Davon gab aber nur knapp die Hälfte der Befragten an, dass eine Kooperation auch mittelfristig gesichert ist, die Restlichen können nicht von einer gesicherten Kooperation ausgehen. Die Mehrheit der Kooperationen im Bereich der Medienbildung basieren nach den Angaben der Befragten auf gesonderten Finanzierungen, die für die Zusammenarbeit akquiriert werden. Häufiger bringen dabei offenbar die außerschulischen Partner eine Finanzierung in die Zusammenarbeit ein als die schulischen.

Im Kontrast zu den oben entwickelten Ansprüchen an eine Bildungspartnerschaft mit einer schriftlich formulierten Verankerung der Zusammenarbeit in der Schule verdeutlichen die Ergebnisse zum Formalisierungsgrad der Zusammenarbeit – und damit auch der Erwartung, dass zentrale Fragen der Zusammenarbeit zu Aufgaben, Zielstellungen und Perspektiven der Zusammenarbeit gemeinsam bestimmt wurden – einen deutlichen Entwicklungsbedarf. Immerhin werden bei knapp der Hälfte der Fälle schriftliche Vereinbarungen für die Zusammenarbeit getroffen. Eine weitergehende Verankerung in der Schule ist aber eher selten. Aufschlussreich ist zudem, dass ein Drittel der Befragten bei der Frage, ob an der Schule die Zusammenarbeit mit externen Partnern beispielsweise im Schulentwicklungsprogramm konzeptionell eingebunden ist, die Angabe „ich weiß nicht" wählt. Zudem gelingt eine Einbindung in Schulentwicklungsprogramme oder Medienentwicklungspläne offenbar gerade in der Kleingruppe und eine Einbindung in schulische Gremien in der Netzwerk-Konstellation.

Rollenverteilung in der Zusammenarbeit

Die Rolle der Partner bei der Entscheidung über Ziele, Inhalte und Methoden wurde in einer Einschätzungsfrage gesondert erhoben. Hier sollten die Befragten auf einer 7-stufigen Skala angeben, welche Anteile der schulische bzw. die schulischen Partner oder der außerschulische bzw. die außerschulischen Partner bei der Bestimmung von Zielen, Inhalten und Methoden hatte bzw. hatten.

In allen drei Bereichen bildet sich ab, dass alle Gruppen den außerschulischen Partnern jeweils den größten Anteil zuschreiben. Im Vergleich der drei Balken zu Zielen, Inhalten und Methoden wird deutlich, dass sich diese Zuschreibung von Zielen, den Inhalten zu den Methoden deutlicher polarisiert. Dabei wird einheitlich den außerschulischen Partnern ein größerer Anteil zugeschrieben. Dies bildet sich in der Selbsteinschätzung der außerschulischen Partner ab und spiegelt sich auch in den Einschätzungen der Lehrenden wider.

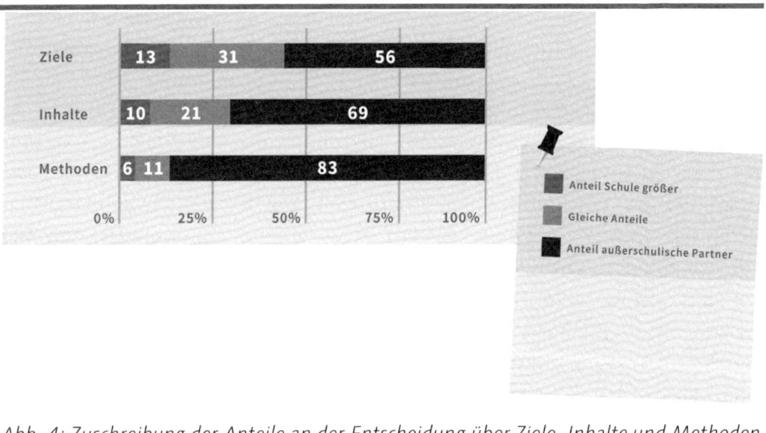

Abb. 4: Zuschreibung der Anteile an der Entscheidung über Ziele, Inhalte und Methoden nach Partner (n = 164)

Als Interpretation liegt nahe, dass die außerschulischen Partner in der Zusammenarbeit Ziele mit den Schulen abstimmen, die Ausgestaltung mit Inhalten und die methodische Umsetzung aber stärker in den Händen der außerschulischen Partner liegt.

Wenn in der Auswertung nach den oben vorgestellten Konstellationen aufgelöst wird, ergibt sich ein interessantes Ergebnis: Die einzige Konstellation, bei der die größte Gruppe der Befragten einen gleichverteilten Einfluss auf die Ziele sieht, sind demnach die Netzwerke. Dies ist insbesondere vor dem Hintergrund der in der Studie dargestellten Vorstellungen einer idealen Partnerschaft relevant. Denn dort wird die partnerschaftliche und gemeinsame Entwicklung des Konzepts als ein wichtiger Aspekt hervorgehoben. Dieser Aspekt realisiert sich in den Daten am deutlichsten bei den Netzwerken (vgl. Kapitel unten „Wünsche an die Zusammenarbeit – der ideale Partner).

Sehr unterschiedlich ist auch, wer als Träger des Angebotes nach außen – beispielsweise gegenüber den Schüler*innen, Eltern bzw. einer breiteren Öffentlichkeit – dargestellt wird. Nur bei der Hälfte der Befragten werden dabei schulische und außerschulische Partner in Kooperation genannt. In den übrigen Fällen treten überwiegend die außerschulischen Partner als Anbieter auf, was ebenfalls auf eine starke Rolle der außerschulischen Partner hindeutet. Mit Blick auf die Konstellationen ist abermals interessant, dass bei Netzwerken die meisten Angebote (knapp zwei Drittel) als Kooperationsangebote kommuniziert werden. Innerhalb der Stern-Konstellationen werden dagegen die meisten Angebote (knapp die Hälfte) als Angebote der außerschulischen Partner kommuniziert. Bei den Kleingruppen ist dagegen der höchste Anteil an Angeboten verortet, die als Angebote der Schule kommuniziert werden – wenngleich diese insgesamt sehr wenige sind.

Herausforderungen und Hürden

Neben den von allen Befragten als unzureichend bemängelten finanziellen Rahmenbedingungen stellen aus Perspektive der außerschulischen Akteur*innen insbesondere die fehlende Qualifikation schulischer Akteur*innen und die unzureichende technische Ausstattung an Schulen zentrale Hürden für eine gelingende Zusammenarbeit zur Medienbildung dar. So sei eine qualitativ hochwertige medienpädagogische Arbeit mit der schulischen Infrastruktur oft nicht oder nur mit großem Organisationsaufwand möglich. Zudem erleben außerschulische Akteur*innen, dass Lehrer*innen und Lehrer Medienbildung häufig als „Anhängsel" oder optionale Ergänzung des schulischen Angebots sehen, welches dann gerne aus der eigenen Verantwortung abgegeben wird.

Die schulischen Akteur*innen gehen allerdings davon aus, dass das Problem eher in den zu hohen Ansprüchen der außerschulischen Akteur*innen liegt. So träten diese häufig mit unrealistischen Vorstellungen und Unkenntnis der Möglichkeiten an die Schule heran und könnten sich so nicht ausreichend auf die Bedingungen vor Ort einlassen. Die Anforderungen der außerschulischen Fachkräfte erscheinen ihnen mithin überzogen und nicht notwendig. Darin spiegeln sich unterschiedliche Vorstellungen von Medienbildung wieder, die – wie oben dargestellt – nicht durch eine gemeinsame Zielklärung abgestimmt sind.

Die Bewertung der technischen, personellen und organisationalen Rahmenbedingungen für eine angemessene Medienbildung an Schulen ist also abhängig von der jeweiligen Perspektive sowie den Vorstellungen zur Medienbildung. Verschärft wird diese Situation dadurch, dass eine gemeinsame Konzeption von Angeboten meist nicht ausreichend finanziert wird und eine systematische Reflexion und Auswertung in den meisten Fällen nicht stattfindet. Die Verbesserung des gegenseitigen Verständnisses für Arbeitssituation und -kontexte und ein gemeinsames Verständnis für Medienbildung und ihre Zielsetzungen erscheinen damit zugleich als zentrale Ansatzpunkte für eine gelingende Zusammenarbeit und sollten Gegenstand einer Professionalisierung der Medienpädagogik sein. Dies bezieht sich sowohl auf die persönliche Situation der Partner als auch auf institutionelle Rahmenbedingungen des Handelns.

Darüber hinaus kommen aus Sicht der Akteur*innen die eigentlich geforderten und vorhandenen Kompetenzen der Partner oft nicht zum Tragen. Außerschulische Partner werden beispielsweise gerade dann von Schulen angefragt, wenn akute Probleme wie Cybermobbing aufgetreten sind. Sicherlich können sie hier sehr gut inhaltliche Impulse einbringen und das Thema strukturiert bearbeiten. Letztlich erfordert das Thema allerdings eine längerfristige Arbeit mit der sozialen Gruppe, um die Hintergründe aufzuarbeiten und an der Sozialstruktur zu arbeiten. Das sind eigentlich klassische Kompetenzbereiche der außerschulischen Jugendarbeit. In der Zusammenarbeit seien diese aber nicht gefragt, da hier ihre angenommene Nähe zur medialen Lebenswelt der Schüler*innen im Mittelpunkt steht. Damit kann in vielen Fällen auch eine unangemessene Engführung von Medienbildung verbunden sein.

Da die Zusammenarbeit zudem häufig auf dem Engagement von Einzelpersonen basiert und nicht weiter institutionell gestützt und angebunden wird, ist sie gefährdet, sobald diese Personen ihr Aufgabengebiet oder den Arbeitsort wechseln. Der Aufbau und die Begleitung von institutionalisierten Netzwerken könnte hier eine sinnvolle Maßnahme der Professionalisierung medienpädagogischer Arbeit sein, um die Qualität von Medienbildung in der Zusammenarbeit von Schule und außerschulischer Medienpädagogik vom persönlichen Engagement Einzelner zu lösen.

Wünsche an die Zusammenarbeit – der ideale Partner

In den Expertenbefragungen wurde u. a. nach dem idealen Partner für eine Bildungspartnerschaft zur Medienbildung gefragt. Genannt wurden institutionell bedingte und personenbezogene Eigenschaften, die sich in die drei Kategorien Allgemeine Eigenschaften idealer Bildungspartnerschaften, Eigenschaften des idealen schulischen Partners aus Sicht außerschulischer Akteur*innen und Eigenschaften des idealen außerschulischen Partners aus Sicht der Schule aufteilen lassen.

Allgemeine Eigenschaften idealer Bildungspartnerschaften (gelten für beide Seiten)

Die ideale Bildungspartnerschaft setzt sich aus etablierten Institutionen und kompetenten Fachkräften zusammen, die eng und auf Augenhöhe zusammenarbeiten. Beide Partner sind sowohl auf institutioneller wie persönlicher Ebene verlässlich und offen für die Bedingungen des jeweils anderen. Die beteiligten Institutionen und Fachkräfte sind fachlich kompetent und in der Lage, konstruktiv, kreativ und gemeinsam mit Herausforderungen umzugehen und kooperativ und institutionell unterstützt Lösungen zu entwickeln. Die ideale Bildungspartnerschaft ist geprägt von einer gleichberechtigten Zusammenarbeit und einer wertschätzenden Kommunikation. Gemeinsame Zielvorstellungen richten sich an den Kompetenzen und Bedarfen der Partner und der Zielgruppen aus. Gegenseitiges Verständnis und gegenseitige Unterstützung sind selbstverständlich und werden durch klare und transparente Vereinbarungen zu Rollen, Aufgaben und Verantwortlichkeiten garantiert.

Eigenschaften des idealen schulischen Partners aus Sicht außerschulischer Akteure

Die ideale schulische Lehr- bzw. pädagogische Fachkraft an einer Schule zeichnet sich aus Sicht der außerschulischen Akteur*innen durch eine gute Vernetzung im Kollegium sowie Präsenz und Verankerung in der Schule aus. Sie wird dabei in allen Bestrebungen und im Engagement zur Medienbildung von der Schulleitung sowie den Kolleg*innen unterstützt. Durch ihre hohe kommunikative und soziale Kompetenz, ihre sympathische Persönlichkeit und Kommunikationsstärke kann sie Kolleg*innen ebenso motivieren wie Schüler*innen. Die ideale schulische Lehr- bzw. Fachkraft leistet darüber hinaus die Verknüpfung zwischen allen Beteiligten und schöpft die Ressourcen im System Schule aus – sie denkt in Möglichkeiten. Idealerweise verfügt sie über zeitliche Ressourcen und einen administrativen Zugang zur Medientechnik, ist aufgeschlossen für Neues und externe Expertise, zeigt stets Lernbereitschaft, ist neugierig und mutig. Darüber hinaus interessiert sie sich für die Lebenswelt und Medien ihrer Schüler*innen, vertraut in deren Fähigkeiten und gibt ihnen Freiräume.

Eigenschaften des idealen außerschulischen Partners aus Sicht der Schule

Der ideale außerschulische Partner zeichnet sich aus Sicht des schulischen Partners durch eine hohe soziale wie kommunikative Kompetenz und sehr gute Erreichbarkeit aus, ist vertrauenswürdig, gut vernetzt, verlässlich und handelt stets kooperativ am gegenseitigen Verständnis orientiert. Ideal ist eine erfahrene medienpädagogische Fachkraft oder eine pädagogisch und didaktisch kompetente Fachkraft aus der außerschulischen Jugendarbeit oder der Medienwirtschaft, die ein ausgeprägtes Verständnis für das System Schule zeigt, in der Lage ist, ihre Aktivitäten an schulische Abläufe anzupassen, und idealerweise bereits in den Schulalltag integriert ist. Dabei steht die ideale außerschulische Fachkraft im ständigen Dialog mit Schüler*innen, Schulleitung, Lehrenden und pädagogischen Fachkräften an der Schule, um Themen und Bedarfe zu erkennen und in die Arbeit zu integrieren. Im Sinne der ihr zugeschriebenen Mittlerfunktion zur medialen Lebenswelt der Schüler*innen hat sie eine hohe Affinität und Nähe zu deren Medienwelten. Institutionell sollte sie in eine größere, beständige Organisation eingebunden sein, die für Verlässlichkeit und Vertrauenswürdigkeit steht.

Professionelle außerschulische Medienpädagogik in der Zusammenarbeit mit Schule

Mit Blick auf Veränderungen der außerschulischen Medienpädagogik in der oder durch die zunehmende Zusammenarbeit mit Schule lässt sich zunächst festhalten, dass es *die* Form der Bildungspartnerschaft nicht gibt. Vielmehr unterscheiden sich je nach Konstellation auch wesentliche Rahmenbedingungen der Zusammenarbeit. Festgehalten werden kann aber, dass die außerschulische Medienpädagogik als Partner der Schule im Bereich Medienbildung wertgeschätzt und auch nachgefragt wird.

Im Sinne einer professionellen Weiterentwicklung von medienpädagogischem Handeln, das diesen Rahmenbedingungen Rechnung trägt, sollte die außerschulische Medienpädagogik den Fokus auf drei Aspekte richten, um eine qualitativ hochwertige Arbeit leisten zu können:

Anstoß der Qualitätssicherung über Reflexion und Auswertungsrunden

Wiederkehrend wird dargelegt, dass eine gemeinsame Auswertung und Reflexion der Zusammenarbeit bislang nicht oder nur selten systematisch stattfindet. Ist dies doch der Fall, dann wird die Auswertung intern in der eigenen Einrichtung, aber nicht strukturiert in der Konstellation der Zusammenarbeit realisiert. Die Einbindung der eigentlichen Zielgruppe – der Schüler*innen – findet noch seltener statt. Hier sollte aktiv vonseiten der außerschulischen Akteur*innen eingebracht werden, dass eine Auswertung der Zusammenarbeit stattfindet und ggf. institutionalisierte Reflexions- und Auswertungsinstrumente entwickelt und übergreifend zur Verfügung gestellt werden (ein Angebot hierfür bietet das Online-Tool unter medien-in-die-schule.de/onlinetool).

Förderung der Vernetzung
und dem nachhaltigen Aufbau von Bildungspartnerschaften

Der Wunsch, nicht nur punktuell und projektbezogen zusammenzuarbeiten, wurde mehrfach eingebracht und ist nicht neu. Zugleich zeigen die Ergebnisse, dass gerade die Konstellation der Netzwerke deutlich stärker den Kriterien einer Bildungspartnerschaft entspricht und zudem bereits über die Struktur von Netzwerken einige Hürden und Herausforderungen sinnvoll adressiert werden (z. B. hinsichtlich des Kontaktaufbaus). Dies bleibt aber auf einer organisationalen Ebene, wenn nicht der dritte Aspekt mit aufgegriffen wird.

Förderung eines offenen Austausches
über Schwerpunktsetzungen im Bereich Medienbildung

Wenn der fehlende Austausch über Zielstellungen im Bereich der Medienbildung ein zentrales Problemfeld der Zusammenarbeit darstellt, muss die außerschulische Medienpädagogik hier Rahmenbedingungen schaffen, in denen Lehr- und Fachkräfte der schulischen Partnerinstitutionen einen Einblick in die Schwerpunktsetzungen der außerschulischen Akteur*innen und deren Sinnhaftigkeit bekommen und zugleich ein Austausch über Anschlussmöglichkeiten an schulische Kontexte stattfinden kann. Gemeinsame Fortbildungen, Netzwerktagungen etc. sind bereits etablierte Formate, die dieses Ziel verfolgen. Um damit erfolgreich zu sein, muss aber die Idee der gemeinsamen Verantwortung für Ziele und Lernprozesse auch in diesen Formaten etabliert werden – in Abgrenzung zu einseitigen Belehrungen.

Gelingt es, diese Zusammenarbeit im Hintergrund besser zu etablieren, verspricht dies bessere Voraussetzungen dafür, dass Schule von der spezifischen Expertise der außerschulischen Akteur*innen profitieren kann und zugleich die außerschulischen Akteur*innen ihre Kompetenzen in der handlungs- und lebensweltorientierten Arbeit in den formalen Bildungsraum Schule einbringen kann. Dies setzt Engagement und natürlich auch Ressourcen voraus, die offenkundig nicht überall vorhanden sind. Umso mehr sollte es ein Anliegen übergreifender Strukturen sein, hier stützend aktiv zu werden. Nicht in erster Linie für die einzelnen Institutionen, sondern primär dafür, dass Medienbildung an Schulen unter Einbezug der Expertise außerschulischer Medienpädagogik stattfinden und den Schüler*innen nutzen kann.

Literatur

Audick, Claudius/Neumeier, Tina/Ringsleben, Stefanie/Weise, Thomas/Zemmel, Lana (2012): Bildungspartnerschaften. Ein Leitfaden für Schulen und Unternehmen. Hrsg. v. Industrie- und Handelskammer Region Stuttgart. Abrufbar unter: stuttgart.ihk24.de/blob/sihk24/presse/Publikationen/Aus_und_Weiterbildung/669524/15341ea354f4037ed3cedf9acf1d8a6c/Bildungspartnerschaften_Leitfaden_DRUCK-data.pdf [Stand: 03.01.2017].

Brüggen, Niels/Bröckling, Guido/Wagner, Ulrike (2017): Bildungspartnerschaften zwischen Schule und außerschulischen Akteuren der Medienbildung. Hrsg. v. Freiwillige Selbstkontrolle Multimedia-Diensteanbieter e. V. Abrufbar unter: nbn-resolving.de/urn:nbn:de:0111-pedocs-140773 [Stand: 05.04.2018].

BMFSFJ – Bundesministerium für Familie Senioren Frauen und Jugend (2017): 15. Kinder- und Jugendbericht. Bericht über die Lebenssituation junger Menschen und die Leistungen der Kinder- und Jugendhilfe in Deutschland. Stellungnahme der Bundesregierung zum Bericht der Sachverständigenkommission (Drucksache 18/11050). Stand: Februar 2017. Berlin: Deutscher Bundestag.

KBoM – Initiative Keine Bildung ohne Medien! (2016): Strategie der KMK zu „Bildung in der digitalen Welt". Abrufbar unter: keine-bildung-ohne-medien.de/strategiebildungdigitalewelt/ [Stand: 05.04.2018].

KMK – Kultusministerkonferenz (2012): Medienbildung in der Schule. Beschluss der Kultusministerkonferenz vom 8. März 2012.

KMK – Kultusministerkonferenz (2016): Bildung in der digitalen Welt. Strategie der Kultusministerkonferenz. Hrsg. v. Sekretariat der Kultusministerkonferenz. Berlin.

Knaus, Thomas/Meister, Dorothee/Tulodziecki, Gerhard (2017): Futurelab Medienpädagogik. Qualitätsentwicklung – Professionalisierung – Standards. Thesenpapier zum Forum Kommunikationskultur 2017 der GMK. In: MedienPädagogik: Zeitschrift für Theorie und Praxis der Medienbildung. In diesem Band (23ff.) und abrufbar unter: medienpaed.com/article/view/597 [Stand: 21.10.2018].

Niesyto, Horst (2000): Medienpädagogik und soziokulturelle Unterschiede. Eine Studie zur Förderung der aktiven Medienarbeit mit Kindern und Jugendlichen aus bildungsmäßig und sozial benachteiligten Verhältnissen. Baden-Baden: MPFS (Forschungsberichte/Medienpädagogischer Forschungsverbund Südwest).

Textor, Martin R. (2009): Bildungs- und Erziehungspartnerschaft in der Schule. Gründe, Ziele, Formen. Norderstedt. Abrufbar unter: ipzf.de/Erziehungspartnerschaft_Schule.pdf [Stand: 05.04.2018].

Wagner, Ulrike (2008): Medienhandeln in Hauptschulmilieus. Mediale Interaktion und Produktion als Bildungsressource. München: kopaed.

Anne Haage/Nadja Zaynel

Medienpädagogische Qualität bedeutet, alle zu berücksichtigen

Erkenntnisse aus der Forschung zu Mediennutzung, Medienkompetenz und -bildung von Menschen mit Beeinträchtigungen

Digitale Ungleichheit und Behinderung

Wenn es um Qualitätsentwicklung medienpädagogischen Handelns in Wissenschaft und Praxis geht, stellt sich auch die Frage nach Ungleichheit und Ausgrenzung. Wer ist von digitaler Teilhabe ausgeschlossen oder in Bezug darauf benachteiligt? Welche Faktoren tragen zur Ungleichheit und Exklusion bei? Welcher Handlungsbedarf ergibt sich daraus für die Akteur*innen in den Feldern der Politik, Wissenschaft und medienpädagogischen Praxis?

Mit Exklusionsrisiken und den Dimensionen der Ungleichheit, was die Teilhabe an digitalen Medien angeht, beschäftigt sich vor allem die Digital-Divide-Forschung. Zahlreiche Studien belegen den Zusammenhang zwischen sozialer Ungleichheit und Internetnutzung (vgl. Dudenhöffer/Meyen 2012; van Dijk 2012; Bundesministerium für Familie, Senioren, Frauen und Jugend 2017). Ungleiche materielle und immaterielle Ressourcen führen zu einem ungleichen Zugang zu digitalen Medien, Zugangs- und Nutzungsunterschiede verstärken wiederum soziale Ungleichheit (vgl. Dudenhöffer/Meyen 2012: 9). Denn immer mehr gesellschaftliche Teilbereiche und Prozesse werden ins Internet verlagert, der Zugang und souveräne Umgang mit dem Internet verbessert deshalb Lebenschancen.

Mittlerweile hat sich der Fokus vom „Zugang zu" auf den „Umgang mit" digitalen Medien verschoben, vom „first-level divide" auf den „second-level divide". So erfassen repräsentative Studien wie der Digitalindex der Initiative D21 nicht mehr nur On- und Offliner*innen, sondern bilden einen „Digitalisierungsindex", in den Zugang, Nutzungsvielfalt, Kompetenz und Einstellung/Offenheit einfließen (vgl. Initiative D21 e. V. 2018: 28). Angesichts der hohen Verbreitung des Internets und vor allem mobiler Medien, wie sie Studien wie die ARD/ZDF-Onlinestudie oder die JIM-Studie zeigen, könnte der Eindruck entstehen, Zugang habe sich als Problem weitgehend erledigt (vgl. Verständig/Klein/Iske 2016: 51). Der Digitalindex 2017/18 geht aber immer noch von einem Viertel der Bevölkerung aus, die digital abseits stehen, kaum Berührung mit der digitalen Welt haben und auch wenig Interesse zeigen (vgl. Initiative D21 e. V. 2018: 32). Die „digital Abseitsstehenden" sind zum großen Teil im Rentenalter und verfügen über ein Haushaltseinkommen von unter 2.500 Euro, rund 60 Prozent haben einen Haupt-/Volksschulabschluss (vgl. ebd.: 36). Zusätzlich zeigen sich regionale Disparitäten: So nutzen in den ostdeutschen Bundesländern und dem Saarland weniger Menschen zumindest ab und zu das Internet (zwischen 72 und 78 %) als in den westdeutschen Ländern und Berlin (zwischen 82 und 86 %) (vgl. ebd.: 56).

Als Faktoren, die den Umgang mit digitalen Medien beeinflussen, nennt die Forschung vor allem Alter, Geschlecht, Bildung sowie die sozio-ökonomischen Lebensbedingungen. Beeinträchtigung und Behinderung wird in vergleichsweise wenigen Studien betrachtet und in der Regel gar nicht erhoben. (Viele Studien schließen zudem aufgrund der Erhebungsmethode und des Weges der Rekrutierung *Telefoninterviews in Privathaushalten* Menschen mit Hörbeeinträchtigungen sowie Menschen, die in Wohnheimen leben, aus.) Die quantitativen und qualitativen Studien, die sich mit der Mediennutzung von Menschen mit Beeinträchtigungen befassen, zeigen deutlich, dass Behinderung eine weitere Ungleichheitskategorie ist. So weist der 15. Kinder- und Jugendbericht der Bundesregierung daraufhin, dass eine digitale Kluft bzw. Spaltung auch unter Jugendlichen nach wie vor existiere:

> „Diese Kluft zeigt sich aktuell vor allem bei Menschen mit Behinderungen und Geflüchteten im Zugang zu digitalen Medien, bei anderen sozialen Gruppierungen stärker in der Art und Weise der Medienaneignung, die sich zwischen einem eher souveränen und vielseitigen und einem eher konsumorientierten und einseitigen Umgang mit Medien bewegt" (Bundesministerium für Familie, Senioren, Frauen und Jugend 2017: 298).

Dass Zugang zu digitalen Medien für viele Menschen mit Beeinträchtigungen nach wie vor eine Schwierigkeit ist, gehört zu den zentralen Ergebnissen der *Studie zur Mediennutzung von Menschen mit Behinderungen – MMB16* (Bosse/Hasebrink 2016), die die Fakultät für Rehabilitationswissenschaften der TU Dortmund und das Hans-Bredow-Institut Hamburg 2016 durchgeführt haben. Unter anderem wurden 610 Personen mit Beeinträchtigungen in persönlichen Interviews zu ihrer Mediennutzung und dem Zugang zu Medien befragt. Unterschiede zur Gesamtbevölkerung zeigten sich im Zugang zu internetfähigen und mobilen Geräten. Smartphones besaßen zwischen 55 Prozent (Befragte mit Hörbeeinträchtigungen) und 34 Prozent

(Befragte mit Lernschwierigkeiten), Tablets zwischen 22 Prozent (Befragte mit Hörbeeinträchtigungen) und 10 Prozent (Befragte mit Lernschwierigkeiten). Zum Vergleich: In der Gesamtbevölkerung besaßen im Jahr 2015 laut der Studie *Massenkommunikation* 61 Prozent ein Smartphone und 35 Prozent ein Tablet (vgl. Koch/Freese 2016).

Die Unterschiede zwischen den Befragten je nach Art der Beeinträchtigung machen deutlich, dass Menschen mit Beeinträchtigung in Bezug auf die digitale Teilhabe keine homogene Gruppe sind. Besonders Befragte mit Lernschwierigkeiten und solche Befragte, die in Einrichtungen der Behindertenhilfe leben, haben in ihrem Haushalt seltener Zugang zu internetfähigen Geräten. Der Anteil der Befragten, die zuhause weder Zugang zu Computer/Laptop noch zu Smartphones oder Tablets haben, schwankt zwischen 44 Prozent bei Befragten mit Lernschwierigkeiten und 17 Prozent der Befragten mit Hörbeeinträchtigungen (siehe Abb. 1). Besonders große Unterschiede zeigen sich nach Altersgruppen, etwas kleiner sind die nach Wohnform. Das Geschlecht spielt eher eine untergeordnete Rolle.

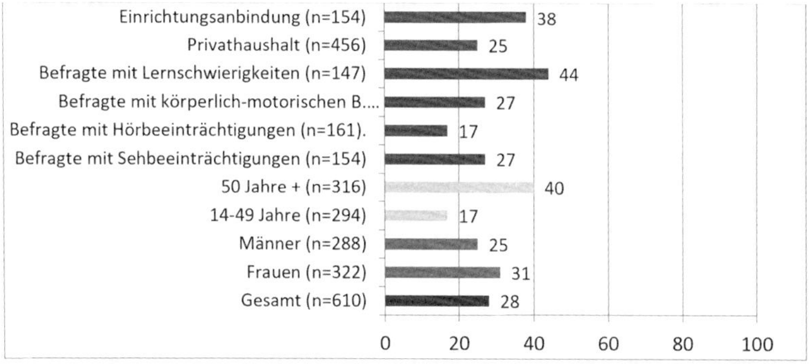

Abb. 1: Befragte ohne Zugang zu Computer/Laptop, Smartphone oder Tablet (in Prozent) (Quelle: Mediennutzung von Menschen mit Behinderungen 2016 – MMB16, eigene Berechnung)[1]

Das Vorhandensein einer Beeinträchtigung führt oftmals zu einer Benachteiligung in der digitalen Teilhabe, aber Menschen mit Beeinträchtigung sind nicht per se benachteiligt. Erst das Zusammenwirken von verschiedenen Dimensionen beeinflusst die Teilhabe an digitalen Medien negativ. In der Studie MMB16 konnte vor allem ein Zusammenhang mit Alter, Bildung, Wohn- und Arbeitssituation gezeigt werden. Die verschiedenen Faktoren sind intersektional verwoben: Menschen mit Beeinträchtigungen haben überdurchschnittlich häufig keinen allgemeinen Schulabschluss, sind häufiger arbeitslos bzw. nicht erwerbstätig. Im Jahr 2014 besuchte nur ein Drittel der Schüler*innen mit Förderbedarf eine Regelschule, von den Schüler*innen, die eine Förderschule besuchen, erreichen 70 Prozent keinen Schulabschluss (vgl. Bundesministerium für Arbeit und Soziales – BMAS 2016: 87). Ein Jahr zuvor, im Jahr 2013, waren 49 Prozent der Menschen mit Beeinträchtigungen im erwerbsfähigen Alter erwerbstätig, im Vergleich zu 80 Prozent der Menschen ohne Beeinträchtigungen (vgl. ebd.: 154).

Das Zusammenspiel von Alter und Beeinträchtigung wirkt sich bei der digitalen Teilhabe besonders negativ aus (siehe Tab. 1). Viele Beeinträchtigungen werden erst im Alter erworben. Von den Befragten, die eine Sehbeeinträchtigung im Erwachsenenalter bekommen haben, ist knapp die Hälfte nach eigenen Angaben nie im Internet.

Teilgruppe/Alter	Mind. mehrmals wöchentlich in Prozent	Nie (Offliner*innen) in Prozent
Befragte mit Sehbeeinträchtigung 14-49 Jahre (n=66)	80	17
Befragte mit Hörbeeinträchtigung 14-49 Jahre (n=79)	95	3
Befragte mit körperlich-motorischer Behinderung 14-49 Jahre (n=73)	81	11
Befragte mit Lernschwierigkeiten 14-49 Jahre (n=76)	51	28
Befragte mit Sehbeeinträchtigung 50 Jahre + (n=88)	48	46
Befragte mit Hörbeeinträchtigung 50 Jahre + (n=82)	61	35
Befragte mit körperlich-motorischer Behinderung, 50 Jahre + (n=75)	52	43
Befragte mit Lernschwierigkeiten 50 Jahre + (n=71)	45	31
Studie Massenkommunikation 2015 (n=4300)	71	

Tab. 1: Internetnutzung nach Teilgruppen (mind. mehrmals wöchentlich) in Prozent[2]

Die Herausforderungen sind komplex, wenn man im Alter lernen muss, mit einer Beeinträchtigung zu leben, und sich zusätzlich Technologien aneignen muss, die einem nicht das ganze Leben lang vertraut waren. Erschwerend kommt hinzu, dass Schulungen für den Umgang mit assistiven Technologien vorrangig für die berufliche Wiedereingliederung angeboten und bezahlt werden, nicht aber für Rentner*innen (vgl. Bosse/Hasebrink 2016: 68). Für die inklusive Medienbildung ergibt sich hier eine nicht zu vernachlässigende Zielgruppe.

Aber auch jüngere Befragte mit Beeinträchtigungen nutzen das Internet seltener als der Durchschnitt der Altersgruppe, wie ein Vergleich der täglichen Internetnutzung mit der ARD/ZDF-Online-Studie zeigt (Abb. 2.): Nur 68 Prozent der 14- bis 29-jährigen Befragten mit Beeinträchtigungen gingen täglich ins Internet gegenüber 88 Prozent der Altersgruppe in der ARD/ZDF-Online-Studie. Angesichts der unterschiedlichen Fallzahlen zeigen die Daten nur eine Tendenz auf.

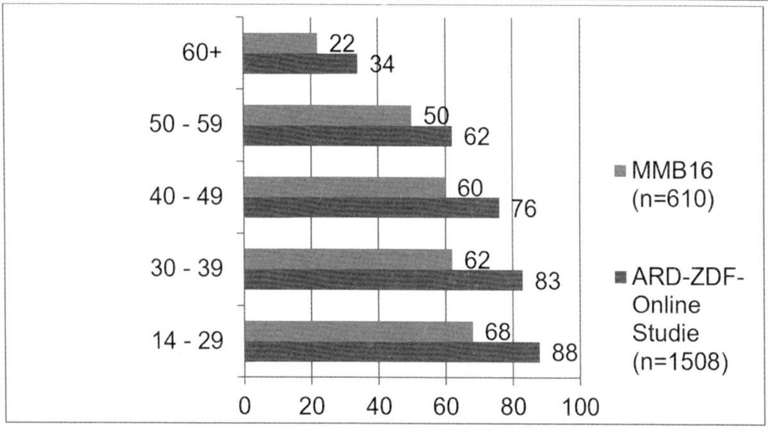

Abb 2: Tägliche Nutzung des Internets nach Altersgruppen (Quellen: ARD/ZDF-Online-Studie 2016 und Bosse/Hasebrink 2016: 46)

Digital Disability Divide

Der Digital Disability Divide beschreibt eine Kluft der digitalen Teilhabe, die durch eine Behinderung zustande kommt (vgl. Dobransky/Hargittai 2006; Sachdeva et al. 2015). Dabei entsteht diese Behinderungs-Kluft nicht per se durch die Beeinträchtigung, sondern durch Barrieren auf verschiedenen Ebenen: sozial, technologisch, finanziell und motivational. Die Haupt-Barrieren sind mangelnde Unterstützung, unzugängliche sowie schlecht oder nicht nutzbare digitale Medien, fehlende materielle Möglichkeiten und mangelhafte Motivation der Nutzer*innen selbst, aber auch des Umfelds (vgl. Sachdeva et al. 2015). Entlang dieser Ebenen lassen sich Qualitätsmerkmale für die Medienpädagogik ableiten, auf die wir in einem eigenen Kapitel genauer eingehen.

Unter soziale Barrieren fallen sowohl politische als auch gesellschaftliche Dimensionen. Die politische Dimension zeigt sich besonders durch Maßnahmen, die Inklusion und Teilhabe gewährleisten sollen, wie zum Beispiel das Bundesteilhabegesetz oder die Richtlinien zur Umsetzung eines barrierefreien Internets. Die gesellschaftliche Dimension sieht sich an, inwieweit Gesellschaft Behinderung als gesellschaftliches oder individuelles Problem behandelt (man wird oder man ist behindert).

Der Punkt der unzugänglichen sowie schlecht oder gar nicht nutzbaren Medien beschreibt die technologische Seite von Barrieren. Sind digitale Medien für alle Menschen zugänglich und einfach nutzbar? Sind Internetseiten barrierefrei? Welche assistiven Technologien machen digitale Medien für die unterschiedlichen Bedarfe zugänglich und nutzbar? Dazu gehören zum Beispiel Screenreader für blinde Mediennutzer*innen oder alternative Ansteuerungsgeräte für motorisch beeinträchtigte Nutzer*innen, die keine Maus benutzen können.

Finanzielle Barrieren beschreiben fehlende materielle Möglichkeiten, die den Zugang zu digitalen Medien augenscheinlich erschweren, da digitale Endgeräte für viele Zielgruppen immer noch zu teuer sind. Veraltete Gerätegenerationen be- oder verhindern den Zugang zu manchen Nutzungsoptionen.

Die mangelnde Motivation kann sich aus fehlenden technologisch angepassten Geräten ergeben oder auch aus einer mangelnden Medienkompetenz und fehlendem Erfahrungswissen im Internet. Durch fehlendes Erfahrungswissen wird das Erlernen neuer Kompetenzen im Internet erschwert und so bildet sich ein Teufelskreis, der die Aneignung von Medienkompetenz behindert.

Nicht zuletzt kann die Motivation, Haltung und Kompetenz auch beim familiären oder pädagogischen Umfeld fehlen oder mangelhaft sein. Wenn von dort keine Anregung und Unterstützung, vielleicht sogar Ablehnung kommt, erschwert das die eigenständige Medienaneignung für viele Menschen mit Beeinträchtigungen, die auf Unterstützung angewiesen sind.

Auf den Punkt gebracht sind die vier zentralen Barrieren, die den Digital Disability Divide beeinflussen: „no support, no tools, no money, no interest" (Sachdeva et al. 2015: 288).

Differenzierungen nach Art der Beeinträchtigungen und Lebensbedingungen

Dabei betonen auch Sachdeva et al., dass Menschen mit Beeinträchtigung keine homogene Gruppe sind und unterschiedlichen Barrieren und Behinderungen begegnen, je nach Art der Beeinträchtigung und ihrer sozio-ökonomischen Lage (vgl. Sachdeva et al. 2015: 287). Die Ergebnisse der Mediennutzungsstudie MMB16 zeigen, dass mehr Befragte mit Lernschwierigkeiten und viele blinde Befragte in der Internetnutzung zurückhaltender sind als Befragte mit Hör- oder körperlich-motorischen Beeinträchtigungen sowie Sehbeeinträchtigungen. Expert*innen-Interviews im Rahmen der Studie ergaben, dass technische Barrieren bei blinden Nutzer*innen eine zentrale Rolle spielen. Immer noch sind sehr viele Internetseiten nicht barrierefrei und deshalb für Screenreader schwer oder gar nicht nutzbar. Das rasante Wachstum an Bewegtbildinhalten im Internet und in sozialen Medien schließt blinde Nutzer*innen zumindest temporär aus, da sie oft keine Audiodeskriptionen und Bildbeschreibungen enthalten (vgl. Kunert 2016).

Eine Reihe von qualitativen Studien unterstreichen das Ergebnis der Mediennutzungsstudie MMB16, dass Menschen mit Lernschwierigkeiten besonders von digitaler Spaltung und digitaler Ungleichheit bedroht sind (vgl. Zaynel 2017; Chadwick et al. 2013; Mayerle 2014).

Es fehlt gerade bei Menschen mit Lernschwierigkeiten häufig an finanziellen Mitteln, selbst dauerhaft den Zugang zum Internet über Geräte und Nutzungsverträge zu sichern. Sie leben und arbeiten häufig in Einrichtungen der Behindertenhilfe, wo es häufig noch an Zugangsmöglichkeiten zum Internet mangelt und sich erst langsam ein Bewusstsein des professionellen Personals für die Bedeutung digitaler Teilhabe entwickelt (vgl. Mayerle 2014; Freese 2015). Aber auch in Familien und Förderschulen wird eine kompetente Medienaneignung bei Kindern und Jugendlichen mit Lernschwierigkeiten noch häufig als nicht so wichtig erachtet (vgl. Zaynel 2017). Andere Barrieren liegen auf der technischen und kognitiven Ebene. Die Bedienung von Maus und Tastatur fällt aufgrund von motorischen und/oder kognitiven Beeinträchtigungen schwer. Mobile Medien mit Touchscreen sind einfacher zu bedienen. Die abstrakte Hypertextstruktur des Internets, komplex strukturierte Seiten, die Dynamik des Mediums und die sich schnell verändernden Seiten erschweren die Nutzung. Das Internet ist immer noch ein textlastiges Medium, die komplexe Sprache ist für Menschen mit Lernschwierigkeiten, die nur wenig oder gar nicht lesen und schreiben können, eine große Barriere. Auf Basis der unterschiedlichen Barrieren, denen Menschen mit unterschiedlichen Arten von Beeinträchtigung begegnen, lassen sich im Folgenden Qualitätsmerkmale einer inklusiven Medienbildung beschreiben.

Qualitätsmerkmale einer inklusiven Medienbildung

Medienbildung und -pädagogik muss Behinderung als Heterogenitätsdimension ernstnehmen und berücksichtigen. Dies ist umso wichtiger, betrachtet man das Potential, das digitale Medien haben, um die gleichberechtigte Teilhabe an der Gesellschaft für Menschen mit Beeinträchtigungen zu fördern. Digitale Medien ermöglichen es recht einfach, Information und Kommunikation nach den Vorlieben und Bedarfen aller zu gestalten – vorausgesetzt, sie sind barrierefrei gestaltet. Dies bedeutet gerade für Sinnesbeeinträchtigungen eine enorme Erweiterung der Informations- und Kommunikationsmöglichkeiten. Wer wie auch immer geartete Probleme mit Sprache und Wahrnehmung hat, schätzt die Möglichkeiten asynchroner Kommunikation durch Mail oder soziale Medien. Wer nicht oder nur wenig schreiben und lesen kann, kann per Sprachnachricht oder Videochat kommunizieren. Für gehörlose Menschen sind mobile Medien eine enorme Erweiterung der Kommunikationsmöglichkeiten. In Sachen Gebärdensprache ist Deutschland allerdings noch Entwicklungsland, deshalb sind ihre Informationsmöglichkeiten über digitale Medien noch immer stark eingeschränkt.

Die vielen Blogs, Facebook-Gruppen, Videokanäle und Twitter-Accounts von Aktivist*innen mit Behinderungen zeigen das Potential digitaler Medien für Empowerment (siehe eine Zusammenstellung von Blogs und Accounts in Sozialen Medien von Raul Krauthausen: raul.de/links). Auch in der Makerbewegung gibt es MakerSpaces, die sich vor allem um Bedarfe von Menschen mit Beeinträchtigungen kümmern, wie der Selfmade MakerSpace in Dortmund, in dem individualisierte Hilfsmittel und kleine Alltagshelfer mit 3D-Druckern hergestellt werden (selfmadedortmund.de). Im Projekt *Made for my wheelchair* im Fab Lab Berlin werden Open Source-Produkte für Rollstühle entwickelt, die den Alltag erleichtern und „nicht nach Krankenhaus" aussehen (be-able.info/de/projekte/made-for-my-wheelchair)

Die vier Ebenen von Barrieren, die Sachdeva et al. (2015) für den „digital disability divide" formulieren, beschreiben auch Handlungsfelder einer Medienpädagogik, die den Anspruch hat, inklusiv zu sein.

Soziale Barrieren müssen auf unterschiedlichen Ebenen angegangen werden. Die aktuellen Gesetzesreglungen zur Barrierefreiheit von (digitalen) Medien sowie Informations- und Kommunikationstechnologien reichen nicht aus, verpflichten sie doch nur Träger öffentlicher Gewalt. Die derzeit laufende Umsetzung der EU-Richtlinie 2016/2102 über den barrierefreien Zugang zu Websites und mobilen Anwendungen öffentlicher Stellen wird von Behindertenverbänden zu Recht stark kritisiert. Die Medienpädagogik sollte sich in dieser Diskussion mit eigenen Positionen einmischen.

Medienpädagogik sollte sich inklusiv verstehen und Einrichtungen der Behindertenhilfe sollten das Thema Medien und digitale Teilhabe mit allen Konsequenzen angehen. Dazu gehört neben der notwendigen Infrastruktur in den Einrichtungen auch Medienbildung – ein weites Feld für eine fruchtbare Kooperation zwischen Medienpädagogik und Einrichtungen der Behindertenhilfe.

Finanzielle Barrieren lassen sich nicht mit wenigen Maßnahmen beheben, sondern betreffen die soziale Lage von Menschen mit Behinderungen allgemein. Im neu verabschiedeten Bundesteilhabegesetz werden die Leistungen zur gleichberechtigten Teilhabe von Menschen mit Behinderung beschrieben, in § 84 zumindest barrierefreie Computer als notwendiges Hilfsmittel genannt. Dies ist ein erster Schritt dahin, anzuerkennen, dass zur sozialen Teilhabe am gesellschaftlichen Leben auch digitale Medien gehören und damit auch grundsätzlich erstattungsfähige Teilhabeleistungen sein können. Teilhabeleistung bedeutet, dass Rehabilitationsträger auf dem Wege der Kostenerstattung die Teilhabe von Menschen mit Beeinträchtigungen fördern. Nun könnten zum ersten Mal auch digitale Geräte finanziert werden. In der Praxis wird entscheidend sein, die digitalen Bedarfe den Rehabilitationsträgern gegenüber deutlich zu machen. Dies kann zum Beispiel ein Thema bei der individuellen Hilfeplanung sein.

Technische Barrieren abzubauen, ist auch ein Handlungsfeld der Medienpädagogik. Die oben genannten MakerSpace-Aktivitäten sind ein Beispiel. Eigene Medienprodukte barrierefrei zu gestalten, trägt zur Teilhabe und zur Bewusstseinsbildung in Sachen Barrierefreiheit bei. Das Netzwerk Inklusion mit Medien (nimm!) hat ein Modellprojekt durchgeführt, indem Jugendliche in kurzen Workshops barrierefreie Medien produzieren. Die Workshops fanden für „Jugendliche mit und ohne Behinderung, für Heranwachsende mit Fluchtgeschichte und solche, die schon länger im Land sind“ (inklusive-medienarbeit.de/workshops-fuer-jugendliche) statt. Die Jugendlichen setzen sich medial mit einem Thema auseinander und realisieren dieses mit mindestens zwei Medien (Foto, Radio, PC, Tablet, Gaming).

Zur Barrierefreiheit gehört auch eine einfache und verständliche Sprache und Vermittlung über nicht-sprachliche Mittel.

Motivationale Barrieren abzubauen, setzt am Kerngebiet der Medienpädagogik an. Angebote, Orte und Methoden müssen offen und zugänglich für alle sein. Das *Universal Design for Learning* nennt in Anlehnung an das *Universal Design für Produkte und Infrastrukturen* drei zentrale Prinzipien, um allen Menschen Zugang zu den Inhalten und Methoden des Unterrichts zu ermöglichen (vgl. Bühler 2015; Schluchter 2015; Schlüter/Melle/Wember 2016):

- **Flexible Zugänge zu Inhalten, damit alle Lernenden Informationen aufnehmen können:** Dazu gehören unterschiedliche Arten der Darstellung, damit sie auch mit nur einem Sinn (Hören bzw. Sehen) wahrgenommen werden können, aber auch die Verständlichkeit und Einfachheit der Vermittlung.
- **Vielfältige Wege, sich auszudrücken:** Alle Lernenden müssen aktiv arbeiten und Ergebnisse erzielen können. Hier bieten digitale Medien viele Möglichkeiten, durch Ansätze des Universal Designs bei mobilen Medien, Apps und anderer Software sowie eine Vielfalt von assistiven Technologien. Apps und Software auch unter dem Gesichtspunkt der Nutzbarkeit für Lernende mit unterschiedlichen Bedarfen zu prüfen, gehört zur Aufgabe von Pädagog*innen in der Medienbildung. Hier gibt es bereits viel Erfahrung und Know-how. Das Netzwerk Inklusion und Medien (nimm!) veröffentlicht auf ihrer Internetseite regelmäßig Good-Practice-Beispiele und Erkenntnisse, welche Hard- und Software für unterschiedliche Bedarfe in der Medienarbeit geeignet sind (inklusive-medienarbeit.de).
- **Vielfältige Formen und Hilfen, sich einzubringen und Erfolgserlebnisse zu erzielen:** Alle müssen die Aktivitäten als positiv und motivierend empfinden. Dazu gehören die Orientierung an den Ressourcen, Interessen und Fähigkeiten der Lernenden, passende Unterstützungen und die Möglichkeit, ansprechende Ergebnisse erzielen zu können.

Zum Universal Design for Learning gehört unter anderem, dass es medienpädagogische Lehrmaterialien gibt, die für alle nutzbar sind. Neben den Methodenkarten des nimm!-Netzwerks (inklusive-medienarbeit.de/bestellen-die-neuen-methodenkarten-sind-da) sind hier die Leitfäden der Bundeszentrale für politische Bildung zu nennen, die in Zusammenarbeit mit dem PIKSL Labor in Düsseldorf erstellt wurden, und die Themen Internet, Facebook, YouTube und WhatsApp in einfacher Sprache erläutern (bpb.de/lernen/digitale-bildung/medienpaedagogik/214270/einfach-internet-online-leitfaeden). Zusätzlich gibt es Erklärvideos, die Themen wie „sichere Passwörter" behandeln (bpb.de/mediathek/231050/das-passwort-so-wichtig-wie-der-schluessel-zur-haustuer). Diese Leitfäden und Erklärvideos wurden zum Teil gemeinsam mit Menschen mit Lernschwierigkeiten erstellt, sodass gewährleistet wird, dass die Inhalte wirklich leicht verständlich sind. Menschen mit Lernschwierigkeiten sind Expert*innen für Vereinfachung und müssen unbedingt weiterhin in der Erstellung von Lern- und Lehrmaterialien miteinbezogen werden.

Die grundständige medienpädagogische Qualifizierung für alle pädagogischen Fachkräfte, wie im GMK-Positionspapier des 34. GMK-Forums (vgl. 211ff.) gefordert, muss auch die oben genannten Anforderungen Barrierefreiheit, Universal Design und Universal Design for Learning in der Medienbildung beinhalten. Einrichtungen der Behindertenhilfe öffnen sich erst langsam für das Thema „Digitale Teilhabe und Medienbildung". Kooperationen und Netzwerkarbeit, wie sie im Netzwerk Inklusion und Medien (nimm!) stattfindet, fördert den gegenseitigen Erfahrungsaustausch und Wissenstransfer.

Nicht zuletzt sollte es getreu des Mottos der Behindertenbewegung „Nichts über uns ohne uns" auch darum gehen, Menschen mit Behinderungen als Expert*innen in eigener Sache auf allen Ebenen aktiv einzubeziehen und ihre Mitarbeit in Wissenschaft, Medien und Medienbildung zu fördern.

Anmerkungen

1 Anteil der Befragten, die im Haushalt weder Zugang zu Computer/Laptop noch zu Smartphone oder Tablet haben; Basis: Menschen mit Beeinträchtigungen in Deutschland im Alter ab 14 Jahren; Frage: Welche Geräte stehen Ihnen in Ihrem Haushalt zur Verfügung?

2 Bei den Ergebnissen für Menschen mit Lernschwierigkeiten ist zu beachten, dass es nur sehr wenige Befragte über 70 Jahre gibt. So ist der relativ geringe Anteil an älteren Offliner*innen zu erklären. Quellenhinweise, aus denen die Zahlen in der Tabelle entnommen wurden: Mediennutzung von Menschen mit Behinderungen 2016 (Bosse/Hasebrink 2016), Studie Massenkommunikation 2015 (Krupp/Breunig 2015).

Literatur

ARD/ZDF-Online-Studie (2016): Entwicklung der Onlinenutzung in Deutschland 1997 bis 2017. Abrufbar unter: ard-zdf-onlinestudie.de/index.php?id=561 [Stand: 01.10.2018].

Bosse, Ingo/Hasebrink, Uwe (2016): Mediennutzung von Menschen mit Behinderungen. Forschungsbericht. Unter Mitarbeit von Haage, Anne/Hölig, Sascha/Adrian, Sebastian/Kellermann, Gudrun/Suntrup, Theresa. Hrsg. v. Aktion Mensch und die medienanstalten. Berlin. Abrufbar unter kme.tu-dortmund.de/cms/de/Aktuelles/aeltere-Meldungen/Studie-Mediennutzung-von-Menschen-mit-Behinderung-_MMB16_/Studie-Mediennutzung_Langfassung_final.pdf [Stand: 01.10.2018].

Bühler, Christian (2015): Universelles Design des Lernens und Arbeitens. In: Biermann, Horst (Hrsg.): Inklusion im Beruf. Stuttgart: Kohlhammer, 118–137.

Bundesministerium für Arbeit und Soziales – BMAS (2016): Teilhabebericht der Bundesregierung über die Lebenslagen von Menschen mit Behinderungen. Unter Mitarbeit von Engels, Dietrich/Engel, Heike/Schmitz, Alina. Institut für Sozialforschung und Gesellschaftspolitik GmbH – ISG. Abrufbar unter: bmas.de/SharedDocs/Downloads/DE/PDF-Publikationen/a125-16-teilhabebericht.pdf?__blob=-publicationFile&v=7 [Stand: 14.09.2017].

Bundesministerium für Familie, Senioren, Frauen und Jugend (2017): 15. Kinder- und Jugendbericht. Bericht über die Lebenssituation junger Menschen und die Leistungen der Kinder- und Jugendhilfe in Deutschland. Berlin.

Chadwick, Darren/Wesson, Caroline/Fullwood, Chris (2013): Internet Access by People with Intellectual Disabilities. Inequalities and Opportunities. In: Future Internet, 5 (3), 376–397, DOI: 10.3390/fi5030376.

Dobransky, Kerry/Hargittai, Eszter (2006): The Disability Divide in Internet Access and Use. In: Information, Communication & Society, 9 (3), 313–334, DOI: 10.1080/13691180600751298.

Dudenhöffer, Kathrin/Meyen, Michael (2012): Digitale Spaltung im Zeitalter der Sättigung. In: Publizistik, 57 (1), 7–26, DOI: 10.1007/s11616-011-0136-3.

EU-Richtlinie 2016/2102 des Europäischen Parlaments und Rates vom 26. Oktober 2016 über den barrierefreien Zugang zu den Websites und mobilen Anwendungen öffentlicher Stellen. Abrufbar unter: eur-lex.europa.eu/legal-content/DE/TXT/?uri=CELEX%3A32016L2102 [Stand: 01.10.2018].

Freese, Benjamin (2015): Soziale Innovation durch digitale Teilhabe. Alltagsintegration des Internets durch die Möglichkeiten mobiler Endgeräte. In: Friedrich, Katja/Siller, Friederike/Treber, Albert (Hrsg.): Smart und mobil. Digitale Kommunikation als Herausforderung für Bildung, Pädagogik und Politik. Schriften zur Medienpädagogik 49. München: kopaed.

Initiative D21 e. V (2018): Digitalindex 2017/2018. Jährliches Lagebild zur digitalen Gesellschaft. Abrufbar unter: initiatived21.de/app/uploads/2018/01/d21-digital-index_2017_2018.pdf [Stand: 01.10.2018].

Koch, Wolfgang/Freese, Beate (2016): Dynamische Entwicklung bei mobiler Internetnutzung sowie Audios und Videos. Ergebnisse der ARD/ZDF-Onlinestudie 2016. In: Media-Perspektiven, 9, 418–437.

Krupp, Manfred/Breunig, Christian (2015): Massenkommunikation IX: Eine Langzeitstudie zur Mediennutzung und Medienbewertung 1964–2015. Ergebnisse der ARD/ZDF-Langzeitstudie. Schriftenreihe Media Perspektiven, Band 22. Baden-Baden: Nomos.

Kunert, Heiko (2016): Blind in den sozialen Medien: Zwischen alten Barrieren und neuen Tools Abrufbar unter: leidmedien.de/aktuelles/blind-soziale-medien [Stand: 01.10.2018].

Mayerle, Michael (2014): „Woher hat er die Idee?". Selbstbestimmte Teilhabe von Menschen mit Lernschwierigkeiten durch Mediennutzung. Abschlussbericht der Begleitforschung im PIKSL-Labor. Siegen: Universität Gesamthochschule Siegen, Zentrum f. Planung u. Evaluation Sozialer Dienste (ZPE-Schriftenreihe, 40).

Sachdeva, Neeraj/Tuikka, Anne-Marie/Kimppa, Kai Kristian/Suomi, Reima (2015): Digital Disability Divide in Information Society: A Framework Based on a Structured Literature Review. In: Journal of Information, Communication and Ethics in Society, 13 (3/4), 283–298, DOI: 10.1108/JICES-10-2014-0050.

Schluchter, Jan-René (2015): Inklusive Medienbildung. Eine Skizze. In: Schluchter, Jan-René (Hrsg.): Medienbildung als Perspektive für Inklusion. Modelle und Reflexionen für die pädagogische Praxis. München: kopaed, 17–26.

Schlüter, Ann-Kathrin/Melle, Insa/Wember, Franz B. (2016): Unterrichtsgestaltung in Klassen des Gemeinsamen Lernens. Universal Design of Learning. In: Sonderpädagogische Förderung heute, 61 (3), 270–285.

van Dijk, Jan A.G.M. (2012): Digitale Spaltung und digitale Kompetenzen. In: Schüller-Zwierlein, André (Hrsg.): Informationsgerechtigkeit. Theorie und Praxis der gesellschaftlichen Informationsversorgung. Berlin: de Gruyter Saur (Age of Access? – Grundfragen der Informationsgesellschaft, Bd. 1, 108–133.

Verständig, Dan/Klein, Alexandra/Iske, Stefan (2016): Zero-Level Digital Divide. Neues Netz und neue Ungleichheiten. In: SI:SO, 1, 50–55.

Zaynel, Nadja (2017): Internetnutzung von Jugendlichen und jungen Erwachsenen mit Down-Syndrom. Wiesbaden: Springer VS.

Ida Pöttinger

Tell Me Why

Gründe für die Mitgliedschaft bei der International Association for Media Education – IAME

Während es im Bereich der medienpädagogischen Forschung bereits einige internationale Kooperationen und Zusammenschlüsse gibt, ist die Vernetzung der medienpädagogischen *Praxis* und Praxisforschung bislang noch wenig fortgeschritten. Gleichwohl sind die Schwierigkeiten und Herausforderungen international ganz ähnlich. Überall in Europa ist die Medienpädagogik vor allem dann gefordert, wenn es zu problematischen Situationen für Kinder, Jugendliche und Erwachsene kommt. Aktuelle Beispiele wären hier etwa Fake News, Hate Speech, Auswüchse des Darknets mit seinen Waffen- und Pornoangeboten oder Datendiebstähle.

Nicht umsonst setzen Theoretiker wie David Buckingham und Horst Niesyto immer mehr auf „critical media education" und auf Regulierung. Gleichzeitig kann es nicht allein um Jugendmedienschutz gehen, denn wir sind davon überzeugt, dass Medienbildung dazu beitragen kann, die digitale Revolution in sinnvolle Bahnen zu lenken. Konzentrieren wir uns also darauf, wie wir Kinder, Jugendliche und Erwachsene in dieser komplizierten Welt begleiten können, damit sie ihr kreatives Potential nicht aus den Augen verlieren und nicht vergessen, dass echte Menschen diese technischen Neuerungen entwickelt haben.

Auch in anderen Ländern fühlen sich Medienpädagog*innen herausgefordert. Medienpädagogik soll alles reparieren, was die Politik falsch macht oder wo sie einknickt vor großen Konzernen. Deshalb ist es umso wichtiger, sich europaweit auf zentrale medienpädagogische Themen zu verständigen, sich zu vernetzen und gemeinsame Kriterien für die Qualitätsentwicklung der praktischen Arbeit zu entwickeln sowie sich über Standards in den Aus- und Fortbildungen zu einigen. Nur über eine solche Professionalisierung der Medienpädagogik kann auch politisch Einfluss genommen werden.

Deshalb hat sich eine Gruppe europäischer Medienpädagogen*innen 2016 zu IAME (International Association for Media Education – iame.education) zusammengeschlossen, um gemeinsam politisch, gesellschaftlich und forschungspolitisch wirken zu können. Die IAME-Gründungsmitglieder sind allesamt unabhängig, haben langjährige Erfahrung und sind enttäuscht, dass der Veränderungsprozess so langsam verläuft. Das war ein

Abb. 1: Logo der International Association for Media Education – IAME

erster gemeinsamer Grund, eine internationale Organisation aufzubauen. Wir hoffen natürlich, dass IAME eine Art „pressure group" oder Lobby wird, die eine gemeinsam entwickelte medienpädagogische Strategie durchsetzt, sodass wir der Politik als starker Verband ein Signal senden können.

Eine Agenda bei IAME wird zurzeit entwickelt. Bei einer ersten IAME Vollversammlung in Lucca im Juli 2018 wurden folgende mittel- und langfristigen Ziele diskutiert:

- Entwicklung einer Identität und Mission von IAME, um als vollwertiger und konstruktiver Teilnehmer in europäischen und internationalen Gremien und Kontexten auftreten zu können (dazu z. B. ein mehrsprachiges Buch mit einem Manifest für die Politik).
- Durchführung von Studien und Forschungsprojekten: z. B. Aktionsforschung zu Lehrmethoden für Medienerziehung, Untersuchung der verschiedenen Visionen von Medienerziehung und Analysen von realistisch umsetzbarer Politik.

Die ersten Schritte sind inzwischen getan: Es gibt eine Website, es gibt Flyer, es gibt Ansprechpartner*innen und die Möglichkeit, als selbstständiges Mitglied beizutreten.

IAME ist ein gemeinnütziger Verein, der darauf abzielt, Medienpädagogik auf einem internationalen Level zu fördern. Die Gründer*innen sind Organisationen und Einzelpersonen, die übereingekommen sind, Medienpädagogik zu vernetzen und damit zu stärken: Die Mitglieder sind Lehrkräfte, Wissenschaftler*innen, Forscher*innen, Erziehungspersonen und andere Professionelle aus ganz Europa. Vertreter*innen der GMK und anderer Länder kamen in Lucca zusammen, um ein starkes und positives Netzwerk zu schaffen, Kapazitäten und Energien zu bündeln, um mehr Wissen, Sichtbarkeit und Unterstützung von Medienbildung auf einem internationalen Niveau zu erreichen.

Mit den digitalen Veränderungen der letzten Jahre sind Medien zum Dreh- und Angelpunkt für Wissen, Wirtschaft, Politik und Gesellschaft geworden. Medienkompetenz ist heute eine Schlüsselkompetenz, die es zu entwickeln gilt. Medienbildung sollte neue Bildungs- und Arbeitsmodelle sowie Strategien mitgestalten, wobei die Interaktionen und der Dialog zwischen der globalen und der lokalen Ebene verstärkt werden müssen. IAME will dazu beitragen, Beteiligte miteinander zu vernetzen und Fragen, bewährte Verfahren und Erfahrungen aus der Praxis der beteiligten Länder auszutauschen und damit zu einer international abgestimmten Qualitätsentwicklung beizutragen. Familien, Schulen, Gemeinden, Medieninstitutionen, Lehrer*innen und viele andere Akteur*innen sollten Teil der Debatte über die Herausforderungen der Medienbildung und das transformative Potential sein.

Um die strategischen Ziele von IAME zu erreichen, konzentrieren wir, die Gründungsmitglieder, unsere Arbeit auf drei Kernbereiche:

- Sichtbarkeit der Medienbildung erhöhen
- Austausch von Ressourcen, Fähigkeiten und Wissen
- Unterstützung und Interessenvertretung

Da Medienerziehung ihr Publikum und ihre Zielgruppen erweitert, stehen wir vor neuen relevanten Fragen für unsere Gesellschaften. Es ist kein Zufall, dass 2016 „post-truth" zum Wort des Jahres der Oxford Dictionaries gewählt wurde. Das Brexit-Referendum und die US-Präsidentschaftswahlen haben diese Themen in die Schlagzeilen gebracht. Auf diesem Hintergrund sind Medienkompetenz und Medienerziehung mehr denn je gefordert.

IAME möchte die Zusammenarbeit zwischen seinen Mitgliedern fördern. Obwohl es wichtige internationale Projekte gibt, möchten wir, dass medienpädagogische Profis teilnehmen und ihre Erfahrungen eher bottom up als top down austauschen. Die Mitglieder sind eingeladen, ihre Meinung zu zentralen Themen im Zusammenhang mit Medienerziehung und Medienkompetenz im internationalen Diskurs weiterzuentwickeln. Aus diesem Grund gibt es mehrere Arbeitsgruppen, in denen Menschen mitmachen, Kontakt aufnehmen und ihre Ideen kontinuierlich diskutieren können. Jedes Gründungsmitglied vertritt gegenwärtig ein spezielles Thema innerhalb des Konsortiums. Dazu gehören:

- Forschung im Bereich der Medienbildung
- Nachrichtenmedien und deren Herausforderungen
- Medienproduktion im Zeitalter digitaler Werkzeuge
- Medienpädagogik und frühkindliche Bildung
- Neue Medien und Kultur
- Medienbildung in der multi- und interkulturellen Gesellschaft
- Empfehlungen, Anwaltschaft und Politik in der Medienbildung

Die GMK wird bei IAME vertreten durch Ida Pöttinger, der GMK-Fachgruppensprecherin *Global Media Literacy.* Sie bringt sich in den Verbund ein mit der gesammelten Erfahrung und der starken, bundesweiten Vernetzung innerhalb der deutschsprachigen GMK. Im Folgenden werden die Gründungsmitglieder sowie ihre Beweggründe und Ideen vorgestellt.

Die Mitbegründerin und Vorsitzende der *International Association for Media Education* (IAME) ist Evelyne Brumer-Bévort (Frankreich). Sie ist Sozialwissenschaftlerin und war mehr als zwanzig Jahre lang stellvertretende Direktorin des CLEMI, dem Zentrum für Medienpädagogik in Frankreich. Sie war an vielen internationalen Projekten und Forschungen beteiligt und wurde von der Unesco, dem Europarat und der Europäischen Gemeinschaft als Expertin nominiert. Sie veröffentlichte Artikel, Aufsätze und Bücher über Jugend und Medien sowie digitale Medien und Schulen. Ihr Statement zur Gründung von IAME:

> „Warum wurde IAME gegründet? Weil es wichtig ist. Nach so vielen enthusiastischen Jahren mit Aktionen, Gründungen und Lobbyarbeit für die Medienbildung beim CLEMI ist eine der interessantesten Beobachtungen, wie wichtig es ist, ein starkes und tief verwurzeltes Netzwerk in Frankreich aufgebaut zu haben. Es bietet die Möglichkeit, mit Lehrern, Studenten, lokalen Journalisten und Forschern zusammenzuarbeiten und an einem nationalen und sogar internationalen globalen Projekt teilzunehmen.
> Es scheint, dass diese Kombination einem so wichtigen Plan Kraft und Nachhaltigkeit verleiht.
> Der Austausch mit Menschen in unterschiedlichen kulturellen Kontexten stimuliert, hilft uns, neue Antworten zu finden und eine andere Form der Interkreativität zu entwickeln.
> Im internationalen Kontext ist die Vernetzung noch wichtiger. IAME versteht sich als starker Hebel für Einzelpersonen und Organisationen, die im Bereich der Medienerziehung tätig sind, weil IAME mehr Vertrauen (wir sind nicht allein und wir haben viel zu teilen), mehr Effizienz (wir repräsentieren eine Reihe von Aktionen und wichtigen Ergebnissen) und die Verwirklichung sehr neuer Entwicklungen (mit dem Beitrag neuer Mitglieder und neuer Forschungsprojekte) bringen könnte.
> IAME bietet Hilfe für alle im Bereich der Medienerziehung, solange wir in der Lage sind, der Vielfalt der Fragen zuzuhören und gemeinsam angepasste Antworten zu erarbeiten.
> IAME erscheint auch als Partner eines neuen Typs für die internationalen Expertengruppen, da der Verein nicht an eine nationale Politik gebunden ist und Vorschläge von mehreren Akteuren einbringt."

Italien: „Associazione italiana per l'Educazione ai Media e alla Comunicazione" – MED

Der Italienische Verband für Medien- und Kommunikationserziehung zählt zu den Gründungsmitgliedern von IAME.

Abb. 2: Logo von „MED, Associazione italiana per l'Educazione ai Media e alla Comunicazione"

MED ist ein gemeinnütziger Verein, der 1996 in Rom von einer Gruppe von Universitätsprofessor*innen, Lehrkräften und professionell arbeitenden Medienmenschen gegründet wurde.

Der Verein verfolgt folgendes Ziel: Bildung eines Netzwerks zwischen allen interessierten Personen, die mit Medien und Erziehung von Kindern und Erwachsenen befasst sind (sowohl an Universitäten als in der Medienindustrie, sowohl in Schulen als auch im pädagogischen außerschulischen Bereich), um Forschung, Bildung und die Praxis von Medienerziehung zu fördern sowie die Aus- und Fortbildung von Medienbildung von Jugendlichen, Erwachsenen, Lehrkräften, Erzieher*innen und Medienfachkräften zu begleiten. Web: medmediaeducation.it. Ansprechpartnerinnen im Bereich des IAME sind Gianna Cappello (Vizevorsitzende von IAME) und Maria Ranieri.

> „IAME ist von der Struktur am besten dazu geschaffen, nicht nur die Ziele von MED zu unterstützen, sondern ein internationales Netzwerk aufzubauen. In einer globalisierten Gesellschaft ist das Netzwerken eine der Schlüsselstrategien, um die Anliegen und Belange der Medienbildung weltweit voranbringen zu können. Außerdem sind landesspezifische Ansätze von Bedeutung und notwendig. Netzwerken ist notwendig, um gemeinsame Initiativen und Projekte entwickeln und planen zu können zur Schaffung einer aktiven und teilhabenden Bürgerschaft rund um den Globus."

Abb. 3: Logo von „Média Animation“

Belgien: Zentrum „Média Animation“

Média Animation ist ein Medien- und Multimedia-Bildungszentrum für die französischsprachigen Gemeinden in Belgien. Es ist auch ein Zentrum für berufliche Bildung und lebenslanges Lernen für Erwachsene. Media Animation bietet neben zahlreichen Aktivitäten in der Medienpädagogik auch Beratung für audiovisuelle und multimediale Produktionen an und stellt außerdem professionellen Akteur*innen im Kultur- und Bildungsbereich medienpädagogische Unterstützung zur Verfügung. Web: media-animation.be. Vertreter für das IAME bei dem Bildungszentrum *Média Animation* ist Paul de Theux.

Paul de Theux vom *Média Animation* hat sich aus folgenden Gründen für die Mitgründung des IAME entschieden:

> „Ich habe mich für IAME entschieden, weil es mir wichtig erscheint, dass Menschen, die medienerzieherisch tätig sind, ihre Kräfte zusammentun, um sich über Praxis auszutauschen, gemeinsame Projekte anzustoßen, die Probleme auf ihrem Sektor anzugehen und Medienpädagogik nach außen hin gegenüber Regierungen und anderen relevanten Körperschaften zu vertreten. Ich hoffe sehr, dass unser internationaler Verband diese Ziele, die für unseren Bereich sehr wichtig sind, erreicht.“

Abb. 4: Paul de Theux

Rumänien: Die Organisation „Mediawise Society"

Abb. 5: Logo von „Mediawise Society"

Die Organisation bietet Bildungsressourcen zur Unterstützung der Medienbildung in Schulen und anderen nicht-formalen Lernkontexten. Die Mitarbeiter*innen von *Mediawise* konzipieren und organisieren Medienkompetenz-Workshops für Kinder und Erwachsene sowie Fortbildungskurse für Lehrer*innen, Ausbilder und Bibliothekare, die daran interessiert sind, ihre Medienkompetenz, die sie für ihre Arbeit benötigen, zu verbessern.

Mediawise Society baut derzeit eine Community von Praktiker*innen auf und macht dadurch Medienbildung populär. Ziel ist es, Eltern, Lehrer*innen und Bibliothekar*innen, Kinder und Jugendliche einzubinden, um zur Medienbildung in jeder Lernumgebung beizutragen. Web: mediawise.ro.

- Forschung in den Bereichen Medien, Kommunikation und Bildung
- Einsetzen für die Einführung von Medienpädagogik in Schulen
- Beratung und Unterstützung in (politischen) Fragen rund um Bildung, Medien und Kommunikation

Vertreterin der *Mediawise Society* bei IAME ist Nicoleta Fotiade. Sie betont:

> „Stärkere Solidarität und Zusammenarbeit unter Graswurzel-Praktikern und Professionellen in der Medienpädagogik haben sowohl lokal als auch global Priorität. Ich gründete IAME mit dem Glauben, dass der Verein Leute und Institutionen zusammenbringt, um zusammenzuarbeiten, mehr Wirkung zu haben und um Medienerziehung als einen wichtigen Teil eines lebenslangen Lernens in einer digitalen Gesellschaft zu begreifen.
>
> Mehr Zusammenarbeit und Solidarität unter Gleichgesinnten sollte eine stärkere und festere Stimme im Dialog und gegenüber Politikern und Förderinstitutionen bilden."

Abb. 6: Nicoleta Fotiade

Frankreich: Das „Centre d'étude sur les jeunes et les medias"

Das Zentrum für Jugend- und Medienforschung ist ein Zusammenschluss von Forscher*innen verschiedener Disziplinen, die sich mit dem Thema Medienpädagogik beschäftigen. Ziele sind: Förderung und Entwicklung von Forschungsprojekten, Zusammenstellung von Expert*innen zu verschiedenen Themen und Problemen, Herausgabe von Open-Access-Büchern zur Förderung der Medienerziehung und Verbesserung des Wissens, das zur Entwicklung der Medienerziehung in allen Altersgruppen beitragen kann. Web: jeunesetmedia.wixsite.com. Bei IAME vertritt Marlène Loicq das *Centre d'étude sur les jeunes et les medias*.

„Medienbildung ist eine komplexe und vielfältige Aufgabe für Erzieher und Forscher. Eine internationale Vereinigung, die der Medienpädagogik gewidmet ist, unterstreicht die weltweite Wichtigkeit, ermutigt zur Etablierung auf Staatsebene und schafft pädagogische Möglichkeiten der Umsetzung auf einem lokalen Niveau. Eine Zusammenkunft von Experten im Bereich Medienbildung führt zu einem verbesserten Verständnis von allen."

Belgien: Das „Institut des Hautes études des Communications Sociales" – IHECS

BRUSSELS SCHOOL
IHECS
Journalism & Communication

Abb. 7: Logo des „Institut des Hautes études des Communications Sociales"

Mit 2.200 Studierenden ist IHECS die wichtigste Hochschule für Kommunikation in der Brüssel-Wallonischen Föderation (Belgien). Das IHECS liefert mehrere Bachelor- und Masterabschlüsse in spezialisierten Bereichen (Journalismus, Public Relations, Advertising, Eventmanagement etc.). Seit 2013 hat IHECS einen Master-Abschluss für „Media Literacy" (120 ECTS) eingeführt. Es ist der einzige und innovativste Master, der für eine neue Art von Medienpädagogik entwickelt wurde. Web: ihecs.be. Mitbegründer am *Institut des Hautes* études *des Communications Sociales* ist Patrick Verniers.

Abb. 8: Patrick Verniers

Patrick Verniers vom *Institut des Hautes* études *des Communications Sociales* hat sich aus folgenden Gründen für die Mitgründung des IAME entschieden:

> „Ich bin seit mehr als 25 Jahren im Bereich Medienkompetenz tätig, bevor ich den Master-Abschluss bei IHECS eingeführt habe. Ich hatte mehrere Gelegenheiten, mich mit anderen Medienausbildern in ganz Europa und darüber hinaus zu vernetzen und auszutauschen.

Wir haben beschlossen, diesen Verband ins Leben zu rufen, weil wir uns bewusst sind, dass es notwendig ist, eine Gemeinschaft von Pädagogen und spezialisierten Organisationen aufzubauen, die konkrete Aktionen, Ressourcen, Schulungen, Projekte und Forschungen durchführt.
Da Medienkompetenzbildung heutzutage ein hochrangiges Thema auf der Agenda vieler internationaler Institutionen und politischer Entscheidungsträger ist, sind wir der festen Überzeugung, dass es dringend notwendig ist, den Praktizierenden eine Stimme zu geben. Wer es schafft, muss sich vernetzen und auf die Agenda setzen, was wirklich den Bedürfnissen entspricht. Vor allem möchten wir eine Solidargemeinschaft mit demokratischer Steuerung entwickeln."

Italien: Das Medienbildungszentrum „Centro Zaffiria" mit Sitz in der Emilia-Romagna

Das *Centro Zaffiria* konzipiert Media Education Workshops in Schulen, bildet Lehrer*innen fort und unterstützt Kinder und Jugendliche in ihrer Kreativität. Von alten zu neuen Technologien erforscht das *Centro Zaffiria* neue Wege, mit Kreativität in einer technologischen Gesellschaft zu leben. Web: zaffiria.it. Vertreterin ist Alessandra Falconi aus Italien. Sie erklärt:

„Wir müssen eine Bewegung sein, wir brauchen einen gemeinsamen Ort, wo sich Fragen, Chancen und Möglichkeiten eröffnen zum Thema Medienbildung und IKT, um die Praxis und die neuen Ansätze in ganz Europa zu verbessern."

Deutschland: „Gesellschaft für Medienpädagogik und Kommunikationskultur" – GMK

Die GMK ist ein bundesweiter Berufsverband für Menschen aus den Bereichen Bildung, Kultur und Medien. Sie steht für die Förderung von Medien-

Abb. 9: Logo der GMK

Abb. 10: Ida Pöttinger

bildung und Medienkompetenz. Die GMK ist auch in der Schweiz und in Österreich aktiv. Der Verein bringt interessierte und engagierte Menschen aus Wissenschaft und Praxis zusammen und sorgt für den Informationsaustausch. Web: gmk-net.de. Ida Pöttinger, Sprecherin der GMK-Fachgruppe *Global Media Literacy*, vertritt die GMK.

> „Auf der einen Seite ist und bleibt die Medienpädagogik sinnvollerweise Teil der Erziehungswissenschaft, auf der anderen Seite ist die Medienpädagogik so spezialisiert, dass sie außerordentliche Professionalität erfordert. Der Austausch mit Lehrern, Pädagogen und Wissenschaftlern verschiedener Länder ermöglicht es, aktuelle Themen und geeignete Lehrmethoden aufzugreifen. Aufgrund unserer langjährigen Erfahrung könnte dies in der Schulpolitik hilfreich sein, besonders wenn wir an Digital Citizenship denken."

Auch wenn wir Gründer*innen mit großem Eifer am Ausbau von IAME arbeiten, so ist immer noch nicht gänzlich geklärt, in welche Richtung sich IAME letztlich hinbewegt. Die Digitalisierung ist mit neuen Herausforderungen und Problemfeldern, wie z. B. der kommerziellen Ausbeutung persönlicher Datenprofile oder dem Entstehen teilweise totalitärer Machtstrukturen im Kontext von „Big Data", verbunden. Diese Problemfelder erfordern eine kritische Reflexion und die Entwicklung bzw. das Aufzeigen von Handlungsalternativen z. B. mit dem Konzept „Digital Citizenship". Noch sind wir in der Diskussion. Auf unserem ersten Treffen im Juli 2018 in Lucca (Italien) ging es u. a. auch um das schwierige Thema Regulierung. Wir machen auf jeden Fall weiter und freuen uns auf alle, die mit uns (auf Englisch) kommunizieren und an einer Strategie mitarbeiten möchten: iame.education.

Ida Pöttinger

Auf der Suche nach der Wahrheit

Media meets Literacy

Wenn ich Susanne nicht getroffen hätte, wäre dieser Bericht niemals zustande gekommen. Ich dachte, dass sich kein Mensch für Tagungen im Ausland interessieren würde. Schließlich ist der Run auf die Global Media Literacy-Fachgruppe der GMK überschaubar. Susanne meinte aber, dass nur wenige Medienpädagog*innen diese Angebote überhaupt kennen würden. Nun – warum auch nicht, ich versuche mal, das Interesse an der Struktur und an den Inhalten solcher Tagungen zu wecken. Denn nicht nur wir Deutschen sind an Standards und Qualität in der Ausbildung interessiert.

Medienpädagogische Tagungen im Ausland

Man erhält viele Einladungen, wenn man sich einmal in diesem internationalen Netzwerk bewegt, auch nach Sao Paulo (Brasilien) oder nach Kingston (Jamaika). Aber das Interesse der deutschen Tagungsreisenden ist häufig begrenzt. Zum einen glauben viele, dass die Medienpädagogik in Deutschland so gut aufgestellt ist, dass man kaum etwas Neues erfährt und für Institutionen deshalb Fahrtkostenerstattungen nicht ertragreich sind, zum anderen gibt es auch ganz praktische Hindernisse: Die Reisen sind wegen der langen Anreise oft teuer, verschlingen Arbeits- oder Urlaubstage und niemand weiß so genau, ob die Englischkenntnisse ausreichen, um wirklich Neues mit nach Hause bringen zu können.

In der Tat, nicht jede Tagungsreise innerhalb oder außerhalb von Europa bringt neue Erkenntnisse. Man erkundet fremde Orte und Verhaltensweisen, trifft auf unterschiedlichste Menschen und freut sich, wenn nach Jahren des sporadischen Wiedersehens die Begegnungen zu Freundschaften werden. Es ist ein großer Vorteil, wenn man mehrere Sprachen spricht, aber das garantiert noch keine befriedigende Kommunikation. Das einsame Herumlungern an Stehtischen muss geübt sein. Außerdem trifft man nicht immer nur auf Freunde. Es kann einem auch passieren, dass man sich mangels anderer Bekanntschaften einen ganzen Abend mit jemandem unterhält, den man lieber nicht getroffen hätte. Aber die Regel ist, dass das Kennenlernen anderer Kulturen neugierig macht und die Sicht auf die medienpädagogischen Entwicklungen in Deutschland verändert wird.

Vor allem kommt man einfach nicht umhin, die Menschen zu bewundern, die trotz der schwierigen finanziellen und strukturellen Situation in manch anderen Ländern für die Weiterentwicklung von Medienpädagogik ihr Bestes geben, sprich gute Materialien und Ideen entwickeln.

Zum Beispiel: Die Tagung in Sarajevo

Letztes Jahr war ich auf einer Tagung in Sarajewo. Eigentlich kannte ich den Namen dieser Stadt nur aus dem Geschichtsbuch (Ermordung des Habsburger Thronfolgers Franz Ferdinand als Auslöser für den 1. Weltkrieg) und den verwirrenden Nachrichten aus dem „Jugoslawien-Krieg", dem Kampf einer belagerten Stadt zwischen 1992 und 1995 mit undurchsichtigen Allianzen. Diese Kriegsfolgen sieht man heute noch: barocke Paläste und Villen mit zerschossenen Ornamenten, Betonbauten, deren Stahlträger ins Nichts ragen, aber auch renovierte Kirchen und Moscheen, die darauf hindeuten, dass sich das multikulturelle Gefüge wieder stabilisiert hat. Nur die Menschen schauten nicht fröhlich aus. Die Verletzungen waren noch allgegenwärtig. Nicht nur, dass viele körperlich beeinträchtigte Menschen zu sehen waren, es lag auch eine Depression über der Stadt. Kein Wunder, denn was zum Beispiel von weitem wie ein kleiner Stadtpark aussah, durch den man morgens Joggen könnte, entpuppte sich beim Näherkommen als Kinderfriedhof. Die Folgen schrecklicher Zeiten, in denen sich die Ethnien Kroaten, Serben und Bosniaken und damit die Religionen katholisch, orthodox und muslimisch gnadenlos bekämpft haben, waren nicht zu übersehen.

Warum die Evans Foundation ausgerechnet Sarajevo als Tagungsort für einen Kongress wählte, liegt auf der Hand. Ihre Devise ist, das harmonische Zusammenleben der verschiedensten Kulturen zu fördern. Die Evans Foundation, eine private Stiftung einer vom Holocaust geprägten Familie aus Antwerpen in Belgien, unterstützt Projekte und verleiht Preise für das Engagement in der Friedens-, Medien- und Bürgerschaftserziehung. Die Tagungen sind immer auf einem hohen wissenschaftlichen, kulturellen und kulinarischen Niveau, sprich es gibt nicht nur herausragende Keyspeaker*innen, sondern auch die Veranstaltungsorte und das Essen sind vom Feinsten. Die Tagung in Sarajevo fand im Opernhaus statt, ein Ort mit viel Gold und Samt, Bediensteten in Livrée und köstlichen Buffets.

Sarajevo verkörpert geradezu das Problem, dass sich Menschen, die friedlich zusammenlebten, binnen kürzester Zeit gegeneinander aufhetzen ließen – sich nicht nur ignorierten, sondern sich gegenseitig töteten. Das Thema war der Stadt genau angepasst: Es ging unter der Überschrift „Media meets Literacy" um Fake News, Verschwörungstheorien, alternative Fakten, Propaganda und um die interessante Frage, wie man Kindern, Jugendlichen, aber auch Erwachsenen die Augen für eine zerstörerische Informationspolitik öffnen kann. Die Angst vor der Zerstörung der Demokratie macht sich überall breit.

Die Tagungsinhalte: Nachrichten und Medienpädagogik

In jedem Land findet man das gleiche Phänomen: Nur reißerische Geschichten verkaufen sich gut. Es gibt keinen Anreiz für einen „objektiven" Journalismus oder Bestrafung derer, die Hass predigen. Was kann man also gegen falsche Berichterstattung tun? Ihr eine richtige Berichterstattung entgegensetzen? Richtig berichten kann nur der, der die Wahrheit kennt. Aber was ist die Wahrheit? Ein breites Spektrum von Forscher*innen, Wissenschaftler*innen und praktizierenden Medienpädagog*innen versuchten darzulegen, wie man sich „der Wahrheit" annähern kann.

Einige Vortragende meinten, das sei doch ganz einfach, schließlich gäbe es Fakten. Mit Fakten-Checking sei dem Problem sehr einfach zu begegnen. Ergo müsste man in Schulen den Kindern beibringen, dass sie versuchen, die Quellen zu eruieren, Gegenmeinungen einzuholen, auf den Sprachgebrauch zu achten (z. B. auf anbiederndes wir). Ziel sei es schließlich, sie zu Citizens, d. h. zu mündigen Bürger*innen zu erziehen. Außer Planspielangeboten, z. B. der Simulation einer Wahl und der Einladung von echten Journalist*innen und echten Politiker*innen, gab es wenig konkrete Vorschläge. Dass *für* die Aufnahme des Themas in den Bildungsplan von allen Ländern plädiert wurde, verstand sich von selbst. Wer gar keine Schwierigkeiten in Bezug auf Wahrheitsfindung sah, war die Rednerin von *Voice of America,* die zwar Trump mit keinem Wort erwähnte, aber die gleiche Attitüde hatte: Sie betonte, dass die Journalist*innen der *Stimme Amerikas,* dem staatlichen Nachrichtensender, der in 43 Sprachen sendet, allesamt exzellent recherchieren würden, natürlich auch bei der Darstellung von Kriegen. Das Publikum reagierte auf diesen Vortrag nicht mit Protest. Wahrscheinlich waren alle schockiert. Nur draußen in der Raucherecke regte man sich auf.

Schwieriger hatten es jene Redner*innen, die einräumten, dass es „die Wahrheit" nicht gäbe. Zu Fragen des Fakten-Checking war auch Marta Oroz aus Deutschland eingeladen, die den Nachrichten-Check bei Corrective.org begleitet. Sie erzählte, dass es schwer sei, Kriterien zu finden, die umfassend greifen. In den meisten Fällen nützt das Debunking (Widerlegen von Fakten) nichts, weil den Leuten die Wahrheit egal ist. Schreibt jemand etwas Schlechtes über einen Lieblings-Fußballverein, dann ist es egal, ob das stimmt. Die Nachricht wird im Geiste unter „Fake News" abgespeichert.

In der Regel handelt es sich um eine Vermischung von Fakten und Kommentaren, was die Menschen in Sozialen Netzwerken posten. Aus diesem Grund müsste man überlegen, ob man eine Verpflichtung zur Quellenangabe von Fakten und Zahlen einführen sollte. Ein Label, dass die Fakten geprüft sind, sei auch nur bedingt sinnvoll. Leider werden die Ergebnisse des Fakten-Checkings im Internet genauso wenig gelesen, wie die Gegendarstellungen in der Presse.

Ein weiterer sehr interessanter Vortrag war der der kanadischen Forscherin Megan Boler (Professorin am Ontario Institute for Studies in Education, Universität Toronto). Sie beschäftigte sich mit der Frage, welche Rolle Emotionen und Beeinflussungsstrategien spielen, in einer Zeit, in der Soziale Netzwerke dazu beitragen, dass partizipative Elemente eine neue Form von demokratischer Mitwirkung ermöglichen. Emotionen spielen beim Senden und Empfangen eine große Rolle, weil das Filtern von Informationen hauptsächlich durch sie gesteuert wird. Hinzu kommt heute das Problem der Verbreitung als dritter Faktor. Motivation bei der Verbreitung von Nachrichten an ein großes Publikum können gezielte Fehlinformationen sein, das Stiften von Irritationen und Verwirrungen oder das Schaffen sogenannter guter Gefühle. Das Ergebnis ihrer Forschungen ergab, dass die Emotionalisierung von Information in den letzten Jahren um 2.000 Prozent zugenommen habe. Immer mehr geht es um „truthiness" (believe in what you feel to be true, rather than what the facts will support) und nicht um „truth". Die Menschen haben sich an Infotainment gewöhnt, verlangen sogar danach. Boler spricht von einem „emotional turn", der Polarisierungen befördern kann. Sie spricht sich aber dagegen aus, wieder auf alte journalistische Werte zu pochen, sondern möchte ein neues Verständnis von Journalismus unter Aufdecken von Gefühlen und dahinterliegenden „deep stories" entwickeln.

Interessant waren auch die Thesen von Evgeny Morozov (Autor von *The Net Delusion* und *Smarte neue Welt,* Journalist für z. B. *Süddeutsche Zeitung* und *New York Times),* der auf den Plattform-Kapitalismus hinwies. Es ist ja nicht nur so, dass die Netzwerke Daten sammeln – das wirklich Schlimme ist, dass die Menschen immer auf bestimmte Waren und ökonomische Handlungen aufmerksam gemacht werden und das, was in ihrer Umgebung tatsächlich vorhanden ist, nicht mehr wahrnehmen. Es entsteht ein in sich geschlossener Waren- und Dienstleistungsaustausch. Die Kartellbildung der großen Plattformen, wie Google und Facebook, sei jedoch nicht mit staatlichen Regulierungen zu verhindern. Europäische Regierungen ignorieren die Tatsache, dass der heutige Digitalkapitalismus davon profitiert, falsche Geschichten zu produzieren und zu verbreiten. Lösen lässt sich das

Problem nur, wenn man die Grundlagen des Kapitalismus überdenken und die Online-Werbung nicht so eine zentrale Rolle in der digitalen Kommunikation spielen würde.

Renee Hobbs (University of Rhode Island, United States) widmete ihren Vortrag den Verschwörungstheorien: Ihre These ist, dass vor allem Jugendliche sich in den Jahren der Pubertät zu Verschwörungstheorien hingezogen fühlen und sie schnell verbreiten. Im Grunde sind es oft „schöne" Geschichten, von denen sich nur wenige für einen Gegenbeweis eignen. Gerüchte auszuräumen und falsche Informationen zu korrigieren, sei kompliziert. Ein unvorsichtiger Versuch, eine falsche Information zu widerlegen, kann aus Versehen dazu führen, das Gerücht zu verstärken, das man eigentlich ausräumen möchte. Um zu vermeiden, dass der Schuss nach hinten losgeht, muss gekonntes Widerlegen wesentliche Anforderungen erfüllen. Als Erstes muss sich die Erwiderung auf die wesentlichen Fakten anstatt auf das Gerücht konzentrieren, um zu verhindern, dass sich die Falschinformation verfestigt. Dann sollte jeder Erwähnung des Gerüchts eine eindeutige Warnung vorangestellt werden, damit jeder weiß, dass die nachfolgende Information falsch ist. Außerdem sollte die Widerlegung eine alternative Erklärung beinhalten, die wesentliche Bestandteile der ursprünglichen Falschinformation aufgreift. Und selbst dann ist eine Korrektur nicht unbedingt sicher. Sie gibt den Tipp, z. B. YouTube-Videos über folgende Website prüfen zu lassen: ant.umn.edu.

Natürlich können hier nicht umfassend die zahlreichen Erkenntnisse wiedergegeben werden. Es fanden immer mehrere Workshops parallel statt und nicht jeder Workshop war ergiebig.

Deutlich wird jedoch, dass sich viele Probleme nicht mehr national, sondern nur noch international lösen lassen und die Zusammenarbeit von medienpädagogischen internationalen Organisationen unabdingbar ist.

Dieses starke Gefühl der Zusammengehörigkeit aufgrund ähnlicher Problemlagen regt zur Kommunikation mit völlig fremden Menschen an. Hinzu kommt, dass auch die Tagungsorte, die für die meisten Teilnehmer*innen fremd sind, einen nachhaltigen Eindruck hinterlassen. Wenn man in Sarajevo war und sieht, dass Polarisierungen zu dem schrecklichen Krieg in Jugoslawien geführt haben, der so viele Verstöße gegen Menschenrechte und schreckliche Genozide verursacht hat, sieht man den Stellenwert von Nachrichten und den Stellenwert von Medienbildung mit anderen Augen.

Dass die Reisen eher anstrengender als Vergnügungsreisen sind, merkt man meistens erst an der nachfolgenden Erschöpfung. Auch wenn das Zuhören und Sprechen – meistens auf Englisch – kein Problem darstellt, so sind die Beiträge selten auf englisch-englisch oder amerikanisch-englisch, sondern auf serbisch-englisch, spanisch-englisch und deutsch-englisch, was bedeutet, dass die Aussagen aufgrund der vielen mehr oder weniger starken Akzente nicht immer leicht zu entschlüsseln sind. Auch die Diskussionen oder die Gespräche am Stehtisch erfordern große Konzentration, weil die jeweiligen Hintergründe so verschieden sind und man viel Empathie braucht, um wirklich etwas verstehen zu können. Besonders ermüdend sind aber die Reden von Politiker*innen, die sich hervortun möchten, ohne von der Sache viel zu verstehen. Das ist aber kein ausländisches Phänomen.

Wer selbst einen Redebeitrag bringen will, sollte so sicher in der Sprache sein, dass auch öffentliche Diskurse möglich sind. Eine gut übersetzte Powerpoint-Präsentation reicht nicht, um sich in diesem Feld zu positionieren. Aber in der Regel werden Redner*innen und Workshopleiter*innen mit ausreichender Expertise immer gesucht. Das ermöglicht häufig eine Reduzierung der Reisekosten.

Es lohnt die Mühe, über den Tellerrand zu blicken, denn trotz aller Unterschiede lassen sich Überschneidungen finden, die entweder gemeinsame Vorstellungen von Problemlösungen hervorrufen oder einfach nur einen anderen Blick auf die nationalen Handlungsstrategien werfen. Dies gilt vor allem auch, wenn man erfährt, welche Ausbildungsstandards für Medienpädagog*innen und Lehrkräfte es in anderen Ländern gibt. Deutschland ist nicht in allem nur spitze.

Internationale Medienpädagogik

Um einen Überblick über die internationale Landschaft von Medienpädagogik gewinnen zu können und um Kontakte zu knüpfen, sollte man folgende Organisationen kennen:

- Alton Grizzle von der UNESCO (unesco.org) vertritt ein Netzwerk, das wirklich weltweit agiert und Handreichungen für Lehrkräfte in verschiedenen Sprachen herausgebracht hat. Ende Oktober 2018 findet in Zusammenarbeit mit Universitäten in Litauen und Lettland die nächste *Global MIL Week (Media and Information Week)* statt.
- Auch die GMK hat sich mit anderen Ländern zu einem Verbund zusammengeschlossen, der jedoch noch ganz neu ist und Mitstreiter*innen sucht: iame.education (siehe S. 181ff. in diesem Band).
- Eine ausschließlich europäische Organisation findet sich unter eavi.eu.
- Eine weitere Organisation, die vor allem den Jugendmedienschutz in den Vordergrund stellt, ist *Inhope*: inhope.org.

- Ein bewährter Partner bei der Ausrichtung des *World Summit on Media for Children* (cgms17.com), der am 4. Dezember 2017 in Manchester (UK) stattfand, ist *Nordicom*, mit dem *International Clearinghouse on Children, Youth and Media* (nordicom.gu.se/en/clearinghouse/events). Beide Organisationen beschäftigen sich weniger mit Medienpädagogik als mit Medienprodukten für Kinder und Jugendliche.

Sektion Medienpädagogik der Deutschen Gesellschaft für Erziehungswissenschaft – DGfE

Orientierungsrahmen für die Entwicklung von Curricula für medienpädagogische Studiengänge und Studienanteile

Intention

Der vorliegende Orientierungsrahmen[1] greift aktuelle bildungspolitische Diskussionen auf und zeigt, wie die Medienpädagogik gesellschaftliche Verantwortung übernimmt, indem sie einerseits zu Mediatisierungs- und Digitalisierungsprozessen kritisch Stellung nimmt, zum anderen aber auch grundsätzliche Voraussetzungen für die medienpädagogische Professionalisierung aufführt.

Die Medienpädagogik befasst sich in Forschung und Lehre mit der Gestaltung von Lern-, Erziehungs- und Bildungssituationen in einer mediatisierten Wissens- und Informationsgesellschaft. Sie positioniert sich dabei gegen eine einseitige Technisierung pädagogischer und sozialer Kontexte und Institutionen.

In diesem Zusammenhang gibt dieser Orientierungsrahmen Hochschulen Hinweise, wie neu einzuführende Studiengänge mit einer medienpädagogischen Thematik konstruiert werden sollten, welche Ansprüche bei der Akkreditierung vorhandener Studiengänge mit medienpädagogischen Themen gestellt werden müssen und wie die Etablierung neuer Professuren oder die Einrichtung von Arbeitsgruppen für Medienpädagogik begründet werden sollte. Er dient aber auch der Reflexion der eigenen disziplinären Identität. Weiterhin wird mit diesem Orientierungsrahmen die Anschlussfähigkeit der Medienpädagogik an andere Disziplinen, Teildisziplinen der Erziehungswissenschaft sowie die Erziehungswissenschaft insgesamt deutlich.

Der Orientierungsrahmen bildet eine Grundlage für die Gestaltung und Begründung von Studiengängen mit medienpädagogischer Thematik. Insgesamt knüpft der Orientierungsrahmen an die Entwicklung von Kerncurricula durch andere Fachdisziplinen an und führt die von der Initiative „Keine

Bildung ohne Medien!" angestossene Diskussion um eine „Grundbildung Medien" konstruktiv fort.

Medienpädagogik als Handlungs- und Reflexionswissenschaft

Medienpädagogik versteht sich als wissenschaftliche Disziplin und Lehrgebiet. In ihr werden Medienentwicklungen im gesellschaftlichen Kontext aus pädagogischer Perspektive beschrieben, analysiert und eingeschätzt sowie im Hinblick auf pädagogisches Handeln reflektiert und ausgewertet. Da Medienangebote und die Medienlandschaft zunehmend auf digitaler Technik und einer digitalen Infrastruktur beruhen, spielt über die Mediatisierung hinaus die Digitalisierung eine wichtige Rolle.

Als *wissenschaftliche Disziplin* versteht sich Medienpädagogik als Handlungs- und Reflexionswissenschaft. Dabei zielt sie auf eine forschungsbasierte sowie praxisrelevante Theoriebildung im Hinblick auf erziehungs- und bildungsrelevantes Handeln in Medienzusammenhängen. Zugleich soll die Theoriebildung der medienpädagogischen Analyse bzw. Reflexion dienen.

In diesem Kontext geht es in medienpädagogischen Diskursen zunächst um medienpädagogische Grund- und Leitbegriffe wie Medienbildung, Mediensozialisation, Medienerziehung, Medienkompetenz, Medienkritik und Mediendidaktik.

Damit verbunden und darüber hinausgehend bezieht sich der Diskurs auf

- Ziele medienpädagogischen Handelns;
- Vorgehensweisen für das Gestalten und das Lernen mit, über und durch Medien;
- individuelle und gesellschaftliche Voraussetzungen sowie technische und institutionelle Bedingungen medienpädagogischen Handelns;
- Forschungsverfahren und Forschungsmethodologien sowie ihre Möglichkeiten und Herausforderungen;
- Ansätze, Prinzipien und Methoden des Handelns in medienpädagogischen Kontexten.

Als *Lehrgebiet* ist Medienpädagogik auf die Grundlegung, Anregung und Unterstützung von wissenschaftlich fundiertem Handeln in verschiedenen Praxis- oder Berufsfeldern gerichtet. Im Zusammenhang mit dem Erwerb entsprechender Kenntnisse, Fähigkeiten und Fertigkeiten soll eine forschende Grundhaltung entwickelt werden. Darüber hinaus geht es um die Weiterentwicklung der eigenen Persönlichkeit – unter anderem mit der Reflexion der eigenen Werthaltungen und des eigenen Habitus – was für die medienpädagogische Erziehungs-, Beratungs- und Bildungsarbeit bedeutsam ist.

Im Kontext von Forschung, Theoriebildung und Lehre setzt sich die Medienpädagogik aus ihrer spezifischen Perspektive auf Erziehungs- und Bildungsvorgänge mit theoretischen Ansätzen und Erkenntnissen von Nachbardisziplinen, z. B. Kommunikationswissenschaft, Medien(kultur)wissenschaft, Informatik, Mediensoziologie, Medienpsychologie und Medienphilosophie, auseinander, und bezieht internationale Forschung und Theoriebildung, z. B. zu media literacy, digital literacy und media education, ein.

Medienpädagogische Kompetenz

Im Folgenden geht es um einen kompetenzorientierten Rahmen für die Entwicklung von Curricula für medienpädagogische Studienanteile oder ein medienpädagogisches Studium. Die Auseinandersetzung mit den entsprechenden Studieninhalten soll dem Erwerb medienpädagogischer Kompetenz dienen.

Medienpädagogische Kompetenz geht über Medienkompetenz hinaus und wird als Wissen, Können und Reflexionsfähigkeit, verbunden mit einer berufsethischen Haltung verstanden, die notwendig ist, damit medienpädagogisch Tätige bei ihren späteren Zielgruppen Lern- und Bildungsprozesse mit, über und durch Medien im Sinne von Medienkompetenz anregen und unterstützen können. Ziel solcher Lern- und Bildungsprozesse ist die Entwicklung der Fähigkeit und Bereitschaft, sich mit Medieninhalten und Medienentwicklungen kritisch-reflexiv auseinanderzusetzen sowie der Erwerb jener Kenntnisse und Fertigkeiten, die für eine aktive soziale und kulturelle Teilhabe in einer mediatisierten Wissens- und Informationsgesellschaft erforderlich sind. Die Medienpädagogik ist in ihrem beruflichen Handeln den ethischen Prinzipien von Humanität, Weltoffenheit und Wissenschaftlichkeit verpflichtet.

Bei den folgenden Überlegungen wird vorausgesetzt, dass Studierende mit einer entsprechenden Medienkompetenz (als Teil schulischer Bildung) in das Studium eintreten. Sollte dies nicht der Fall sein, ist vonseiten der Hochschule bzw. Universität zu klären, wie geeignete Angebote zur Förderung einer grundlegenden Medienkompetenz sicherzustellen sind.

Zielgruppen medienpädagogischer Aktivitäten können Kinder und Jugendliche sowie jüngere und ältere Erwachsene in Handlungsfeldern der frühkindlichen Bildung, der schulischen und außerschulischen Bildung, der beruflichen Bildung, der Sozialen Arbeit, der Erwachsenen- und Weiterbildung sowie der Seniorenbildung sein.

In diesem Zusammenhang stellen sich für die in verschiedenen Praxis- oder Berufsfeldern Tätigen unter Umständen besondere Anforderungen hinsichtlich der Heterogenität von Zielgruppen bezüglich interessen-, soziokulturell-, bildungs- und leistungsbezogener Voraussetzungen. Dabei ist situationsbezogen ein besonderes Augenmerk auf die Förderung benachteiligter Gruppen und auf Inklusion ermöglichende Maßnahmen zu richten.

Der folgende kompetenzorientierte Rahmen ist als allgemeine Grundlage für die hochschulische medienpädagogische Ausbildung zu sehen. Er ist nicht mit dem Anspruch verknüpft, dass jeweils alle Aufgabenfelder sowie Wissens-, Könnens- und Reflexionsbereiche zur Geltung kommen. Dem steht schon der häufig enge Zeitrahmen für medienpädagogische Studienanteile entgegen. Insofern ist in Abhängigkeit von dem jeweiligen Studiengang, dem zur Verfügung stehenden Zeitrahmen sowie von personellen Ressourcen zu entscheiden, welche Akzente zu setzen sind. Wichtig bleibt allerdings, dass eine Auswahl vorgenommen wird, welche die Möglichkeit eröffnet, ein hinreichendes Gestaltungs- und Reflexionswissen für medienpädagogische Aufgaben, verbunden mit einer forschenden Grundhaltung sowie weiteren förderlichen Einstellungen für medienpädagogische Tätigkeiten, zu erwerben.

Aufgaben- und Reflexionsfelder *Bereiche des Wissens, Könnens und der Reflexion*	Reflexion und Handeln in medienpädagogischer Verantwortung bzw. berufsethischer Haltung unter den Perspektiven von:		
	Erziehung: Anleitung und Unterstützung eines förderlichen, sozial-kommunikativen Medienverhaltens	**Bildung:** Anregung und Unterstützung beim Lernen über Medien und deren Reflexion sowie bei der Gestaltung mit Medien	**Didaktik:** Lehren und Lernen mit Medien bzw. in digitalen Lernumgebungen
Grundbegriffe und Fragestellungen der Medienpädagogik verstehen und in reflexiver Weise nutzen	Grundbegriffe, z. B. Medien, Mediatisierung, Medialität, Digitalisierung, Medienkonvergenz, Medienkompetenz, Mediensozialisation, Medienaneignung, Medienanalyse, Medienkritik Fragestellungen der Medienpädagogik und ihrer Teilbereiche, z. B. von Ansätzen zur Medienerziehung, Medienbildung und Mediendidaktik (auch unter Einbezug historischer Entwicklungen)		
Rahmende Strukturen medienpädagogischen Handelns wissenschaftlich beobachten bzw. erfassen, reflektieren, beachten und auf diese Einfluss nehmen	Entwicklungen im Medienbereich, Prozesse der Mediatisierung und Digitalisierung im gesellschaftlichen Kontext (einschließlich digitaler Ungleichheit, Kommerzialisierung, Datafizierung, Wandel von Öffentlichkeit), Bedeutung für Lernen, Erziehung und Bildung Ansätze zu Mediensozialisation und Medienaneignung (einschließlich Fragen des Medieneinflusses sowie des informellen Lernens mit, über und durch Medien) Soziale und kulturelle Praxen im Kontext von Medien (Medienkulturen) Medienpädagogisch relevante Ergebnisse, z. B. der Kommunikationswissenschaft, Medien(kultur)wissenschaft, Informatik, Mediensoziologie, Medienpsychologie und Medienphilosophie		

<table>
<tr>
<td>Medienangebote und Medienwelten analysieren, reflektieren und (mit)gestalten</td>
<td colspan="2">Medienanalyse, Medienkritik und Mediengestaltung aus der Sicht von Erziehung und Bildung unter Einbezug medienwissenschaftlicher Ansätze</td>
<td>Medienanalyse, Medienkritik und Mediengestaltung aus der Sicht von Lernen und Lehren unter Einbezug mediendidaktischer Ansätze</td>
</tr>
<tr>
<td>Medienpädagogische Konzeptionen, Modelle und Theorien verstehen, analysieren, kritisch einordnen und in Beziehung zu eigenen Vorstellungen setzen</td>
<td>Ansätze zur Medienerziehung (einschließlich des Kinder- und Jugendmedienschutzes)</td>
<td>Ansätze zur Medienbildung (einschließlich Anteilen informatischer Bildung)</td>
<td>Ansätze zur Mediendidaktik (einschließlich lern-lehr-theoretischer Grundlagen)</td>
</tr>
<tr>
<td rowspan="2">Ergebnisse und Methoden medienpädagogischer Forschung erläutern, kritisch einordnen und einzelne Verfahren in exemplarischer Weise erarbeiten und reflektiert anwenden</td>
<td colspan="2">Forschungsergebnisse zu Erziehungs- und Bildungsaufgaben in Zusammenhängen von Mediatisierung und Digitalisierung</td>
<td>Forschungsergebnisse zur Verwendung, Gestaltung und Weiterentwicklung von Medien und digitalen Lernumgebungen</td>
</tr>
<tr>
<td colspan="3">Methodologische bzw. wissenschaftstheoretische Grundlagen der Forschung und Forschungsparadigmen (einschließlich gestaltungsorientierter Forschung)
Qualitativ-empirische und quantitativ-empirische Forschung
Methoden der Forschung: Verfahren (einschließlich Evaluation und Praxisforschung) sowie Techniken (einschließlich visueller Methoden), jeweils in ihrer Bedeutung für die medienpädagogische Forschung</td>
</tr>
</table>

Medienpädagogische Praxissituationen vor dem Hintergrund von Theorie und Empirie analysieren und bewerten sowie selbst gestalten und evaluieren	Praktische Erziehungs- und Beratungssituationen mit ihren Intentionen und Vorgehensweisen	Medienpädagogische Praxisprojekte, z. B. zur Gestaltung und Reflexion von Medienprodukten und/ oder Lern-Lehr-Situationen über Medienthemen mit ihren Zielen, Inhalten und Vorgehensweisen	Lern-Lehr-Sequenzen mit Medienverwendung bzw. in digitalen Umgebungen mit ihren Intentionen, Inhalten und Vorgehensweisen
Bildungsangebote und institutionelle Bedingungen medienpädagogischen Handelns erfassen, bewerten und weiterentwickeln	Unterschiedliche Bildungsangebote und Bildungsorte mit ihren institutionellen Bedingungen (einschließlich Verknüpfungen zwischen formalen, non-formalen und informellen Bildungsprozessen sowie von rechtlichen, ökonomischen, ausstattungsbezogenen, organisatorischen, personalen und curricularen Bedingungen und ethischen Anforderungen), z. B. in frühkindlicher Bildung, Schule, außerschulischer Jugendbildung, Sozialer Arbeit, beruflicher Bildung, Erwachsenen- und Weiterbildung, Seniorenbildung		

Abb. 1: Kompetenzorientierter Rahmen zur Entwicklung von Curricula für medienpädagogische Studiengänge und Studienanteile

Gestaltung in der Hochschule

Die Umsetzung des medienpädagogischen Orientierungsrahmens umfasst eine Grundbildung Medien und bezieht sich auf grundständige Studiengänge wie auch auf Medienpädagogik als Querschnittsthema. Hierbei sind vor allem die nachfolgenden Merkmale zur Implementierung in der Institution Hochschule sowie zur Gestaltung akademischer medienpädagogischer Lehre über innovative didaktische Modelle der Präsenzlehre hinaus relevant:

- *Fall- und Problemorientierung:* Als Ausgangspunkt für die Entwicklung entsprechender Lehr- und Lernszenarien sollte eine medienpädagogische Kasuistik dienen (z. B. in der Lehrer*innenbildung und in medienpädagogischen Studiengängen sowie in Modulen mit medienpädagogischen Anteilen). So könnten Lehr- und Lernszenarien – orientiert an konkreten Fällen aus medienbezogenen Handlungsfeldern – zu medienpädagogischer Professionalität beitragen.
- *Lehrforschungsprojekte:* Zur Entwicklung einer forschenden Grundhaltung sollte eine Verbindung von medienpädagogischer Forschung und universitärer Lehre ausgehend von konkreten Fragestellungen und Problemstellungen anhand von Lehrforschungsprojekten intendiert und begleitet werden.
- *Modularisierung:* Hierbei sollten medienpädagogische Module erstellt werden, sodass Lernangebote granular entwickelt werden könnten, damit unterschiedliche Studiengänge auf diese auch in Anteilen zurückgreifen können.
- *Virtuelle Hochschullehre:* Medienpädagogische Lehr-Lernangebote und Module sollten lehr-/lernzielorientiert auch Varianten von Online-Anteilen integrieren, wie beispielsweise Video-Tutorials, Inverted Classroom oder Blended Learning bis zu komplett virtueller Lehre. Damit werden Räume für selbstgesteuertes Lernen und eine authentische Auseinandersetzung mit dem Gegenstand der Medienpädagogik selbst unterstützt.
- *Offene Bildung:* Ein offener Zugang zu digitalen Lernmaterialien in Form von Open Educational Ressources (OER) sollte, im Sinne von Offenheit als Leitgedanke der Hochschulbildung, unterstützt werden.

Zur Ausgestaltung der Merkmale sollten für einen hochschulinternen und hochschulübergreifenden Austausch über Inhalte und medienbezogene Module, die soweit möglich auf der Basis von OER-Materialien erstellt werden, medienpädagogische Netzwerke oder Verbünde aufgebaut und bestehende Netzwerke ausgebaut werden (z. B. Kooperationen mit Fachdidaktiken und anderen Fächern).

Die verstärkte Integration virtueller Hochschullehre ermöglicht ein breites Spektrum von Online-Angeboten oder Präsenzveranstaltungen mit Online-Anteilen bis zu klassischen Präsenzveranstaltungen mit Medienunterstützung. Diese sollten in ihrer Breite ausgeschöpft werden, um den Studierenden das Erleben und Mitgestalten aller Formate zu ermöglichen. Gleichzeitig ist zu betonen, dass die verstärkte Integration virtueller Hochschullehre Präsenzveranstaltungen nicht ersetzen kann. Von hoher Relevanz sind projektbezogene Lehrformate, in denen sich Studierende mediengestalterische, technische und pädagogisch-didaktische Kompetenzen aneignen und diese handlungsfeldbezogen erproben und reflektieren können, auch in Verknüpfung mit Formen forschender Lehre.

Die Sektion Medienpädagogik tritt für eine verbindliche Grundbildung Medien aller pädagogischen Fachkräfte ein – in der frühkindlichen Bildung, in der schulischen Bildung und in den außerschulischen Arbeitsfeldern.

Für die Verankerung einer Grundbildung Medien empfiehlt die Sektion Medienpädagogik den Hochschulen insbesondere im Bereich der Lehramtsstudiengänge die Kooperation von Erziehungswissenschaft/Bildungswissenschaft mit interessierten Fachwissenschaften/-didaktiken, um hierüber medienbezogene Studienangebote in erziehungswissenschaftlichen bzw. Pädagogik-Studiengängen zu einem Profilstudium „Grundbildung Medien" zu bündeln. Gerade für Lehramtsstudiengänge ist die Sicherung einer hinreichenden *medienpädagogischen Kompetenz* von herausragender Bedeutung – bietet doch allein die Schule die Möglichkeit, alle Kinder und Jugendlichen zu erreichen. Die Sektion wird Modelle und Erfahrungen aus verschiedenen Hochschulstandorten auf einer Plattform zugänglich machen.

Weiter empfiehlt die Sektion Medienpädagogik den zuständigen Gremien, dass an jeder Hochschule, an der Fachkräfte für pädagogische Tätigkeitsfelder ausgebildet werden, mit Blick auf die jeweiligen Studierendenzahlen und Studiengänge medienpädagogische Professuren mit entsprechenden Mitarbeiter*innenstellen einzurichten.

Obgleich an einzelnen Hochschulen medienpädagogische Studiengänge und Zusatzausbildungen existieren, besteht angesichts der gesellschaftlichen Mediatisierungs- und Digitalisierungsprozesse weiterhin ein erheblicher Handlungs- und Finanzierungsbedarf.

Anmerkung

1 Nachdruck aus: MedienPädagogik, 4. Dezember, 1–7. Abrufbar unter: doi.org/10.21240/mpaed/00/2017.12.04.X [Stand: 28.09.2018].

Thomas Knaus/Dorothee M. Meister/Kristin Narr

Digitalisierung erfordert professionelle medienpädagogische Unterstützung

Positionspapier der Gesellschaft für Medienpädagogik und Kommunikationskultur – GMK

Die „Digitalisierung" (r)evolutioniert unsere Lebenswelten und damit unsere Gesellschaft. Dieser (digital-)technikinduzierte Wandel wirkt auf zahlreiche gesellschaftlich relevante Bereiche, wie Kommunikation und Kultur, Wirtschaft und Beruf, Meinungsbildung sowie Demokratie und Politik. Die damit einhergehenden Chancen und Risiken stellen eine Herausforderung für jede*n Einzelne*n dar, denn zunehmend wird erwartet, dass jede*r die mit diesem gesellschaftlichen Wandel verbundenen Konsequenzen in Alltag, Beruf und Freizeit beherrschen, einordnen, bewerten und reflektieren kann. Diesem Anspruch gerecht zu werden, ist keineswegs selbstverständlich und erfordert professionelle Begleitung von qualifizierten Fachkräften sowohl in allen Bildungsinstitutionen als auch in sozialen, pädagogischen und kulturellen Einrichtungen. Damit ist auch die Bildungspolitik gefordert, denn ihr obliegt es, die Medienbildungsprozesse zu steuern.

Die aktuellen Entwicklungen, die nicht selten mit „Digitalisierung" überschrieben werden, tragen dazu bei, dass die Förderung von Medienkompetenz und medienpädagogischer Kompetenz – und damit die Medienpädagogik insgesamt – stark nachgefragt ist. Die Gesellschaft für Medienpädagogik und Kommunikationskultur e. V. (GMK) stellte deshalb auf ihrem 34. Forum Kommunikationskultur Fragen der Qualitätsentwicklung medienpädagogischen Handelns in Wissenschaft und Praxis ins Zentrum.

Anhand von im Vorfeld der Tagung veröffentlichten und begründeten Thesen wurden in Frankfurt am Main innerhalb der Fachgruppen und im Rahmen von zwölf Workshops relevante Aspekte zur Medienkompetenzförderung, zur Professionalisierung und zur Entwicklung von (Qualitäts-)Standards medienpädagogischer Arbeit diskutiert.

Die Expert*innen aus Forschung, Lehre, Administration, aus (inter-)kultureller, beruflicher, allgemeinbildender und außerschulischer sowie schulischer medienpädagogischer Praxis sehen Handlungsbedarf in folgenden Bereichen:

(1) *Medienkompetenzbegriff interdisziplinär weiterentwickeln*: Mit der quantitativen Zunahme digitaler Medien in unserer Gesellschaft und der neuen sozialen Bedeutung von Technik geht auch ein neues Verständnis von Mensch-Maschine-Interaktion einher. Hiermit verstärkt sich die Relevanz der Medienkompetenzförderung und zur inhaltlichen Erweiterung wird eine umfassendere, disziplinübergreifende und interdisziplinäre Zusammenarbeit erforderlich. Aufgrund der (digital-)technischen und gesellschaftlichen Entwicklungen sind in Zukunft die interdisziplinären Kooperationen und Verständigungen zu stärken, um alle relevanten Aspekte mit erfassen zu können. Es braucht insofern einen kontinuierlichen Diskurs der beteiligten Disziplinen und Akteur*innen.

(2) *Grundständige medienpädagogische Qualifizierung für alle pädagogischen Fachkräfte etablieren*: In allen pädagogischen Ausbildungsberufen und Studiengängen sollten medienpädagogische Inhalte im Sinne einer medienpädagogischen Grundbildung als verbindliche und prüfungsrelevante Bestandteile verankert werden. So sollten auch alle Lehrenden im Rahmen ihrer universitären Ausbildung die Möglichkeit zum Erwerb *medienpädagogischer Kompetenz* erhalten – dabei handelt es sich um die Kompetenz, die zur Förderung von Medienkompetenz der Schüler*innen erforderlich ist.

(3) *Bestehende Lücken im Ausbildungsangebot für medienpädagogischen Nachwuchs schließen*: Im recht jungen Feld der Medienpädagogik existieren bisher nur wenige Studiengänge, in denen Medienpädagogik bzw. Medienbildung als Hauptfach studiert werden kann. Um jedoch dem wachsenden Fachkräftebedarf zu begegnen, sollten zusätzlich medienpädagogische Masterstudiengänge, Vertiefungs- und Schwerpunktfächer eingerichtet bzw. bestehende Angebote ausgebaut werden. Hierfür ist eine bundesweite Förderung von Lehrstühlen und Professuren mit medienpädagogischem Schwerpunkt erforderlich, um dem steigenden Bedarf medienpädagogischer Inhalte in der Ausbildung von Pädagog*innen und Lehrenden zu decken.

(4) *Fortbildungsmöglichkeiten zur Weiterentwicklung der medienpädagogischen Expertise ausbauen*: Für medienpädagogisch Tätige ist es zentral, die aktuellen und stetig neuen Themen und Innovationen in ihrem Handlungsfeld mitzuverfolgen. Es braucht deshalb unabhängige Informations- und Orientierungsmöglichkeiten, um zu erkunden, welche Fortbildungsangebote es gibt, welche Themen gerade aktuell sind, wie die Fortbildungsangebote aufgebaut sind und methodisch umgesetzt werden. Gerade für Personen mit Vorkenntnissen ist es wichtig, Angebote zu erhalten, die modular aufgebaut sind und Einstiegsmöglichkei-

ten auf unterschiedlichen Niveaus gewähren. Auch Möglichkeiten für ein Aufbaustudium, um die eigene Expertise weiterzuentwickeln, sind vermehrt zu schaffen.

(5) *Professionalisierungsmöglichkeiten für Fachfremde ausbauen*: In medienpädagogischen Handlungsfeldern arbeiten mitunter Personen, die über keine medienpädagogisch einschlägige Ausbildung verfügen. Insofern müssen systematisch Angebote geschaffen werden, die medienpädagogische Qualifizierung für Quereinsteiger*innen ermöglichen. Hier sind verstärkt modulare Weiterbildungsangebote gefragt, die auf die unterschiedlichen Vorkenntnisse Rücksicht nehmen und passgenaue Angebote mit sich ergänzenden Grundlagen- und Vertiefungskursen bieten und die zu zertifizierten Abschlüssen führen.

(6) *Überblicks- und Orientierungswissen zu medienpädagogischen Aus-, Fort- und Weiterbildungsmöglichkeiten bereitstellen*: Bislang gibt es keine Übersicht, in welchen pädagogiknahen Ausbildungsgängen medienpädagogische Inhalte curricular verankert sind und wie die Ausbildung des Nachwuchses erfolgt. Eine Zusammenstellung von Studiengängen, Vertiefungs- und Qualifizierungsmöglichkeiten sowie qualifizierten bzw. zertifizierten Angeboten der beruflichen Fort- und Weiterbildung sollte einen Überblick über die vielfältigen medienpädagogischen Felder sowie eine Orientierung geben, diese Möglichkeiten gezielt auszuwählen und nutzen zu können.

(7) *Netzwerkarbeit der professionellen Akteur*innen stärken*: Um die Weiterentwicklung der Expertise der medienpädagogischen Akteur*innen zu stärken, bedarf es Orte und Gelegenheiten, um sich auszutauschen und fachliche Themen, Probleme und Hintergründe der Arbeit zu erörtern. Hierzu sind mehr Formate der Begegnung erforderlich, die die ganze Spannbreite der virtuellen und persönlichen Kommunikation umfasst. Zunehmend sind dabei auch internationale Begegnungen mit zu berücksichtigen, um sich länderübergreifend zu verständigen und insbesondere im europäischen Raum initiativ zu werden.

Die **Thesen zum GMK-Positionspapier** finden sich in diesem Band (23ff. und 235 ff.) sowie unter: dx.doi.org/10.21240/mpaed/00/2017.10.24.X [Stand: 02.10.2018]

3. International Contributions

Renee Hobbs

How Digital Media Alter Concepts of Authority and Expertise

Today, the theoretical and practical dimensions of Media Literacy Education can be applied to address the challenges of disinformation, misinformation, conspiracy theories and more. Media Literacy educators are being challenged to explore choice overload, performative sharing and attention economics in order to help people acquire new competencies in understanding how authority is constructed and contextualized in a digital age.

Sometimes people ask me about whether or not Media Literacy is being replaced by Digital Literacy. That is because people generally think of Media Literacy as the practice of analyzing advertising, film, news and entertainment. Some acknowledge that Media Literacy includes the practice of *creating* media, *using* images, language and sounds to convey meaning. Others appreciate Media Literacy for its emphasis on issues of media ownership and representation. When they hear the term *Digital Literacy*, they think of the skills involved in navigating the online environment, being a socially responsible user of social media, and analyzing the credibility of news and information.

I like to say that Media Literacy is an expanded conceptualization of literacy. What is literacy? It is defined as the sharing of meaning in symbolic form. Of course, literacy has been expanding and changing for thousands of years. Early forms of literacy, or *rhetoric*, were the use of oral language as a way of attaining influence and power. Classical scholars were well versed in this ancient art and it has continued to evolve into systems of symbolic expression, technology and media change. Literacy is evolving; at its core, we are all involved as consumers and producers, irrespective of whether we are taking and sharing a photo, a voice message, a text message, or we are sharing meaning through symbols (Hobbs 2017).

When we think of literacy as a process, we think of our ability to access, analyze, and create messages, to reflect on them, and then use the power of information and communication to make a difference in the world, to take social action. This spiral of learning processes was first advanced by the Brazilian scholar Paulo Freire who wrote the seminal *Pedagogy of the Oppressed* (1970). He understood how literacy could in fact empower workers to be citizens, to gain a conscious awareness of their condition, express themselves and work for democratic change. Today, Media Literacy educators value this fundamental pedagogical process and we try to embed it in all of the many ways we teach and learn.

Today, the theoretical and practical dimensions of Media Literacy Education can be applied to address the challenges of disinformation, misinformation, conspiracy theories and more. To understand Media Literacy Education, we must consider the single most important paradox of our time, namely how to deal with the problems and opportunities presented by *choice overload* (Webster/Ksiazek 2012). This is a problem that affects young and old alike, all over the world.

Many of the joys and tribulations of our time are the result of choice overload. We have a love-hate relationship with the range of choices available to us: There are too many songs to listen to, too many movies to watch, and then there are the 500 channels of cable or satellite TV; there are so many books to read; the choices on YouTube are simply astounding. Because we users only have a short attention span and a limited amount of time, we may or may not make informed choices. Furthermore, we don't generally experience these choices as separate spheres in which entertainment, information, and persuasion are selected strategically and purposefully (Hobbs 2015). The blurring of lines between information, entertainment and persuasion is a significant cultural phenomenon and it is becoming increasingly difficult to distinguish between these rhetorical purposes as they become ever more interwoven and interconnected. For example, although I try to use information and news media in the morning and save my entertainment for the evening, I do in fact also learn from entertainment media in the evenings when I watch a crime drama. Although it is designed as entertainment, for me it is also sometimes informational.

The cultural environment of choice overload has helped to create a near-perfect recipe for the rise of so-called *fake news*. As a result, Media Literacy educators are exploring choice overload, performative sharing and attention economics in order to help people acquire new strategies for dealing with disinformation, clickbait, conspiracy theories and more.

Beyond Fake News: New Realities in a Networked Information Ecosystem

The new realities in our networked global society have been shaped by our information environment, some characteristics of which have changed radically in just the last ten years. Firstly, it costs nothing to produce content – and by the way, you don't need a college degree. Secondly, there's a huge fragmentation of both the content we receive and the content we produce which, as mentioned above, has led to the problem of choice overload. Third, the interface between social media and mass media has increased the virality of media messages. Large numbers of people are discovering how to use the power of communication design to make something viral go viral. Producers have learned that the virality formula is rooted in sensationalism (Tucker 2014). Media-literate people recognize the formula easily: It includes content that features sex, violence, children, animals and UFOs, the topics that compel our attention. When these messages are created in ways that arouse powerful emotions like suspense and surprise, or feature attractive people who compel our attention and inspire feelings of identification, they break through the clutter of choices to capture the public's attention (Hobbs 2015).

Finally, the rise of so-called fake news has been driven by the changing ecosystem of the networked information environment. Much media content is consumed as unbundled snippets on social media. Most of us now get most of our information and news from Facebook. We encounter news as a little segment, shared by our friends, and it's not always clear where that news actually comes from. Who created it? It's not always clear, and it takes a couple more clicks if we want to find out. We experience news in decontextualized ways, without understanding much about the authors and their intentions (Hull/Lipford/Latulipe 2011).

As a Media Literacy activist, I'm dedicated to making sure that every Internet user understands the power of content marketing. Millions of users fail to understand the economics of those attractive images with their appealing headlines that appear at the bottom of many websites and that show up on your social media feeds. Unlike traditional marketing, content marketing has no sales pitch. It does not try to directly advertise or sell a particular brand, product or service. By providing information that is educational, entertaining or emotionally satisfying, content marketing generates an interest in and an awareness of the brand and its offerings. Sometimes, content marketing is a kind of nudge, a subtle type of persuasion that gently moves the audience to convert their interest into some form of online action (Sunstein 2014).

Some people think that platform companies will solve the problem of fake news by designing algorithms to limit our exposure to it. They have experimented with labeling content so that when you see it in your Facebook it will be labeled with terms like hoax, satire or disinformation. They say, "We will adjust the algorithm, so that if the content has very poor quality, you will never see it." But Media Literacy educators, researchers and activists wonder what signals of quality will be used. We recognize the risks of one company determining and labeling online content. Although people today seem to worship the power of digital technology, we can't be fooled into thinking that algorithms are neutral. Algorithms are constructed by people: as a result, they have an author, a purpose, a bias and a point of view (Knaus 2017). Although we may not notice it, algorithms reproduce social inequalities, including racism and sexism (Noble 2018).

The Limits of Human Information Processing

For millions of years, human evolution has honed our ability to pay attention to changing visual displays. We're built to trust what people in our tribe tell us they have experienced. We seek information for purposes of reality maintenance. The fundamental characteristics of human information processing are very stable.

Journalists might be heartbroken to hear this, but people don't look to journalism to learn new things. We look to journalism to make sure the world is still in place. It has been called *reality maintenance* and it is the phenomenon of using news and current events merely as a form of surveillance, not as a means for learning and understanding. When it comes to new information, we're hard-wired to compare and evaluate incoming information in relation to the knowledge and beliefs we already possess. Scientists have given names like *selective exposure* and *confirmation bias* to describe how we make choices about what to pay attention to and how we interpret and value it. People are naturally more critical of information that does not match their existing beliefs (Martens/Hobbs 2015).

Today, another essential feature of human information processing is sometimes called *performative sharing* (Mauthner 2014). When I make a decision to share content with my 6,000 Twitter followers, I choose content that makes me look smart and makes me look good. When I share content, I am making decisions about what aspects of my identity I am trying to convey to my tribe, my peer group, or the people in my social network. Because everyone in my social network is sharing to make themselves look good, this creates a bias of sorts. It's a part of human information processing: it's now basically a truism that you are what you share. You are what you share. Okay, now if that's true, it's no longer surprising that 60 percent of people share content without reading or viewing it. Many of us are guilty of having done this. I admit that I have shared content without reading or viewing it myself. Have you shared content without reading or viewing it? It's a practice we have to unlearn, but we know we don't have to feel guilty about it. We understand that the characteristics of human information processing, plus the networked environment, have normalized these behaviors.

Because these features exist in the cultural information environment, new forms of authority and expertise are emerging. To understand them, we must consider how *attention economics* (Goldhaber 1997) are surpassing traditional forms of authority and expertise. I can say with absolute certainty that the current U.S. President is very skillful at manipulating attention economics. In fact, his primary authority and expertise lies in his ability to attract and hold public attention. As we can see, this skill is becoming more valuable than knowledge, expertise and competence.

Attention economics is built on four features: If you're fast at getting ideas across, you will get people's attention. Immediacy is important. If you are able to personalize messages, sending unique messages to individuals that relate directly to them, you will get people's attention. Look at the people on Twitter or Facebook that have the largest networks; their style of interacting is highly personalized because that is how to command authority. That's how they have expertise. Attention economics also includes the ability to put information into an interpretive frame: to tell a story and create a narrative that makes sense and connects to audiences. Of course you have to be findable if you want to exercise this kind of authority. That means you have to know how to tag your content in ways that are sensitive to the way your audience is likely to find you. Whether we like it or not, these four practices are becoming more important than traditional forms of authority which are rooted in social position and knowledge.

How Media Literacy Helps

Fortunately, we see some research evidence that Media Literacy can compensate for the problems of choice overload, performative sharing and attention economics by helping people acquire new strategies for dealing with disinformation, clickbait, conspiracy theories and partisan political messages.

Take for example the work of Joseph Kahne and Benjamin Bowyer (2016). They conducted an experiment with a very large sample of 1,500 American young adults aged 15 to 27, measuring their political affiliation on a scale from liberal to conservative. They then showed them different kinds of fake news: some was very emotional, some used accurate supporting evidence, and some was misinformation.

When people were asked to evaluate the accuracy of misinformation, and emotional and evidence-based arguments, it turns out that their political ideology was the best predictor of whether they thought something was believable or not. This is not surprising. Naturally, due to *confirmation bias*, the conservatives thought the conservative information was true. The liberals thought the liberal information was true.

However, participants who reported that they had received more exposure to Media Literacy education made a clear distinction between evidence-based arguments and misinformation. They were less likely to believe inaccurate and emotional messages even when the ideas matched their existing political ideology. Researchers found statistically significant differences between people with higher and lower levels of exposure to Media Literacy Education (Kahne/Bowyer 2016). They measured exposure to Media Literacy Education by asking these two questions:

- When you were in school, how often did you discuss how to tell if the information you find online is trustworthy?
- How often have you discussed the importance of evaluating the evidence that backs up people's opinions?

Most of the Europeans I meet say that in high school or college they were rarely if ever exposed to discussions or activities where such topics and issues were explored. In California – where this study was carried out – only 30 percent of the sample (youth ages 15–25) reported any exposure to such educational discussions.

At the heart of this measure of exposure to Media Literacy is a focus on evaluating evidence and understanding the constructed nature of authority and expertise. As the *Association for College and Research Libraries* explains in the Standards for *Information Literacy*,

> "[...] information resources reflect their creators' expertise and credibility, and are evaluated based on the information need and the context in which the information will be used. Authority is constructed in that various communities may recognize different types of authority. It is contextual in that the information need may help to determine the level of authority required" (2016: 1).

If we understand authority as a type of influence which is recognized or exerted within a community, we can approach it with an attitude of informed skepticism. We can appreciate the contributions of experts and, by noticing omissions, we demonstrate how we value new perspectives and changes in schools of thought that occur over time. To determine the validity of information, we must acknowledge biases that privilege some sources of authority over others. As the librarians explain it:

> "An understanding of this concept enables novice learners to critically examine all evidence — be it a short blog post or a peer-reviewed conference proceeding — and to ask relevant questions about origins, context, and suitability for the current information need" (ACRL 2016: 1).

When authority and expertise is recognized as a construction, then learners begin to see that they are part of the system, not only as consumers of knowledge but as producers of it. By creating media, students develop their own sense of authority and expertise (Hobbs 2016), recognizing the responsibilities involved in aiming for accuracy, respecting intellectual property, and being aware of the increasingly social nature of the information ecosystem where authorities actively connect with one another and knowledge develops over time.

We need to keep at it to reach a critical mass. Media Literacy educators and activists are dedicated to ensuring that these learning experiences take place in schools all around the world. We can't wait for policy makers and education ministers to figure out how to support this work. We have to figure it out for ourselves and that's why researchers and teachers, working together, are the major heroes in my world.

The robust and creative exploration of Media Literacy as it applies to our new media environment and the challenges and opportunities created by choice overload and performative sharing, will enable us to discover the pedagogies that increase awareness, promote critical analysis and reflective insight, and enable people to participate in the digital world in ways that maximize both human freedom and social responsibility.

Literature

Association for College and University Libraries (2016): Information Literacy Standards. Available: ala.org/acrl/standards/ilframework.

Freire, Paulo (1970): Pedagogy of the Oppressed. New York: Penguin.

Goldhaber, Michael H. (1997): The Attention Economy and the Net. In: First Monday, 2(4).

Hobbs, Renee (2015): Mind Over Media. Analyzing Contemporary Propaganda. [Multimedia Curriculum]. Providence RI: Media Education Lab. Available: mindovermedia.eu.

Hobbs, Renee (2016): Create to Learn. Introduction to Digital Literacy. New York: Wiley Blackwell.

Hobbs, Renee (2017): Measuring the Digital and Media Literacy Competencies of Children and Teens. In: Blumberg, Fran C./Brooks, Patricia J. (Eds.): Cognitive Development in Digital Contexts. London: Academic Press, 253–274.

Hull, G./Lipford, H./Latulipe, C. (2011): Contextual Gaps. Privacy Issues on Facebook. In: Ethics and Information Technology, 13(4), 289–302.

Kahne, Joseph/Bowyer, Benjamin (2016): Educating for Democracy in a Partisan Age. Confronting the Challenges of Motivated Reasoning and Misinformation. In: American Educational Research Journal. doi.org/10.3102/0002831216679817

Knaus, Thomas (2017): Towards a Pedagogy of the Digital – Phenomena, Potentials and Prospects for the Future [Pädagogik des Digitalen. Phänomene – Potentiale – Perspektiven]. In: Eder, Sabine/Mikat, Claudia/Tillmann, Angela (Eds.): Software takes command. Munich: kopaed, 49–68.

Martens, Hans/Hobbs, Renee (2015): How Media Literacy supports Civic Engagement in a Digital Age. In: Atlantic Journal of Communication, 23(2), 120–137. doi.org/10.1080/15456870.2014.961636.

Mauthner, Natasha Susan (2014): Digital Data Sharing. A Genealogical and Performative Perspective. In: Studia Socjologiczne, (3), 177–186.

Noble, Safiya U. (2018): Algorithms of Oppression. How Search Engines Reinforce Racism. New York: New York University Press.

Sunstein, Cass Robert (2014): Nudging – a very short Guide. In: Journal of Consumer Policy, 37(4), 583–588.

Tucker, Catherine E. (2014): The Reach and Persuasiveness of Viral Video Ads. In: Marketing Science, 34(2), 281–296.

Webster, James G./Ksiazek, Thomas B. (2012): The Dynamics of Audience Fragmentation. Public Attention in an Age of Digital Media. In: Journal of Communication, 62(1), 39–56.

Ida Pöttinger

Tell Me Why

Reasons for membership in the International Association for Media Education – IAME

While a number of international cooperation's and associations already exist in the field of media pedagogical research, the networking of media pedagogical practice and practice research has so far made little progress. Nevertheless, the problems and challenges are very similar internationally. Throughout Europe, media education is particularly required when problematic situations arise for children, young people and adults. Current examples of this are fake news, hate speech, excesses of the darknet with its weapons and porn offers or data theft.

It is no coincidence that experts such as David Buckingham and Horst Niesyto are increasingly relying on "critical media education" and regulation. At the same time, it is impossible to focus solely on youth media protection, because we are convinced that media education can contribute to steering the digital revolution in a meaningful direction. So, let us focus on how we can accompany children, young people and adults in this complicated world, so that they do not lose sight of their creative potential and do not forget that real people have developed these technical innovations.

Media educators in other countries also feel challenged. Media education should repair everything that politics does wrong or where it gives in to large corporations. It is therefore all the more important to agree on central media pedagogical topics throughout Europe, to network and develop common criteria for the quality development of practical work and to agree on standards in training and further education. Only through such a professionalization of media education can political influence be exerted.

This is why a group of European media educators joined forces in 2016 to establish IAME (International Association for Media Education – iame.education) in order to be able to work together politically, socially and in research policy. The IAME founding members are all independent, have many years of experience and are disappointed that the change process is so slow. This was a first common reason to build an international organization. Of course, we hope that IAME will become a kind of "pressure group" or lobby that will implement a jointly developed media education strategy so that we can send a signal to politics as a strong association.

Figure 1: Logo of the International Association for Media Education – IAME

An agenda is currently being developed at IAME. At the first IAME Assembly in Lucca in July 2018, the following medium and long-term objectives were discussed:

- Development of an identity and mission of IAME to act as a full and constructive participant in European and international fora and contexts (e. g. a multilingual book with a manifesto for politics).
- Carrying out studies and research projects: e. g. action research on teaching methods for media education, investigation of the various visions of media education and analyses of realistically applicable policies.

The first step has now been taken: there is a website, there are flyers, there are contacts and the possibility to join as an independent member.

IAME is a non-profit association that aims to promote media education at an international level. The founders are organisations and individuals who have agreed to network and thus strengthen media education: Its members are teachers, scientists, researchers, educators and other professionals from all over Europe. Representatives of the GMK and other countries met in Lucca to create a strong and positive network, pool capacities and energies to achieve more knowledge, visibility and support for media education at an international level.

With the digital changes of recent years, the media have become the lynchpin for knowledge, business, politics and society. Today, media competence is a key competence that needs to be developed. Media literacy should help shape new educational and working models and strategies, while strengthening interactions and dialogue between the global and local levels. IAME wants to contribute to networking participants and to exchange questions, best practices and experiences from the practice of the participating countries and thus contribute to an internationally coordinated quality development. Families, schools, communities, media institutions, teachers and many other actors should be part of the debate on the challenges of media education and its transformative potential.

To achieve IAME's strategic goals, we, the founding members, focus our work on three core areas:

- Raising visibility of media education
- Exchange of resources, skills and knowledge
- Support and advocacy

As media education expands its audience and target groups, we are facing new relevant questions for our societies. It is no coincidence that 2016 "post-truth" was voted Word of the Year of the Oxford Dictionaries. The Brexit referendum and the US presidential elections made the headlines on these issues. Against this background, media competence and media education are required more than ever.

IAME aims to promote cooperation between its members. Although there are important international projects, we want media education professionals to participate and exchange their experiences bottom up rather than top down. The members are invited to enhance their opinion on central topics in connection with media education and media competence in international discourse. For this reason, there are several working groups in which people can participate, make contact and continuously discuss their ideas. Each founding member currently represents a specific topic within the consortium. These include:

- Research in the field of media education
- News media challenges
- Media production in the age of digital craft
- Early access to media
- New media and culture
- Media education in a multi-cultural and intercultural society
- Advocacy and policy in media education

GMK is represented at the IAME by Ida Pöttinger, speaker of the *Global Media Literacy* group. With her accumulated experience and the strong, nationwide networking within the German-speaking GMK, she contributes to the network. In the following the founding members as well as their motives and ideas are introduced.

Evelyne Brumer-Bévort (France) is co-founder and president of the *International Association for Media Education* (IAME). She is a social scientist and was deputy director of CLEMI, the Centre for Media Education in France, for more than twenty years. She has been involved in many international projects and research and has been nominated as an expert by Unesco, the Council of Europe and the European Community. She has written articles, essays and books on youth and media, digital media and schools.

Her statement on the founding of IAME:

> "Why was IAME founded? Because it's important. After so many enthusiastic years of action, creation and lobbying for media education at CLEMI, one of the most interesting observations is how important it is to have built a strong and deeply rooted network in France. It offers the opportunity to work with teachers, students, local journalists and researchers and to participate in a national and even international global project.
> It seems that this combination gives strength and sustainability to such an important plan.
> The exchange with people in different cultural contexts stimulates, helps us to find new answers and to develop another form of intercreativity.
> Networking is even more important in an international context. IAME sees itself as a strong lever for individuals and organisations working in media education because IAME could bring more trust (we are not alone and we have much to share), more efficiency (we represent a range of actions and important results) and the realisation of very new developments (with the contribution of new members and new research projects).
> IAME offers help for everyone in media education as long as we are able to listen to the diversity of questions and work together to find appropriate answers.
> IAME also appears as a partner of a new type for the international expert groups, as the association is not bound to a national policy and makes proposals from several actors."

Italy: Associazione italiana per l'Educazione ai Media e alla Comunicazione" – MED

The Italian Association for Media and Communication Education is one of the founding members of IAME.

MED is a non-profit association founded in 1996 in Rome by a group of university professors, teachers and professionally working media people.

The aim of the association is to establish a network between all interested persons involved in the media and education of children and adults (both at universities and in the media industry, both in schools and in extracurricular education) in order to promote research, education and the practice of media education and to accompany the training and further education of young people, adults, teachers, educators and media professionals in media education. Web: medmediaeducation.it. Contact persons at IAME are Gianna Cappello (Viceprsident IAME) and Maria Ranieri.

Figure 2: Logo of the "MED, Associazione Italiana per l'Educazione ai Media e alla Comunicazione"

"IAME can provide the best organizational structure not only to foster the aims of our Association (see above), but also to create an international network of Media Education. In a globalized society networking is the key strategy to better foster the issues and concerns of Media Education across the world. Although country-specific approaches are always important and necessary, networking is fundamental to plan and develop collaboratively initiatives and projects that contribute to the construction of an active and fully participant digital citizenship across the globe."

Belgium: Centre "Media Animation"

Média Animation is a media and multimedia education centre for the French-speaking communities in Belgium. It is also a centre for vocational training and lifelong learning for adults. In addition to numerous activities in

Figure 3: Logo of "Média Animation"

media education, *Media Animation* also offers advice for audiovisual and multimedia productions and also provides media education support to professional actors in the cultural and educational sector. Web: media-animation.be. Paul de Theux represents IAME at the *Média Animation* educational centre.

According to Paul de Theux of the *Média Animation*, he decided to co-found the IAME for the following reasons:

"I decided in favour of IAME because I believe it is important that people working in media education join forces to share practices, initiate joint projects, address the problems in their sector and represent media education

Figure 4: Paul de Theux

externally to governments and other relevant bodies. I very much hope that our international association can achieve these goals, which are very important for our area."

Romania: The organisation "Mediawise Society"

The organisation provides educational resources to support media education in schools and other non-formal learning contexts. *Mediawise* staff organise media literacy workshops for children and adults, as well as training

Figure 5: Logo of the "Mediawise Society"

courses for teachers, trainers and librarians interested in improving the media literacy they need for their work. *Mediawise Society* is currently building a community of practitioners and making media education popular. The aim is to involve parents, teachers and librarians, children and young people in order to contribute to media education in every learning environment. Web: mediawise.ro.

- Research in the fields of media, communication and education
- Use for the introduction of media education in schools

Figure 6: Nicoleta Fotiade

- Advice and support in (political) questions concerning education, media and communication

Nicoleta Fotiade is the representative of the *Mediawise Society* at IAME. She underlines:

> "Stronger solidarity and cooperation among grassroots practitioners and professionals in media education is a priority both locally and globally. I co-founded IAME with the belief that the association will bring together people and institutions to work together to have better impact and help map media education as an important part of the lifelong learning education in the digital society.
> More cooperation and solidarity among practitioners should generate a stronger and more coherent voice in the dialogue with the policy makers and the funding bodies."

France: The "Centre d'études sur les jeunes et les medias"

The *Centre d'études sur les jeunes et les médias* is an association of researchers from various disciplines who deal with the topic of media education. Goals are: Promotion and development of research projects, compilation of experts on various topics and problems, publication of Open Access books to promote media education and improvement of knowledge that can contribute to the development of media education in all age groups. Web: jeunesetmedia.wixsite.com. At IAME, Marlène Loicq represents the *Centre d'étude sur les jeunes et les medias*.

"Media education is a complex and diverse task for educators and researchers. An international association dedicated to media education underlines the global importance, encourages the establishment at state level and creates educational opportunities for implementation at a local level. A meeting of experts in media education leads to a better understanding of all."

Belgium: The „Institut des Hautes études des Communications Sociales" – IHECS

BRUSSELS SCHOOL
IHECS
Journalism & Communication

Figure 7: Logo of the "Institut des Hautes études des Communications Sociales"

With 2.200 students, IHECS is the most important school for communication in the Brussels-Wallon Federation. The IHECS delivers several Bachelor and Master degrees in specialized fields (journalism, public relations, advertising, event management etc.). Since 2013 IHECS has introduced a Master's degree in Media Literacy (120 ECTS). It is the only and most innovative master developed for a new kind of media education. Web: ihecs.be. Patrick Verniers initiated this process.

Patrick Verniers of the *Institute des Hautes* études *des Communications Sociales* has decided to co-found the IAME for the following reasons:

"I have been working in the field of media competence for more than 25 years before I introduced the Master's degree at IHECS. I have had several opportunities to network and exchange with other media trainers across Europe and beyond.
We decided to create this association because we are aware of the need to build a community of educators and specialised organisations to carry out concrete actions, resources, training, projects and research.
As media literacy education is a high-level issue on the agenda of many international institutions and policy makers today, we strongly believe that there is an urgent need to give voice to practitioners. Those who make it must network and put on the agenda what really meets the needs. Above all, we want to develop a community of solidarity with democratic control."

Figure 8: Patrick Verniers

Italy: The media education center "Centro Zaffiria", based in Emilia-Romagna

The *Centro Zaffiria* designs media education workshops in schools, trains teachers and supports children and young people in their creativity. From old to new technologies, *Centro Zaffiria* is exploring new ways of living in a technological society with creativity. Web: zaffiria.it. Representative is Alessandra Falconi from Italy. She explains:

> "We must be a movement, we need a common place where questions and opportunities open up on media education and ICT to improve practice and new approaches across Europe."

Germany: "Gesellschaft für Medienpädagogik und Kommunikationskultur" – GMK

Figure 9: Logo of GMK

The GMK is a nationwide professional association for people working in the fields of education, culture and media. It stands for the promotion of media education and media competence. The GMK is also active in Switzerland

Figure 10: Ida Pöttinger

and Austria. The association brings interested and committed people from science and practice together and ensures the exchange of information. Web: gmk-net.de. Ida Pöttinger, speaker of the GMK-group *Global media literacy,* represents the GMK.

> „On the one hand, media education is and remains hopefully part of educational science; on the other hand, media pedagogy is so specialised that it requires extraordinary professionalism. The exchange with teachers, educators and scientists of various countries makes it possible to pick up current subjects and appropriate teaching methods. Based on our many years of experience, this could be helpful in school policy especially when we think of Digital Citizenship."

Even though we founders are working with great enthusiasm on the expansion of IAME, it is still not completely clear in which direction IAME is ultimately moving. Digitalization is associated with new challenges and problem areas such as the commercial exploitation of personal data profiles or the emergence of partially totalitarian power structures in the context of "big data". These problem areas require critical reflection and the development or demonstration of action alternatives, e. g. with the "Digital Citizenship" concept. We are still in the discussion. At our first meeting in July 2018 in Lucca (Italy) we also discussed the difficult issue of regulation. In any case, we continue and look forward to all those who want to communicate with us (in English) and work on a strategy: iame.education.

Thomas Knaus/Dorothee M. Meister/Gerhard Tulodziecki

Quality Development – Professionalization – Standards

A Mediapedagogy Futurelab

The 2017 Forum on Communication Culture hosted by the Society for Mediapedagogy and Communication Culture (Gesellschaft für Medienpädagogik und Kommunikationskultur – GMK) is devoted to *quality development* in Mediapedagogy in both research and practice, with a particular focus on issues of *professionalization* and the discussion of *standards*.

This thesis paper contains selected theses, provides supplementary and explanatory notes and is intended to serve as a programmatic text for discussion. It initiates a discussion that is intended first and foremost to serve the ongoing *internal clarification* of important issues related to Mediapedagogy in research and practice. With this aim in mind, it seeks to identify the positions upon which the community can agree, and those which might transpire to be more contentious. At the same time, the theses and their accompanying discussion are a way of helping the Society for Mediapedagogy and Communication Culture (GMK) to formally determine where it stands on practical and scholarly work being undertaken in Mediapedagogy, thereby enabling it to formulate an official position which it can *represent externally*. Inherent within the discussion is the objective of pinpointing any future *requirements* in the respective fields of practice and research in Mediapedagogy – albeit without claiming to be exhaustive in this respect. In the interests of concision and brevity, the accompanying background to each thesis is dealt with only briefly, without detailed scrutiny of its (often very comprehensive) associated discourse. Accompanying literature references are intended to provide examples of more finely grained and in-depth explanations.

The theses begin with some thoughts on *technology-driven social change* – some call it "digitization" – and its significance for Media Education. Following on from this, we discuss issues related to *qualifications* and *the professionalization* of Mediapedagogy in practice; we also examine the role of Mediapedagogy as a scholarly activity, and conclude with the importance of *standards* as points of orientation and initiators of debate.

On Technology-Induced Social Change and its Significance for Media Literacy, Media Education and Mediapedagogical Competence

"Digitization" is bringing (r)evolutionary change to our life-worlds ("Lebenswelten") and to society as a whole. Technologically-induced innovation is making itself felt in a number of socially relevant fields such as communication and culture, work and the economy, politics and democracy, opinion formation and freedom of expression. The opportunities and risks it presents pose just as much of a challenge for every individual man and woman as they do for educational institutions and educational policy-makers – especially if the "socially empowered subject" ("gesellschaftlich handlungsfähiges Subjekt", Hurrelmann 2002: 111) is to remain at the heart of democratic society. Increasingly, there is a sense that everyone should be able to take the phenomena which are driving social change and order them, make sense of them, rank their importance and master them.

Mediatization and its digital infrastructure are key to this happening (cf. Hepp/Krotz 2012; Krotz 2016) because media are the most tangible manifestations of digital devices and applications which children, young people and adults come into contact with every day (cf. Knaus 2017c). For people to be able to meet the challenges arising out of them, it is crucial to use educational processes to *foster Media Literacy*. For educators and teachers to be able to accomplish this, they required *Mediapedagogical Competence* (cf. Blömeke 2000; Tulodziecki 2012). In a society experiencing rapid change through digitization and mediatization, equipping educators and teachers with Mediapedagogical Competence is an important aspect of mediapedagogical work because it promotes quality development. Quality development work covers the full spectrum of mediapedagogical activities. These activities cover a wide range of pedagogical contexts and institutions including pre-school education, school education, vocational education, extracurricular activities for children and adolescents, adult education and third age education. In the light of these considerations, we have compiled the following theses:

Thesis 1: The ongoing **digitization and mediatization of people's everyday lives and life-worlds ("Lebenswelten")** and their resultant social change are placing ever-more and ever-greater demands on people's Media Literacy and on Media Education.

Media Literacy should be understood as an assortment of abilities, skills and concepts that enable people to engage appropriately, autonomously, creatively and responsibly as citizens in a digitized and mediatized world (cf. The Standing Conference of the Ministers of Education and Cultural Affairs | Kultusministerkonferenz – KMK 2012; The Standing Conference of the Ministers of Education and Cultural Affairs | Kultusministerkonferenz – KMK 2016). From a societal perspective, this kind of engagement requires people to be furnished with the ability to both *analyze* and *criticize* media. It is therefore necessary to use media *and* cultural studies in competence-oriented approaches to media in the light of the challenges currently arising from digitization, and its associated economic and political interests: These include the (algorithmic) processing of people's personal data and the new options for social control that goes with it, and the acceleration of everyday and work-related processes with their potential to influence people's focus (cf. Aßmann/Brüggen/Dander/Gapski/Sieben/Tillmann/Zorn 2016; Iske 2016; Knaus 2017a; Knaus 2017c; Niesyto 2016; Niesyto 2017b). Other problems include the manipulation of opinion formation and the increasing number of interfaces between humans and machines, with their associated anthropological, social and ethical issues (cf. Damberger 2018; Knaus/Engel 2019; Niesyto 2017a). Against this background, Media Literacy is – in a broad sense – an important objective for all educational processes (cf. i. a. Tulodziecki 2015; Knaus 2017a). Indeed, this view has become well-established in mediapedagogical thinking. It was first taken up by Dieter Baacke (1997), who differentiated between four dimensions of Media Literacy – *Critical Media Literacy* ("Medienkritik"), *Media Knowledge* ("Medienkunde"), *Using Media* ("Mediennutzung") and *Creating Media* ("Mediengestaltung") – a perspective which has since been refined or refocused in numerous strands of mediapedagogical research (cf. i. a. Aufenanger 1997; Tulodziecki 1997; Groeben 2002; Schorb 2005). From the first decade of the 21st century onwards, discussions on this subject have been held under the heading of *Media Education* ("Medienbildung"). Here, the focus is essentially on education being about people's ability to reference, comprehend and make use of new information, something which requires them to acquire knowledge on the one hand, and on the other hand be able to deal with contingency, to refocus, to actively exploit new experiential spaces and be open to the unfamiliar (cf. Jörissen/Marotzki 2009). However, Media Literacy and Media Education therefore differ from one another in a number of ways (cf. i. a. Iske 2015).

In the following, we proceed from the premise that the term *Media Literacy* can be used to describe the core elements and aims of mediapedagogical practice, while the term *Media Education* is to be understood as an essentially open process within which people strive to achieve certain levels of competence (cf. Tulodziecki 2010).

If we take Media Education at school as an example, an inclusive understanding of Media Literacy should not only focus on media-based teaching and learning ("Mediendidaktik"), but also learning *about* media. The latter has come to occupy a dominant position primarily in activity-oriented learning and extracurricular media projects in programs for children and adolescents, and such projects are particularly good at bringing out the creative potential of digital media (cf. i. a. Knaus 2017a). In the light of the upheavals brought about by mediatization and digitization, there is a growing imperative to follow Mediapedagogy's call for all school children to have access to Media Education and to learn *about* media (cf. i. a. Knaus 2016; 2017a). This makes it all the more important for schools to offer children and adolescents the possibility to participate in mediapedagogical projects using media in an active and creative manner based on the principles of activity-oriented learning (cf. i. a. Schorb 1995). In this way, digital media can at the same time function as a link between the life-worlds ("Lebenswelten") of the students and the topics they deal with at school. Although the culture in school differs fundamentally from the programs provided by youth work, the right kind of link between them would not only reinforce the role of the school as a place to be ("Lebensraum"), but would potentially give rise to new opportunities for combining "real-world" experiences with school work (cf. Niesyto 2004; Knaus 2017c).

The systematic pursuit of Media Literacy in its full breadth makes it necessary to compile attainment targets not only for schools, but also for other phases of education. These could then serve as the basis for teaching Media Literacy as a long-term process of Media Education throughout people's entire education (cf. i. a. KBoM 2011; Niesyto 2016; GMK-FG Kita 2017). This would also help to counterbalance educational disadvantage and counteract the development of a *Second-Level Digital Divide* (Niesyto/Moser 2009; Moser 2010; Knaus 2013).

Thesis 2: In addition to working with topics relevant to Media Literacy and Media Education, attention should also be paid to the basic technological knowledge – a Computer Literacy and "Computational Thinking" – which contribute to people's **understanding of digitization ("Digital Literacy"),** its technical applications, technology and its media manifestations.

Digital technology is more than just a "mediator": it also creates media content and artifacts, influences human communication, and is becoming increasingly able to engage in independent interpretation. Acquiring an understanding of the technical and structural conditions that generate knowledge and media is therefore becoming an increasingly important aspect of Media Literacy (cf. Knaus 2017b). It would therefore be desirable for people to possess at least a basic knowledge of the technology, the algorithms that make it work, and general processes underlying the generation and reproduction of data, information and knowledge ("Digital Literacy"). Only those who possess the knowledge to understand what is happening "behind" the user inter*face* – behind the face of the machine – are in a position to be competent recipients of information and confident communicators (cf. Knaus 2017b). It is for these reasons that extensive Media Literacy should include at least a conceptual understanding of Computational Thinking, technology and Computer Literacy: one might call it "Digital Literacy".

These considerations could certainly serve as the bedrock for expanding the scope of Media Literacy and Media Education. It would be desirable for any expansion of these fields to include the following areas (cf. Tulodziecki 2017a):

- *The media landscape and its digital infrastructure* (including types of media and IT systems, media services and access, data and information),
- *the creative potential of media* (including symbols and their meaning, the potential of media creation and modes of interaction),
- *the production of media messages* (including entering and transmitting material as technical processes, processing and editing data, machine-based generation of media communication),
- *the influence of media on the individual and society* (including concepts of reality, emotions, behavioral patterns and value concepts, and their significance for social relations),
- *the conditions underlying media production and media distribution* (technical, legal, economic, institutional and social conditions).

In the face of the social challenges currently being posed by digitization, any attempts to broaden the scope of Media Education currently tend to focus on the potential role of technical-design disciplines, foremost among them the field of Informatics and Information Technology (cf. i. a. Knaus 2017b). But even in taking into account any laudable attempts to forge collaborations between these technical disciplines, it should not be overlooked that Media Education must maintain its existing links with other disciplines as well. These include disciplines in the fields of *linguistics* (as the basis for expanding the concept of text), *social sciences* (with respect to media influence and the social conditions underlying media production and media distribution) and the *creative arts*, for instance in the aesthetic design of media artifacts (cf. Tulodziecki/Herzig/Grafe 2010). These links reflect the fact that – under the influence of digitization and technical networks – images and moving images (such as film and video) not only continue to be important, but that they are actually gaining in importance as a means of expression and communication. The ability to critically analyze images and films – the field of *Visual Education* – is and remains a key aspect of Mediapedagogy (cf. i. a. Knaus 2009; Niesyto 2017a).

> Thesis 3: The increased and *extended* demands on people's Media Literacy (as an objective) and their Media Education (as a process) require – together with the ongoing development of new approaches to mediapedagogical practice – considerable energy to be invested in **improving mediapedagogical skills** for *all* teaching and educational professionals in early childhood education, at school, universities, in further education and continuing education.

Mediapedagogical Competence extends beyond Media Literacy itself and can be described as the *knowledge* and *expertise* required by people in the education and teaching professions – in combination with their professional ethics – to enable them to equip potential target groups with Media Literacy. First and foremost, Mediapedagogical Competence means that teachers are media literate themselves and also possess the following skills: (a) the ability to grasp the significance of digitization and mediatization for children, adolescents and adults in the societal context and to factor it in to mediapedagogical practice; (b) to analyze and select appropriate media for media-based teaching and learning in a (digital) learning environment, or to create media independently and to use them in a way that promotes learning; (c) to take on educational and mentoring tasks related to digitization and mediatization; (d) to plan, teach and evaluate projects or teaching units to foster learning about media; and (e) to work on enhancing institutional frameworks for mediapedagogical practice (cf. Tulodziecki 2017b).

School education, further education and continuing education – insofar as they aim to promote Mediapedagogical Competence – must cover the full breadth of mediapedagogical practice. On the one hand, this broad range of pedagogical activities might be to inform and advise, to stimulate and support, to guard and protect, to teach and mold, to diagnose and foster, and to evaluate and innovate. On the other hand, it includes the manifold institutions and organizations in which mediapedagogical work takes place or in which it is appropriate to provide mediapedagogical programs to their intended target groups. After all, mediapedagogical work in schools is different to pre-school early childhood education or to youth work, for instance. But at the same time, there are certain *antinomies* of mediapedagogical practice in the different institutional contexts, as revealed by the apparent irreconcilability between its power to influence and its desire to foster autonomy, between the understandable need for (child) protection and the need for people to be open to their own media-related experiences, and between restrictive practical constraints and genuinely desirable pedagogical elements (cf. i. a. Helsper 2004; Hugger 2004; Keiner 2010).

The variety of mediapedagogical practice means that school education, higher education, further education and continuing education – parallel to their core content and topics – should focus on mediapedagogical fields of activity. Doing so would make a significant contribution to quality development and quality assurance in the various fields of practice. At the same time, school education, higher education, further education and continuing education should be seen as important steps on the path to professionalizing mediapedagogical practice.

On previous Approaches to Qualification and the Need to professionalize Mediapedagogical Practice

Demand for well-qualified Media Literacy educators is currently growing. Nevertheless, there are still only limited opportunities for acquiring a mediapedagogical education or an academic qualification. Access to a career in Mediapedagogy is often possible only indirectly (cf. i. a. Hugger 2007; Moser 2015). This was reflected in a study of degree programs which provide at least some components in mediapedagogical education. It makes for sobering reading: a mere 51 out of 426 German universities have related professorships or chairs (cf. The German Society for Education – GERA | Deutsche Gesellschaft für Erziehungswissenschaft – DGfE 2017; Federal Statistical Office | Statistisches Bundesamt, undated). The study also shows that graduate studies in Mediapedagogy are possible at very few of these universities: for the most part, Mediapedagogy is offered as an elective or a specialism within pedagogy programs or Media Studies and Communication Studies programs, with widely differing amounts of time being devoted to them. Even in teacher-training programs, mediapedagogical knowledge is obligatory in only very few German *Länder*. Overall, it is noteworthy that an academic qualification as a Media Literacy educator is only possible as an elective in most teacher-training programs, and that their scope and embeddedness of these courses in the universities is dependent on whether they possess relevant professorships and chairs. It must therefore be assumed that university programs in teaching methodology or educational research, in social education or teacher training, do not as a rule provide students with adequate Mediapedagogical Competence. In the light of this situation, it is highly important that the *Media Education Division* of the German Society for Education (GERA | DGfE) is currently investing considerable energy in designing a *framework for practice* outlining mediapedagogical program components or a complete program of Mediapedagogy itself. This framework reflects current efforts to provide *all* education professionals with *Basic Media Education* (cf. i. a. KBoM 2011; Imort/Niesyto 2014).

It is not only the limited availability of Mediapedagogy courses that leaves much to be desired – even more alarming is the current state of Media Literacy among education professionals: Despite the wide-ranging public discussion about the importance of mediapedagogical early-learning even for children of kindergarten age, it still does not constitute a formal part of teacher-training programs (cf. Friedrichs-Liesenkötter/Meister 2016). Even in other vocational professions such as the therapeutic professions (social care work, geriatric nursing, social therapy or occupational therapy), mediapedagogical knowledge might constitute a useful part of any training and degree program. However, there is still no indication that it is likely to be included in the education and training curricula of these professions at any point in the near future.

Because Mediapedagogy has yet to be truly embedded in teacher-training and other education-related programs, considerable hope is being placed in *further education* and *continuing education*. However, reality suggests that whilst some mediapedagogical further and continuing education programs are being offered by public as well as private institutions – for example by the state media authorities ("Landesmedienanstalten") and the GMK (The Association for Media Education and Communication Culture | Gesellschaft für Medienpädagogik und Kommunikationskultur) – those programs that *are* available are still a long way from covering all relevant needs and requirements. Furthermore, there is still no generally accepted method of *certification* and no *hallmark of quality*; there is neither a systematic approach to advancing the development of ideas, nor to evaluating or disseminating them (cf. Meister 2017).

Added to all of the above is the problem that previous attempts to provide a coordinated approach to Mediapedagogy training and education have assumed that it was sufficient to "teach" mediapedagogical knowledge, skills and abilities and that these could be more or less immediately transferred into practice. Experience has revealed assumptions of this nature to be overly optimistic. Overall, these approaches have focused too little on professional practice, something which enables students to develop their own professional competence, to gain a long-term perspective on their profession, and to participate in the debate on the role of theory versus practice.

> Thesis 4: In order to meet the different demands of research and practice, existing efforts to enhance the qualification process with a mind to professionalizing the field should be continued. **Professional competence** means that practitioners are ready and able to engage appropriately, responsibly, and with a theoretical grounding, in their professional lives.

Professional competence means (a) that practitioners are equipped with a theoretical background in mediapedagogical practice, (b) that they are able to bring academic principles to bear in practice, (c) that their work is based on research and (d) they possess additional personality traits that are required to perform their professional tasks.

Professional competence should encompass academic principles and precepts, theoretical approaches and empirical findings, and a knowledge of methodological procedures for conducting research. A framework of pedagogical practice should play a central role in practitioners' ability to apply theoretical knowledge to practical situations on a case-by-case basis. Structurally speaking, research-based pedagogical practice is essentially the interplay between situational circumstances and broadly formulated guidelines. Both of these aspects must be accessed in combination to meet the demands of specific pedagogical situations on a case-by-case basis, culminating in pedagogically responsible decision-making (cf. Combe/Helsper 1996). The important personality traits referred to above can be summarized under the heading of professional ethics, which implies a sense of respect and a feeling of responsibility on the part of the practitioner for children and adolescents and even adult learners. Furthermore, educators should also be free to express their own experiences with media (cf. i. a. Kommer 2016). Broadly speaking, it is simply not possible to equip practitioners with such a broad range of skills and attitudes in naturally limited courses and programs of study; this must take place over a much longer time period.

Thesis 5: The process of professionalization must be conceived of as a **long-term biographical process** consisting of several developmental stages.

Findings from expertise research describe a practitioner's process of professionalization as their development from *novice* to *expert*. During this process, the practitioner passes through the intermediate phases of being an advanced beginner before reaching competence and attaining proficiency before ultimately reaching the status of expert (cf. Berliner 1994; Neuweg 1999). The main challenge for novices is that whilst they do possess knowledge, it is largely context-less and they have virtually no free cognitive capacity while engaging in pedagogical practice to undertake analyses in real occupational situations and use them as a basis for their decision-finding. They only acquire this skill through experience; this in turn allows them to achieve *competence* (although the term is used in a narrower sense here than in our discussion above). Practitioners achieving *proficiency* (according to the development model) are able to react to situational events and take appropriate action in response – deviating from their planning where necessary. They will also develop situationally appropriate routines. As they become more proficient, they become better at organizing their knowledge to suit situations as they arise, and are increasingly capable of and skilled at accessing it. As *experts*, they are able to carry out analyses and take decisions in many diverse situations which are both responsible and relevant to each case – both before and during a situation, and then afterwards in a period of reflection and review.

In the context of these developments, different viewpoints on the way in which theory and practice interact play are key.

Thesis 6: In the face of simplified assumptions regarding the application of research findings, efforts to increase the level of professionalism should not lose sight of the fact that the **relationship between theory and practice** should be conceived of as the case-by-case nexus between practitioners' own conceptions, theoretical principles and empirical evidence.

As noted in the opening remarks above, previous efforts to improve the qualification process in the profession are often based – with respect to the relationship between theory and practice – on simplified assumptions. Such simplifications exist both in the principle of *transfer* – the premise that it possible to simply transfer general theoretical principles into situational practice – as well as the principle of *transformation* – the premise that theoretical principles can be transformed into rules and then simply applied. Both models fall short: Only when those involved in everyday practice understand the relationship between theory and practice (in accordance with thesis 4) as the case-by-case nexus between relevant theories and empirical evidence, and "workaday" theories and subjective interpretations, can simplified and inconsistent workaday theories be changed in the interests of promoting professionalism. Unifying these two approaches should form a constituent part of the reflective processes undertaken by practitioners when analyzing or designing practical situations (cf. i. a. Tulodziecki/Herzig/Blömeke 2017).

At the very least, this requires a willingness on the part of scholarship and practice to engage and communicate with each other so that research findings can be discussed with practitioners in the field, and so that experiences from the field can be tested using theoretical principles – theory and practice would both benefit from this process. At the same time, these considerations also underline the importance of giving current and future mediapedagogical practitioners the opportunity to work with scholarly material in the course of their professional development.

> Thesis 7: In light of the manifold challenges posed by mediatization and digitization and the need to professionalize mediapedagogical action, the **research and teaching of Mediapedagogy** for all educational professions must be better represented in vocational education and training, in higher education, in further education and continuing education.

If Mediapedagogy is to find its rightful place in society, then universities and colleges of applied science must do more to incorporate it into their academic curricula. This is important if it is to become established in academic and educational policy discourse. At the same time, this also sets new *standards* for Mediapedagogy as a field of study to be researched and taught in its own right.

Standards of Research and Teaching in Mediapedagogy

Mediapedagogy requires a theoretical basis, empirical research and research principles. Furthermore, mediapedagogical research and theory-formation depend on experience *from* the field if the research and teaching of Mediapedagogy are to be conceived of as emanating *from* the reality of educational processes relevant to media, and also existing *for* this reality in return.

Since the 1960s, Mediapedagogy has become established as a sub-discipline of Educational Science. Here though, the core areas of focus have mostly been issues of teaching and learning *with* media and aspects of media socialization. Over time, however, Media Literacy and Media Education have become established as specialisms in their own right (cf. Tulodziecki 2011). At the same time, research on Mediapedagogy has developed and become more specialized, so that there are now a number of research paradigms (e. g. empirical-analytical, hermeneutic-pragmatic and educational design research; ideological criticism), research approaches (quantitative and qualitative methods), procedures (experiments, surveys, evaluations and action research) and research techniques (e. g. interviews, observation, visual methods and content analysis).

Despite the significant increase in research on Mediapedagogy, it is still highly desirable and necessary for this trend to continue – especially in the face of the social upheavals which technological innovation has left in its wake. The effects of Mediapedagogy research and its desiderata are visible for example in the publication project by the *Qualitative Research Section* (Qualitative Forschung) of the GMK, which set itself the task of collecting innovative approaches and methods for conducting mediapedagogical research by writing reports about recent studies and providing open access to first-hand experience, thereby stimulating debate (cf. A Mediapedagogy Research Workshop | Forschungswerkstatt Medienpädagogik 2017; Knaus 2017; Knaus 2018).

In the light of the above, Mediapedagogy – as a scholarly discipline in need of professionalization, as outlined above – is obliged to explain how it can transfer its ideas and conceptions into practice.

Thesis 8: Mediapedagogy as a scholarly discipline should, in addition to advancing research insights, also make available dispositional and orientational knowledge that might help mediapedagogical practitioners to **reflect upon** and **design educational settings**.

The dispositional and orientational knowledge that mediapedagogical practitioners need should encompass both theoretical and conceptual ideas as well as empirical evidence (see thesis 4). In order for them to be able to gauge the value of empirical evidence and theoretical conceptions, it is also necessary for the practitioners themselves to become proficient in research methodologies. Indeed, these skills could and should help them acquire a *research-oriented* approach to their work. This kind of approach means that practitioners can critically examine and evaluate their *conditions of action* as well as their own actions. From the viewpoint of professionalization, it is therefore desirable that Mediapedagogy sees itself as a *discipline of practice* and *reflection*.

However, Mediapedagogy does actually have at its disposal a number of theoretical approaches to practice and reflection, albeit without any one "standard theory" or any one broadly accepted theory achieving prominence. Similarly, the state of research is also characterized by methodological diversity (see above and cf. Hartung/Schorb 2014: 7 and 9f.; A Mediapedagogy Research Workshop | Forschungswerkstatt Medienpädagogik 2017). Within this diversity, several approaches with different core theories and research paradigms compete with each other so that Mediapedagogy as a scholarly discipline – mirroring other action-oriented disciplines – has a multi-paradigmatic structure (cf. Kornmesser/Schurz 2014). Whilst having competing approaches within a discipline can be productive and contribute to advances in the field, it does make it harder for practitioners to access research findings which are practically useful. Indeed, it is a challenge to formulate educational theories and create ideas and conceptions in such a way that they can be applied to practical contexts.

> Thesis 9: One precondition for making educational theories relevant to practical contexts – despite the paradigmatic structure of Mediapedagogy – is that they are formulated in such a way so as to offer a **point of contact** with workaday theories and pedagogical practitioners' subjective interpretations.

It is fair to assume that practitioners of Mediapedagogy have certain – albeit subjective or rather workaday – ideas and concepts in mind when they engage in the analysis and design of pedagogical situations, and that they use these to produce (intellectual) diagnoses and explanations, to identify their objectives, and develop individual strategies to achieve them (cf. König/Volmer 2008). It is therefore helpful in trying to unite theory and practice if educational theories are formulated in such a way as to make them compatible with workaday and subjective concepts, diagnoses, explanations, objectives and strategies. However, even in trying to identify points of contact with workaday and subjective constructs, and ideas and conceptions, it remains necessary for practitioners to hone their independent ability to decide – in the interests of their professional development – what research findings are most relevant to which practical requirements and under what conditions. This presents a further challenge for Mediapedagogy.

> Thesis 10: Mediapedagogy should intensify its efforts in educational design research, which places the development of **practical and theory-based ideas and conceptions** for mediapedagogical practice and its evaluation at the forefront of its activities.

This type of research puts educational design at the center of the research process. This includes reflecting upon the principles of pedagogical practice, combining theoretical development and empirical testing, and bringing together various different methodological procedures for acquiring new knowledge. By doing this, it should be possible to intensify and strengthen the interplay between theory and practice (cf. Tulodziecki 2014). By assembling a suitable body of materials documenting any relevant developments and evaluations, it should be possible to acquire context-sensitive knowledge which practitioners themselves can choose to use or not depending on how this knowledge overlaps with their own practical experiences. In doing this, research on Mediapedagogy could make a significant contribution to professionalizing activities in the field and to promoting mediapedagogical practice itself.

The Question of Standards for Mediapedagogical Practice at School, Higher Education, Further Education and Continuing Education

Following a number of comparative international studies, such as the *Program for International Student Assessment* (PISA) studies, there have been growing calls for competency standards to be compiled, especially for schools. Since these studies were carried out, learning standards have been compiled for some school subjects – for example German, Math and English. The purpose of these competency and learning standards is primarily to serve as a *point of orientation* and in so doing to provide the basis for evaluating learning "outcomes". But at the same time, drawing up standards for these subjects also meant that they *increased in importance*. This implied that other topics at school might lose their importance in the eyes of educational policy-makers or the general public – and by association, also in the minds of teachers and school managers.

With this in mind, it comes as no surprise that there were also calls for *educational standards* to be drawn up for Mediapedagogy. These demands were not only rooted in the concern that the field would be left behind in discussions at the policy level or inside schools themselves. Indeed, schools and administrators themselves also called for better targets to be formulated setting out the educational aims of Mediapedagogy (cf. i. a. Assenmacher 2006; Wagner/Peschke 2006). This resulted in the first efforts to formulate standards for Mediapedagogy (cf. i. a. Moser 2006; Tulodziecki 2007). Overall, this process involved weighing up problems that might be associated with standards, and how standards might sensibly function. Such functions included supporting and encouraging the development of core curricula, conducting reforms, examining issues related to qualifications, and evaluating teaching and learning processes and support programs.

> Thesis 11: Standards can serve as a point of **orientation and reflection** for promoting quality development in mediapedagogical practice and professionalization in the context of education, further education and continuing education.

By emphasizing orientation and reflection, our position on standards is at odds with other approaches, which see standards as a way of measuring and managing output. At the same time, however, we still believe that standards can and should be used as *points of orientation and reflection* in the diagnosis of attainment or objectives. One form of diagnosis is the use of evaluations. Diagnoses and evaluations should in our opinion be used primarily to stimulate and initiate (support) programs.

Any discussion of standards should bear in mind that they can be related to different areas, such as attainment targets, processes, institutions or the regulation of systems. As such, it is necessary to differentiate between educational standards, procedural standards, institutional standards and system standards: *educational* standards (sometimes also referred to as person-based standards) indicate a level of attainment that a person should have reached after a particular phase in their education. *Procedural* standards set out the specifications of teaching and learning processes which exist to ensure that educational standards are met, and include case-based and problem-based learning, and directed or self-directed learning. *Institutional* standards set out the conditions that must be met by institutions in which education and training programs take place, and include stipulations governing personnel or technical equipment, curricula and general organizational matters. *System* standards cover regulations and support mechanisms which are considered necessary to help the institutions reach their educational objectives (cf. Terhart 2002).

Educational standards are foremost among these standards because they serve as a point of orientation for all other standards – the primary aim is after all to ensure that each target group attains its intended educational standard. Put differently, procedural, institutional and system standards should ultimately contribute to creating *favorable background conditions* to help people attain the targets that are set out in the educational standards. In this case, the Mediapedagogy debate centers on educational standards of *Media Literacy* (as the main objective for children, adolescents and adults) and educational standards of *Mediapedagogical Competence* (as the main objective for media educators and teachers at schools, in higher education and further and continuing education).

> Thesis 12: Educational standards should be based on explicit **competence models** which are both thoroughly researched and practically relevant.

The development of competence models *as the basis* for educational standards is worth pursuing not least because existing approaches more or less use strings of associative sequences to compile educational standards without a satisfactory level of theoretical grounding – as in a recent strategy paper by The Standing Conference of the Ministers of Education and Cultural Affairs of the Länder in the Federal Republic of Germany (KMK – Kultusministerkonferenz) entitled *Education in the Digital World* ("Bildung in der digitalen Welt", cf. KMK 2016). Similar problems occur outside the context of Mediapedagogy, such as in the compilation of educational standards for particular subjects (cf. i. a. Keiner 2010; Niesyto 2016). This is why the *Mediapedagogy* division of the GERA (DGfE) is currently developing – with particular focus on the issue of professionalization – a theoretical and practical competency model as a reference for future Mediapedagogy course components and entire degree programs.

> Thesis 13: In principle, it can and should be the case that **standards** – as desirable "states" or situations and instruments of *orientation and reflection* which support quality development and quality assurance – should be **compiled** at all levels: for people, processes, institutions and systems. Here, Mediapedagogy – as a practical and scholarly discipline – has a key role to play.

There are already a number of promising ideas regarding educational standards in Mediapedagogy (see above). These also extend to process characteristics, institutional conditions and system regulation. However, they have only received little attention thus far from educational policy-makers and administrators (cf. i. a. KMK 2016). This is at least to some degree due to the *multiparadigmatic* structure of Mediapedagogy, which on the one hand makes it more difficult for practitioners to access theoretical knowledge (see discussion on this topic in thesis 8), and on the other hand makes it appear to people outside the community that Mediapedagogy is inconsistent in the positions it takes. This means that there is a high risk that complex debates and the apparently inconsistent multiplicity of positions which they generate might be (politically or administratively) *misunderstood* or *functionalized* (cf. i. a. Niesyto 2016). Nevertheless, it is not up to the policy-makers or administrators in the education system to adapt Mediapedagogy's multiparadigmatic discourse to socially relevant issues. Mediapedagogy *itself* is confronted with the task – despite all of the pressures within the discipline from competing approaches – of finding suitable ways of establishing *common positions* at least on its core issues, and communicating them clearly outside the community.

However, this is made all the harder by the fact that it is no longer possible to view current technological developments exclusively from the perspective of Educational Research.

> Thesis 14: The complexity of social change – largely brought about by technological and technical innovations – means that future mediapedagogical work should be more **interdisciplinary** and located **within** (international) **networks**.

In order to be able to properly analyze, assess and evaluate the changes which are taking place, it would be helpful and worthwhile to borrow inspiration and approaches from Psychology, Sociology, Law, Philosophy, Informatics, Media Studies and Communication Studies and from subject-specific teaching methodologies. The current challenges confronting education and culture can only be addressed – in our opinion – if there is constructive *cooperation* with other disciplines in an *international discourse*.

From the perspective of mediapedagogical practice, it is not only necessary to network within the scholarly community and with other mediapedagogical institutions, it is also necessary to collaborate and network with colleagues from other educational environments.

Follow up

In view of current and anticipated developments, the theses and observations outlined above reveal how important it is for Mediapedagogy, and therefore also for the Society for Mediapedagogy and Communication Culture (Gesellschaft für Medienpädagogik und Kommunikationskultur – GMK) – as the professional association and nexus between scholarship and practice – to speak up in defense of the positions its represents. The work in progress in the forum's workshops, in the specialist groups, and the discussions taking place across the forum as a whole should result in a common and durable position which clarifies where Mediapedagogy stands on questions of quality development and professionalization in the field.

Literature

Assenmacher, Karl-Heinz (2006): Das Hennefer Medienkompetenz Modell HMkM. In: Computer+Unterricht, 16. Jg., Heft 63, 32–33.

Aßmann, Sandra/Brüggen, Niels/Dander, Valentin/Gapski, Harald/Sieben, Gerda/Tillmann, Angela/Zorn, Isabel (2016): Digitale Datenerhebung und -verwertung als Herausforderung für Medienbildung und Gesellschaft. Ein medienpädagogisches Diskussionspapier zu Big Data und Data Analytics. In: Brüggemann, Marion/Knaus, Thomas/Meister, Dorothee (Hrsg.): Kommunikationskulturen in digitalen Welten. München: kopaed, 131–139.

Aufenanger, Stefan (1997): Medienpädagogik und Medienkompetenz – eine Bestandsaufnahme. In: Deutscher Bundestag (Hrsg.): Enquete-Kommission Zukunft der Medien in Wirtschaft und Gesellschaft. Medienkompetenz im Informationszeitalter. Bonn, 15–22.

Baacke, Dieter (1997): Medienpädagogik. Tübingen: Niemeyer.

Berliner, David C. (1994): Teacher Expertise. In: Husen, Torsten/Postlethwaite, Thomas N. (Eds.): The International Encyclopedia of Education. Vol. 10, 2nd Edition. London: Pergamon, 6020–6026.

Blömeke, Sigrid (2000): Medienpädagogische Kompetenz – Theoretische und empirische Fundierung eines zentralen Elements der Lehrerausbildung. München: kopaed.

Combe, Arno/Helsper, Werner (1996): Pädagogische Professionalität – Untersuchungen zum Typus pädagogischen Handelns. Frankfurt am Main: Suhrkamp.

Damberger, Thomas (2018): Mediendidaktik im Digitalzeitalter. In: Knaus, Thomas/Engel, Olga (Hrsg.): Spannungen und Potentiale des Digitalen. Digitaler Wandel in Bildungseinrichtungen (Band 6 der fraMediale-Reihe). München: kopaed, 77–99.

DGfE – Deutsche Gesellschaft für Erziehungswissenschaft, Sektion Medienpädagogik (2017): Studiengänge für Medienpädagogik und Erziehungswissenschaft. Abrufbar unter: gmk-net.de/wp-content/uploads/2018/09/studiengaenge_medienpaedagogik_medienwissenschaften_erziehungswissenschaften.pdf [Stand: 04.10.2018].

Forschungswerkstatt Medienpädagogik (2017): Projekt – Theorie – Methode. Spektrum medienpädagogischer Forschung – Über das Projekt. Abrufbar unter: forschungswerkstatt-medienpaedagogik.de [Stand: 12.08.2018].

Friedrichs-Liesenkötter, Henrike/Meister, Dorothee M. (2016): Qualifizierung von Erzieherinnen und Erziehern zur frühkindlichen Medienbildung in Kindertagesstätten. In: Lauffer, Jürgen/Röllecke, Renate (Hrsg.): Krippe, Kita, Kinderzimmer – Medienpädagogik von Anfang an – Medienpädagogische Konzepte und Perspektiven. München: kopaed, 54–60.

GMK-FG Kita (2017): Kinder im Mittelpunkt – Frühe Bildung und Medien gehören zusammen. Positionspapier der GMK-Fachgruppe Kita. Abrufbar unter: gmk-net.de [Stand: 12.08.2018].

Groeben, Norbert (2002): Dimensionen von Medienkompetenz: Deskriptive und normative Aspekte. In: Groeben, Norbert/Hurrelmann, Bettina (Hrsg.): Medienkompetenz. Voraussetzungen, Dimensionen, Funktionen. Weinheim und München: Juventa, 160–197.

Hartung, Anja/Schorb, Bernd (2014): Methodologie und Methoden medienpädagogischer Forschung. In: Hartung, Anja/Schorb, Bernd/Niesyto, Horst/Moser, Heinz/Grell, Petra (Hrsg.): Methodologie und Methoden medienpädagogischer Forschung (Jahrbuch Medienpädagogik 10), Wiesbaden: VS, 7–24.

Hepp, Andreas/Krotz, Friedrich (2012): Mediatisierte Welten – Forschungsfelder und Beschreibungsansätze. Zur Einleitung. In: Krotz, Friedrich/Hepp, Andreas (Hrsg.): Mediatisierte Welten. Forschungsfelder und Beschreibungsansätze. Wiesbaden: VS, 7–23.

Hugger, Kai-Uwe (2004): Was MedienpädagogInnen tun (Vortragsmanuskript). Abrufbar unter: lmz-bw.de/fileadmin/user.../hugger.../hugger_ medienpaedagoginnen.pdf [Stand: 12.08.2018].

Hugger, Kai-Uwe (2007): Medienpädagogische Ausbildung und Professionalisierung. In: Sesink, Werner/Kerres, Michael/Moser, Heinz (Hrsg.): Medienpädagogik – Standortbestimmung einer erziehungswissenschaftlichen Disziplin (Jahrbuch Medienpädagogik 6). Wiesbaden: VS, 262–282.

Hurrelmann, Bettina (2002): Zur historischen und kulturellen Relativität des „gesellschaftlich handlungsfähigen Subjekts" als normativer Rahmenidee für Medienkompetenz. In: Groeben, Norbert/Hurrelmann, Bettina (Hrsg.): Medienkompetenz – Voraussetzungen, Dimensionen, Funktionen. Weinheim und München: Juventa, 111–126.

Imort, Peter/Niesyto, Horst (2014): Grundbildung Medien in pädagogischen Studiengängen. München: kopaed.

Iske, Stefan (2015): Medienbildung. In: von Gross, Friederike/Meister, Dorothee M./Sander, Uwe (Hrsg.): Medienpädagogik – ein Überblick. Weinheim und Basel: Beltz Juventa, 247–272.

Iske, Stefan (2016): Medienbildung im Kontext digitaler Personenprofile. In: Verständig, Dan/Holze, Jens/Biermann, Ralf (Hrsg.): Von der Bildung zur Medienbildung. Wiesbaden: Springer VS, 257–280.

Jörissen, Benjamin/Marotzki, Winfried (2009): Medienbildung – Eine Einführung. Bad Heilbrunn: Klinkhardt/UTB.

KBoM (2011): Bildungspolitische Forderungen. Medienpädagogischer Kongress. Ludwigsburg: Pädagogische Hochschule.

Keiner, Edwin (2010): Der Qualifikationsrahmen aus professionstheoretischer Perspektive – ein Kommentar zu Diskussionen in der Erziehungswissenschaft. In: Erziehungswissenschaft, 21. Jg., Heft 41, 127–133.

KMK – Kultusministerkonferenz (2012): Medienbildung in der Schule. Abrufbar unter: kmk.org/fileadmin/veroeffentlichungen_beschluesse/2012/2012_03_08_Medienbildung.pdf [Stand: 12.08.2018].

KMK – Kultusministerkonferenz (2016): Bildung in der digitalen Welt. Abrufbar unter: kmk.org/fileadmin/Dateien/pdf/PresseUndAktuelles/2016/ Bildung_digitale_Welt_Webversion.pdf [Stand: 10.12.2016].

Knaus, Thomas (2009): Kommunigrafie – Eine empirische Studie zur Bedeutung von Text und Bild in der digitalen Kommunikation. München: kopaed.

Knaus, Thomas (2013): Technik stört! Lernen mit digitalen Medien in interaktionistisch-konstruktivistischer Perspektive, In: Knaus, Thomas/Engel, Olga (Hrsg.): fraMediale – digitale Medien in Bildungseinrichtungen (Band 3). München: kopaed, 21–60.

Knaus, Thomas (2016): digital – medial – egal? In: Brüggemann, Marion/Knaus, Thomas/Meister, Dorothee (Hrsg.): Kommunikationskulturen in digitalen Welten – Konzepte und Strategien der Medienpädagogik und Medienbildung. München: kopaed, 99–130.

Knaus, Thomas (2017a): Pädagogik des Digitalen. Phänomene – Potentiale – Perspektiven. In: Eder, Sabine/Mikat, Claudia/Tillmann, Angela (Hrsg.): Software takes command. München: kopaed, 49–68.

Knaus, Thomas (2017b): Verstehen – Vernetzen – Verantworten. Warum Medienbildung und informatische Bildung uns alle angehen und wir sie gemeinsam weiterentwickeln sollten. In: Diethelm, Ira (Hrsg.): Informatische Bildung zum Verstehen und Gestalten der digitalen Welt. Bonn: Gesellschaft für Informatik (LNI – Lecture Notes in Informatics), 31–48.

Knaus, Thomas (2017c): [Me]nsch – Werkzeug – [I]nteraktion. Theoretisch-konzeptionelle Analysen zur ‚Digitalen Bildung' und zur Bedeutung der Medienpädagogik in der nächsten Gesellschaft. In: MedienPädagogik. Themenheft: Digitale Bildung. Medienbezogene Bildungskonzepte für die nächste Gesellschaft, Nr. 31, 1–35. Abrufbar unter: dx.doi.org/10.21240/mpaed/31/2018.03.26.X [Stand: 12.08.2018].

Knaus, Thomas (2017): Forschungswerkstatt Medienpädagogik. Projekt – Theorie – Methode. Band 1. München: kopaed.

Knaus, Thomas (2018): Forschungswerkstatt Medienpädagogik. Projekt – Theorie – Methode. Band 2. München: kopaed.

Knaus, Thomas/Engel, Olga (2019): Schnittstellen – Interfaces des Digitalen. Digitaler Wandel in Bildungseinrichtungen (Band 7 der fraMediale-Reihe). München: kopaed [im Entstehen].

Kommer, Sven (2016): Buch statt Tablet-PC. Warum die digitalen Medien nicht in die Schule kommen – der Faktor LehrerIn. In: Knaus, Thomas/Engel, Olga (Hrsg.): Wi(e)derstände. Digitaler Wandel in Bildungseinrichtungen (Band 5 der fraMediale-Reihe). München: kopaed, 35–46.

König, Eckard/Volmer, Gerda (2008): Handbuch Systemische Organisationsberatung. Weinheim: Beltz.

Kornmesser, Stephan/Schurz, Gerhard (2014): Die multiparadigmatische Struktur der Wissenschaften. Wiesbaden: Springer VS.

Krotz, Friedrich (2016): Wandel von sozialen Beziehungen, Kommunikationskultur und Medienpädagogik. Thesen aus der Perspektive des Mediatisierungsansatzes. In: Brüggemann, Marion/Knaus, Thomas/Meister, Dorothee M. (Hrsg.): Kommunikationskulturen in digitalen Welten. München: kopaed, 19–42.

Kübler, Hans-Dieter (2014): Ansätze und Methoden medienpädagogischer Forschung. Erträge und Desiderate. In: Hartung, Anja/Schorb, Bernd/Niesyto, Horst/Moser, Heinz/Grell, Petra (Hrsg.): Methodologie und Methoden medienpädagogischer Forschung (Jahrbuch Medienpädagogik 10). Wiesbaden: VS, 27–53.

Meister, Dorothee M. (2017): Medienpädagogik: Herausforderungen der Digitalisierung. In: Kulturelle Bildung digital – Vermittlungsdomen, ästhetische Praxis und Aus- und Weiterbildung. Dossier 6. Abrufbar unter: kultur-bildet.de [Stand: 12.08.2018].

Moser, Heinz (2000): Einführung in die Medienpädagogik. Aufwachsen im Medienzeitalter. Opladen: Leske+Budrich.

Moser, Heinz (2006): Standards für die Medienbildung. Schweizer Erfahrungen mit der Entwicklung von Standards. In: Computer+Unterricht, 16. Jg., Heft 63, 16–18 und 49–55.

Moser, Heinz (2010): Digital Divide in den Zeiten von Web 2.0 und Social Networks. In: Bauer, Petra/Hoffmann, Hannah/Mayrberger, Kerstin (Hrsg.): Fokus Medienpädagogik – Aktuelle Forschungs- und Handlungsfelder. München: kopaed, 135–149.

Moser, Heinz (2015): Die Medienpädagogik im deutschsprachigen Raum. In: von Gross, Friederike/Meister, Dorothee M./Sander, Uwe (2015): Medienpädagogik – ein Überblick. Weinheim und Basel: Beltz Juventa, 13–31.

Moser, Heinz/Niesyto, Horst (2009): Digital divide – noch aktuell? Eine Diskussion. In: Hoffmann, Bernward/Ulbrich, Hans-Joachim (Hrsg.): Geteilter Bildschirm – getrennte Welten? Konzepte für Pädagogik und Bildung. München: kopaed, 31–41.

Neuweg, Georg H. (1999): Erfahrungen in der LehrerInnenbildung. Potenziale und Grenzen im Lichte des Dreyfus-Modells. In: Erziehung und Unterricht, Heft 5/6, 363–372.

Niesyto, Horst (2004): Öffnung von Schule und partnerschaftliche Kooperation. Zur Zusammenarbeit von schulischer und außerschulischer Medienarbeit. In: Pöttinger, Ida/ Schill, Wolfgang/Thiele, Günter (Hrsg.): Medienbildung im Doppelpack. München: kopaed, 39–49.

Niesyto, Horst (2016): Keine Bildung ohne Medien! – Kritische Medienbildung jenseits funktioneller Vereinnahmung. In: Knaus, Thomas/Engel, Olga (Hrsg.): Wi(e)derstände. Digitaler Wandel in Bildungseinrichtungen (Band 5 der fraMediale-Reihe). München: kopaed, 17–34.

Niesyto, Horst (2017a): Medienkritik. In: Schorb, Bernd/Hartung-Griemberg, Anja/ Dallmann, Christine (Hrsg.): Grundbegriffe Medienpädagogik. München: kopaed, 266–272.

Niesyto, Horst (2017b): Medienpädagogik und digitaler Kapitalismus. Für die Stärkung einer gesellschafts- und medienkritischen Perspektive. In: MedienPädagogik, Heft 27, 1–29. Abrufbar unter: medienpaed.com/article/view/435 [Stand: 12.08.2018].

Schorb, Bernd (1995): Medienalltag und Handeln. Medienpädagogik in Geschichte, Forschung und Praxis. Opladen: Leske+Budrich.

Schorb, Bernd (2005): Medienkompetenz. In: Hüther, Jürgen/Schorb, Bernd (Hrsg.): Grundbegriffe Medienpädagogik. München: kopaed, 257–262.

Statistisches Bundesamt (o. J.): Hochschulen insgesamt. Abrufbar unter: destatis.de/DE/ZahlenFakten/GesellschaftStaat/BildungForschungKultur/Hochschulen/Tabellen/HochschulenHochschularten.html [Stand: 12.08.2018].

Terhart, Ewald (2002): Standards für die Lehrerbildung. Eine Expertise für die Kultusministerkonferenz. Bonn: Sekretariat der KMK.

Tulodziecki, Gerhard (1997): Medien in Erziehung und Bildung. Grundlagen und Beispiele einer handlungs- und entwicklungsorientierten Medienpädagogik. Bad Heilbrunn: Klinkhardt.

Tulodziecki, Gerhard (2007): Was Schülerinnen und Schüler im Medienbereich wissen und können sollen – Kompetenzmodell und Bildungsstandards für die Medienbildung. In: medienimpulse, 15. Jg., Heft 59, 24–35.

Tulodziecki, Gerhard (2010): Medienkompetenz und/oder Medienbildung? Ein Diskussionsbeitrag. In: merz, 54. Jg., Heft 3, 48–53.

Tulodziecki, Gerhard (2011): Zur Entstehung und Entwicklung zentraler Begriffe bei der pädagogischen Auseinandersetzung mit Medien. In: MedienPädagogik, Heft 20, 11–39. Abrufbar unter: medienpaed.com/article/view/393 [Stand: 12.08.2018].

Tulodziecki, Gerhard (2012): Medienpädagogische Kompetenz und Standards in der Lehrerbildung. In: Renate Schulz-Zander/Eickelmann, Birgit/Moser, Heinz/ Niesyto, Horst/Grell, Petra (Hrsg.): Jahrbuch Medienpädagogik 9. Wiesbaden: Springer VS, 271–297.

Tulodziecki, Gerhard (2014): Medienpädagogische Forschung als gestaltungsorientierte Bildungsforschung vor dem Hintergrund praxis- und theorierelevanter Forschungsansätze in der Erziehungswissenschaft. In: MedienPädagogik. Einzelbeiträge 2014. Abrufbar unter: medien-paed.com/article/view/231 [Stand: 12.08.2018].

Tulodziecki, Gerhard (2015): Medienkompetenz. In: von Gross, Friederike/Meister, Dorothee M./Sander, Uwe (2015): Medienpädagogik – ein Überblick. Weinheim und Basel: Beltz Juventa, 194–228.

Tulodziecki, Gerhard (2017a): Thesen zu einem Curriculum zur Bildung in einer durch Digitalisierung und Mediatisierung beeinflussten Welt. In: merz, 61. Jg., Heft 2, 50–56.

Tulodziecki, Gerhard (2017b): Thesen zu einem Rahmenplan für ein Studium der Medienpädagogik. In: merz, 61. Jg., Heft 3, 59–65.

Tulodziecki, Gerhard/Herzig, Bardo/Blömeke, Sigrid (2017): Gestaltung von Unterricht – Eine Einführung in die Didaktik. Bad Heilbrunn: Klinkhardt/UTB.

Tulodziecki, Gerhard/Herzig, Bardo/Grafe, Silke (2010): Medienbildung in Schule und Unterricht – Grundlagen und Beispiele. Bad Heilbrunn: Klinkhardt/UTB.

Wagner, Wolf-Rüdiger/Peschke, Rudolf (2006): Auf dem Weg zu Bildungsstandards? In: Computer+Unterricht, Jg. 16, Heft 63, 6–11.

Selected Further Reading

Giesecke, Hermann (2010): Pädagogik als Beruf. Grundformen pädagogischen Handelns. Weinheim: Beltz Juventa.

Helsper, Werner (2004): Pädagogisches Handeln in den Antinomien der Moderne. In: Krüger, Heinz-H./Helsper, Werner (Hrsg.): Einführung in Grundbegriffe und Grundfragen der Erziehungswissenschaft. Wiesbaden: Springer Fachmedien, 15–34.

Helsper, Werner/Tippelt, Rudolf (2011): Ende der Profession und Professionalisierung ohne Ende? Zwischenbilanz einer unabgeschlossenen Diskussion. In: Helsper, Werner/Tippelt, Rudolf (Hrsg.): Pädagogische Professionalität. Zeitschrift für Pädagogik, Beiheft; 57, Weinheim und Basel: Beltz, 268–288.

Hugger, Kai-Uwe (2001): Medienpädagogik als Profession. Perspektiven für ein neues Selbstverständnis. München: kopaed.

Neuss, Norbert (2003): Zur Notwendigkeit und Professionalisierung der Medienpädagogik. In: Neuss, Norbert (Hrsg.): Beruf Medienpädagoge. Selbstverständnis – Ausbildung – Ausbildungsfelder. München: kopaed, 9–26.

Schorb, Bernd (1989): Berufsbild, Berufsfeld, Arbeitsfeld? Was sollen, können und sind Medienpädagogen, wer braucht sie und wer will sie? In: merz, 43. Jg., Heft 1, 46–47.

Autor*innen

Paul Detlev Bartsch
Prof., Dr. phil.; Lehrer (Diplom 1980) für Deutsch und Musik; Literaturwissenschaftler (Promotion 1988); leitete von 1992 bis 2017 den Arbeitsbereich *Medienbildung* am Pädagogischen Landesinstitut LISA des Landes Sachsen-Anhalt, seit 2009 zudem Professor für Erziehungswissenschaft, Kindheit und Medien an der Hochschule Merseburg (Fachbereich Soziale Arbeit.Medien.Kultur); zahlreiche Publikationen zur Medien- und kulturellen Bildung; Mitglied der Länderkonferenz Medienbildung (LKM, bis 2017) sowie der Internationalen Arbeitsgemeinschaft Kommunikation und Medien (IAKM); daneben als Autor, Journalist und Liedermacher aktiv; lebt in Halle (Saale); Web: zirkustiger.de.

Guido Bröckling
Dr.; Magister-Studium der Publizistik- und Kommunikationswissenschaft, Kulturwissenschaft und (Medien-)Psychologie in Münster und Berlin (2000–2007); Promotion an der Universität der Künste Berlin (2007–2012); seit 2017 Projektleiter Büro Berlin des JFF; seit 2014 Geschäftsführer des JFF Berlin-Brandenburg; 2012–2016 wissenschaftlicher Mitarbeiter und Lehrbeauftragter am Institut für Kommunikations- und Medienwissenschaft der Universität Leipzig; Interessen- und Arbeitsschwerpunkte: Medienkompetenz- und Aneignungsforschung, Medienkulturtheorie, Mediensoziologie, Theorie-Praxis-Transfer; Sprecher der Landesgruppe Berlin-Brandenburg und der Fachgruppe Außerschulische Medienpädagogik der GMK; Web: jff.de/jff/ansprechpersonen/detail/brckling.

Niels Brüggen
Dr., M. A. Kommunikations- und Medienwissenschaften, Informatik und Erziehungswissenschaft; Leiter der Abteilung Forschung des JFF – Institut für Medienpädagogik in Forschung und Praxis; zuvor wissenschaftlicher Mitarbeiter am JFF und an der Professur für Medienpädagogik und Weiterbildung der Universität Leipzig; Arbeitsschwerpunkte: medienpädagogische Evaluationsforschung, Medienaneignungsforschung (insbesondere in Bezug auf digitale Medien), Mediatisierung von Jugendarbeit, Partizipation mit Medien sowie Ästhetik und medienpädagogische Ansätze; Mitglied der merzWissenschaft-Redaktion, der Expertengruppe der EU-Kommission *Digitalisation and Youth* und der Lenkungsgruppe der Initiative KBoM; Web: jff.de/jff/ansprechpersonen/detail/niels-brueggen und twitter.com/empaed.

Andreas Büsch

Dipl.-Theologe, Dipl. Pädagoge; Leiter der Clearingstelle Medienkompetenz der Deutschen Bischofskonferenz und Professor für Medienpädagogik und Kommunikationswissenschaft im Fachbereich Soziale Arbeit an der Katholischen Hochschule Mainz; Arbeits- und Forschungsschwerpunkte: Kirche und (mediale) Kommunikation, Medienkompetenz-Vermittlung und Medienbildung, Mediensozialisation von Kindern und Jugendlichen, mediengestützte Beratung.

Katja Friedrich

M. A. Literaturwissenschaft; seit 1999 bei der Landeszentrale für Medien und Kommunikation, Rheinland-Pfalz (LMK); dort hat sie die Stabsstelle *Zukunft der Bildung* inne und leitet seit 2006 die 100 Prozent Tochtergesellschaft der LMK medien+bildung.com (m+b.com); seit 2003 nebenberuflich als Gutachterin für das Qualitätstestierungsverfahren LQW tätig und beschäftigt sich intensiv mit dem Thema „Qualitäts- und Organisationsentwicklung von Bildungsorganisationen", dabei steht die Frage „Wie kann gute Bildung gelingen?" im Mittelpunkt ihres Interesses.

Harald Gapski

Dr. M. A. (USA); seit 2016 Leiter Forschung zuvor Leiter Grimme Medienbildung (2010–2016) am Grimme-Institut in Marl; arbeitet in Projekten des Grimme-Forschungskollegs an der Universität zu Köln und ist Beiratsmitglied des Center for Advanced Internet Studies (Bochum); war externer Gutachter der EU-Kommission für *Media Literacy*-Projekte (2001) und externer Sachverständiger der Enquete-Kommission *Internet und digitale Gesellschaft* des Deutschen Bundestags (2011); Arbeitsschwerpunkte: Medien- und Informationskompetenzen, Big Data, Medientheorien; Web: grimme-forschung.de/team/t/d/gapski-dr-harald.

Anne Haage

Dipl.-Journalistin; seit 2013 wissenschaftliche Mitarbeiterin am Fachbereich Rehabilitationswissenschaft bei JProf. Dr. Ingo Bosse; Promotionsvorhaben zur Teilhabe von Menschen mit Behinderung an der öffentlichen Kommunikation; vorher tätig beim media consulting team als Projektleiterin für medienpädagogische Projekte für Zeitungen und Radio in Schulen und Kitas; aktives Mitglied in der GMK-Fachgruppe *Inklusive Medienbildung;* Web: kme.tu-dortmund.de/cms/de/Startseite/Fachgebiet/Personen/Wissenschaftliche-Mitarbeiterinnen-und-Mitarbeiter/Haage.html.

Renee Hobbs

Prof. Dr.; Professor of Communication Studies at the University of Rhode Island (USA) where she directs the *Media Education Lab*; she is an expert on digital and media literacy education; she offers online and F2F professional development programs for educators, including the URI Graduate Certificate in Digital Literacy; she created a crowdsourced platform, Mind Over Media: Analyzing Contemporary Propaganda (mindovermedia.eu) to support global propaganda education; eMail: hobbs@uri.edu; Web: mediaecucationlab.com.

Thomas Knaus

Prof. Dr. phil.; Professor für Erziehungswissenschaft und Leiter der Abteilung Medienpädagogik an der PH Ludwigsburg, Wissenschaftlicher Direktor des FTzM in Frankfurt/Main und Honorarprofessor am Fb Informatik & Ingenieurwissenschaften der Frankfurt UAS; Forschungsschwerpunkte: Medienpädagogik und Bildungsinformatik; Mitglied der DGfE und der GI, engagiert sich im Lenkungskreis von KBoM! und im Bundesvorstand der GMK sowie als Initiator der *fraMediale* und Sprecher der Fachgruppe *Qualitative Forschung;* Web: thomas-knaus.de.

Jörg Kratzsch

M. A. Medienwissenschaftler; seit 2018 Projektleiter für E-Learning am Landesfilmdienst Sachsen für Jugend- und Erwachsenenbildung e. V. (LFD); war Referent für Kinder- und Jugendmedienschutz in der Servicestelle Kinder- und Jugendschutz von fjp>media (2016–2018); seit 2009 im Landesgruppensprecherteam der GMK in Sachsen-Anhalt; seit 2012 im GMK-Fachgruppensprecherteam der Fachgruppe *Kita;* Jugendschutzsachverständiger der FSK seit 2014; Arbeitsschwerpunkte: (seit neuestem) E-Learning, Kinder- und Jugendmedienschutz, Medien in der frühen Kindheit, aktive Medienarbeit.

Dorothee M. Meister

Dr. phil., Diplom-Pädagogin; seit 2004 Professorin für Medienpädagogik und empirische Medienforschung an der kulturwissenschaftlichen Fakultät der Universität Paderborn; war Vorstandsmitglied in der GMK (2007–2013) und der Sektion Medienpädagogik der DGfE (2006–2009), war zwischen 2011 und 2015 Vizepräsidentin für Lehre, Studium und Qualitätsmanagement der Universität Paderborn; ist seit 2015 Ko-Vorsitzende der GMK; Arbeits- und Forschungsschwerpunkte: Digitale Medien in Schule, Weiterbildung und Hochschulbildung, empirische Medienforschung, E-Assessments; Web: kw.uni-paderborn.de/institut-fuer-medienwissenschaften/dm.

Kristin Narr
M. A. Kommunikations- und Medienwissenschaft/Medienpädagogik; seit 2012 freiberufliche Medienpädagogin; Arbeitsschwerpunkte: offener, kreativer und partizipativer Einsatz und Umgang digitaler Medien, digitale Kinder- und Jugendbeteiligung, Lernen mit digitalen Medien, Making in pädagogischen Zusammenhängen und Open Educational Resources; zu diesen Themen konzipiert sie Workshops, führt Projekte durch, berät Bildungseinrichtungen, schreibt Texte, hält Vorträge und moderiert Veranstaltungen; Herausgeberin des *Handbuchs Making-Aktivitäten mit Kindern und Jugendlichen*; Redaktionsmitglied des *Medienpädagogik Praxisblogs*; seit 2015 Vorstandsmitglied der GMK; Web: kristin-narr.de.

Horst Niesyto
Dr. rer. soc.; Diplompädagoge; hauptberufliche Tätigkeiten in der außerschulischen Jugendarbeit und Jugendbildung (1977–1996); Professor für Erziehungswissenschaft mit dem Schwerpunkt Medienpädagogik an der PH Ludwigsburg (1997–2017); zahlreiche Projekte und Veröffentlichungen zu verschiedenen Themen der Medienpädagogik; (Mit-)Herausgeber mehrerer Schriftenreihen zur Medienpädagogik; Sprecher der Initiative Keine Bildung ohne Medien! (KBoM!) (2009–2014) und Vorsitzender der Sektion Medienpädagogik der Deutschen Gesellschaft für Erziehungswissenschaft (2008–2012); Ehrenmitglied der GMK; seit Oktober 2017 im Ruhestand; Web: horst-niesyto.de.

Monika Oberle
Prof. Dr.; seit 2011 Professorin für Politikwissenschaft/Didaktik der Politik an der Universität Göttingen; Vorsitzende der Gesellschaft für Politikdidaktik und politische Jugend- und Erwachsenenbildung (GPJE); Vorstandsmitglied der Gesellschaft für empirische Bildungsforschung (GEBF); Sprecherin der Sektion Politikwissenschaft und Politische Bildung in der Deutschen Vereinigung für Politikwissenschaft (DVPW); Arbeits- und Forschungsschwerpunkte: Empirische Lehr-Lern-Forschung zur politischen Bildung, Politische EU-Bildung, Bildung für Nachhaltige Entwicklung; Web: uni-goettingen.de/de/prof-dr-monika-oberle/265134.html.

Ida Pöttinger
Dr.; Dipl.-Pädagogin; bis November 2015 Vorsitzende der GMK und bis 2014 Referentin an der Landesanstalt für Kommunikation Baden-Württemberg; war an mehreren internationalen Projekten beteiligt; Sprecherin der GMK-Fachgruppe *Global Media Literacy;* Mitbegründerin der *International Association for Media Education* (IAME).

Walter Staufer
Referent bei der Bundeszentrale für politische Bildung im Fachbereich Zielgruppenspezifische Angebote; Schwerpunkte: Medienpädagogik, Bildung für die digitale Gesellschaft, inklusiv politisch bilden und Europabildung; vormals Bundesprüfstelle für jugendgefährdende Medien und Dozent an der Zivildienstschule Karlsruhe; Web: bpb.de/medienkompetenz-schriftenreihe.

Horst Sulewski
Lehrer für Deutsch, Politik und Geschichte in Frankfurt am Main; seit drei Jahrzehnten in den Bereichen Medienbildung, Lehrkräfte(fort)bildung und speziell der Filmbildung in verschiedenen hessischen Landesinstituten tätig; Mitglied im Bundesvorstand GMK mit dem Themenschwerpunkt *Medienbildung in der Schule*; Sprecher der GMK-Fachgruppe *Schule;* Mitarbeit in verschiedenen bundesweiten Konzeptentwicklungsgruppen (KMK 2012, LKM, Arbeitskreis Film); Entwicklung und Umsetzung von Fortbildungskonzepten im Bereich der Filmbildung für Multiplikator*innen (z. B. Medienzentrumsleitungen) sowie Lehrende; Bildung von Netzwerkstrukturen zwischen den verschiedenen Akteur*innen der Filmvermittlung in Hessen.

Gerhard Tulodziecki
Prof. Dr.; emeritierter Professor für Allgemeine Didaktik und Medienpädagogik an der Universität Paderborn; entwickelte – nach verschiedenen Arbeiten zur Mediendidaktik – ab 1985 das Konzept einer handlungs- und entwicklungsorientierten Medienpädagogik für die Schule und hat damit zahlreiche konzeptionelle und politische Papiere beeinflusst; Ehrenmitglied der GMK und langjähriges Mitglied in der GMK-Fachgruppe *Schule* sowie der *Sektion Medienpädagogik* der DGfE.

Nadja Zaynel
Dr.; seit Oktober 2017 PIKSL Laborleitung in Düsseldorf; vorher wissenschaftliche Mitarbeiterin am Institut für Kommunikationswissenschaft der WWU Münster; Promotion zur Internetnutzung von Jugendlichen und jungen Erwachsenen mit Down-Syndrom; seit 2014 Fachgruppensprecherin der GMK-Fachgruppe *Inklusive Medienbildung* (gemeinsam mit JProf. Dr. Ingo Bosse, JProf. Dr. Anna-Maria Kamin und Elisabeth Hermanns).

Abbildungsnachweis

Titelbild
©Titelcollage: Photodiem+iladm+Vladgrin/shutterstock.com

Thomas Knaus/Dorothee M. Meister/Gerhard Tulodziecki
© GMK/Wedad Coric (Abb. 1, Seite 27)

Horst Niesyto
© Keine Bildung ohne Medien! – KBoM! (Abb. 1 und 2, Seite 51)

Harald Gapski/Monika Oberle/Walter Staufer
© Bundeszentrale für politische Bildung – bpb (Abb. 1, Seite 79)

Andreas Büsch
Eigene Grafik nach Köberer 2015 (Abb. 1, Seite 87)

Katja Friedrich
© Der mec (Abb. 1, Seite 120)
© EMMA (Abb. 2, Seite 125)
© Fortbildungsmodel für Erzieher (Abb. 3, Seite 128)

Paul Bartsch/Horst Sulewski
© Hochschule Merseburg 2015/16 (Abb. 2, Seite 139)
© Hochschule Merseburg 2016 (Abb. 3, Seite 140)

Guido Bröckling/Niels Brüggen
Eigene Grafiken (Abb. 1 bis 4, Seiten 155, 156, 158)

Anne Haage/Nadja Zaynel
© MMB16 (Abb. 1, Seite 169)
© ARD/ZDF-Online-Studie 2016 und
Bosse/Hasebrink 2016: 46 (Abb. 2, Seite 171)

Ida Pöttinger
Seiten 181–191, 225–234